Super ET

Corrado Augias

Questa nostra Italia

Luoghi del cuore e della memoria

Einaudi

www.einaudi.it

ISBN 978-88-06-23898-8

*Per Irene*
*In memoriam*

# Questa nostra Italia

Fecisti patriam diversis gentibus unam
RUTILIO NAMAZIANO, *De reditu suo.*

# Prima che il viaggio cominci

«Piú sabbia è passata nella clessidra della nostra vita, piú chiaro vediamo attraverso di essa». Sono parole di Jean Paul. Non so se avesse ragione, certe volte la sabbia non aiuta, acceca; rimpianto, rancore, nostalgie, speranze deluse possono accecare. So però che quando si arriva avanti negli anni la tentazione di raccontare ciò che s'è visto, fatto, lasciato, diventa forte, in un modo o nell'altro bisogna darle ascolto. Va bene, ascoltiamola. Come? Ecco il punto, la vita di un singolo individuo raramente interessa al di fuori della cerchia di amici e familiari – e anche lí bisogna stare attenti. Il rischio non è tanto l'esibizione o la vanità, c'è di peggio: la noia.

Si possono evitare questi pericoli? Nelle pagine che seguono il lettore troverà qualche riferimento alla mia esistenza, limitato però a eventi che hanno potenzialmente un interesse generale. Il viaggio che il lettore s'appresta a fare ha infatti uno scopo lontano dall'autobiografia. Vorrebbe piuttosto essere una ricerca, attraverso luoghi, testimonianze e memorie, del tragitto che noi italiani abbiamo compiuto in particolare dopo la fine della guerra: sarà anche un modo di vedere come l'animo italiano si è manifestato in questi decenni. Volendolo dire con altre parole, si tratta insomma del discusso, proclamato, negato tema di quale sia una nostra possibile identità nazionale, dove affondino le sue radici.

Ottant'anni e passa di vita spesi per lo piú in attività che inducono di per sé alla riflessione e all'aggiornamento dovrebbero essere uno strumento sufficiente per evitare alcuni rischi e nello stesso tempo un filtro utile per cercare di eliminare il superfluo. In breve: capire come sono andate le cose.

Faccio un esempio: Thomas Mann scrive nel *Doctor Faustus* dello «sbalordimento» tra i suoi connazionali alle notizie dello sbarco anglo-americano in Sicilia del 10 luglio 1943 con il quale cominciò la «liberazione» della penisola. E confessa il «misto di spavento e di invidia» provato scoprendo che gli italiani avevano in breve liquidato il loro «Grand'uomo» e si erano arresi. Una cosa impraticabile per il popolo tedesco, scrive. E spiega perché:

> Noi [tedeschi] siamo infatti un popolo tutto diverso, un popolo dall'anima potentemente tragica, contrario alle cose prosaiche e consuete, tutto il nostro amore va al destino, un destino pur che sia, magari la rovina che infiamma il cielo con la rossa vampa di un crepuscolo degli Dei!

Se Mann ha ragione, gli italiani sarebbero dunque privi della dimensione tragica della vita. Per quanto al nostro paese non siano certo mancate tragedie con conseguenze vaste e profonde, non si è mai stati in grado di farne esperienza collettiva, di dargli quella tal fisionomia che le renda degne di memoria o che ne consenta la rappresentazione. C'è forse in Italia una sola eccezione a questa regola, il lettore la troverà nel penultimo capitolo.

Parlando di tragedia penso alla letteratura ma forse piú ancora alla musica. L'espressione tragica nella musica italiana non c'è come invece c'è, largamente, nella musica austro-tedesca. Una logica senza concetti qual è la musica è un rivelatore piú forte della letteratura e del teatro, se nella musica questa dimensione manca, il segnale non può essere trascurato.

Visto che Mann ci ha portato nel 1943, resto in quegli anni. Sbarazzarsi del «Grand'uomo», per stare alla sua espressione, non fu semplice. Dopo la drammatica sedu-

ta notturna del Gran consiglio del fascismo e l'arresto ordinato dal re, sembrava che tutto fosse finito, il regime e
la guerra. Invece seguirono due anni terribili con il paese
occupato dalle truppe germaniche, i fascisti che si fecero
loro complici, la Resistenza armata soprattutto al Nord,
ora di tipo risorgimentale, ora motivata politicamente.
All'interno di questa tragedia collettiva ce ne fu un'altra per dir cosí privata nella famiglia Mussolini. Il Duce,
capo di una repubblichetta fittizia tenuta su dai nazisti,
fu costretto a far processare e fucilare il marito di sua figlia Edda, il padre dei suoi nipoti, nonostante le preghiere
di Edda che lo implorava di risparmiare la vita del marito,
suo genero. Non è questa una tragedia degna di Seneca o
di Shakespeare? C'è stato negli anni qualche tentativo di
raccontarla però senza sufficiente convinzione. Il dram-
ma collettivo della Resistenza e della guerra civile è stato
ridimensionato, criticato, smontato; quello privato della
famiglia Mussolini è stato semplicemente dimenticato, pochissimi italiani oggi lo conoscono.

Questo viaggio esce in un momento particolare della nostra storia. Da piú parti si sostiene che la crisi economica
scoppiata nel 2007-2008 è solo una delle cause, anche se
la maggiore, del male che ha colpito l'animo degli italiani. La cronaca dice che con lo scoppio di Tangentopoli nel
febbraio 1992 s'è spezzato un equilibrio politico che aveva
retto per mezzo secolo. Non c'è stata solo Tangentopoli,
naturalmente. Verso la fine degli anni Ottanta sono salta-
ti ben altri equilibri a cominciare dall'esplosione dell'impero sovietico e dall'affermazione della potenza cinese su
scala planetaria. Tale la dimensione di questi avvenimenti
che viene da chiedersi se Tangentopoli sia davvero stata
la causa di quanto è accaduto in Italia o solo l'effetto su
scala locale di quanto stava accadendo nel resto del mondo. Non ho una risposta, forse una vera risposta per ora
non c'è proprio.

Certo è che mai, dalla fine della guerra, gli italiani sono stati cosí profondamente delusi e sfiduciati, divisi tra rabbia e lamento, in una parola, malati. Come sostiene Romano Prodi, il declino della speranza è il peggiore dei mali sociali, quindi la cosa è molto seria.

Un tale stato d'animo non può essere solo effetto della crisi economica, per dura che sia stata. Credo che al suo fondo ci sia piuttosto un imprecisato risentimento per ciò che non è stato, cioè un'aspettativa delusa. Piú che la crisi in sé, la causa potrebbe essere tutto ciò che la crisi ha negato, le speranze accese dal benessere diffuso nella seconda metà del Novecento – progressi che l'Italia non aveva mai conosciuto –, strumenti di elevazione sociale che parevano dover abolire barriere vecchie di secoli, riforme che avevano aperto a diritti mai prima garantiti su cosí vasta scala, molto di ciò che il secondo Novecento era riuscito a mettere in piedi e che pareva acquisito per sempre, di colpo è venuto giú.

Forse è anche peggio di cosí. È possibile che rancore e sfiducia vengano dal sentimento inconsapevole che, con la crisi dei partiti prima, dell'economia poi, si è conclusa un'intera fase della nostra esistenza; che nella nostra storia s'è aperta un'enorme frattura che ha inghiottito il recente passato, quello pieno di vitalità dell'avanzamento sociale, del sistema sanitario, dello statuto dei lavoratori, delle conquiste civili e di libertà quali il divorzio e l'aborto, di una certa equità ormai compromessa da macroscopiche ingiustizie che a loro volta hanno creato fortissime tensioni sociali. Quando le ingiustizie crescono in modo eccessivo le società tendono a spaccarsi o a languire.

È venuta meno la politica, si dice. I leader di oggi non sono all'altezza di quelli di una volta, si dice. Le riforme necessarie non arrivano perché si è incapaci di concepirle o di metterle in pratica, si dice. Difficile negare che in tutti questi «si dice» ci sia del vero. Io però mi faccio una domanda aggiuntiva: le inadeguatezze della politica sono davvero la causa del disagio e del rancore o la cattiva politica (e i mediocri politici) è a sua volta un effetto della frattura storica nell'animo del paese? Ma se la stessa crisi della politica è anch'essa un effetto, la causa prima dell'attuale penombra dov'è? La mia ipotesi è che davanti alla somma di eventi verificatisi dentro e fuori i suoi confini, ai problemi arrivati insieme al nuovo secolo – una caotica immigrazione, una galoppante rivoluzione tecnologica – un paese di gracile costituzione come il nostro ha vacillato.

Quando si è chiusa la fase internazionale dalla quale, collocati lungo la linea di faglia tra i due blocchi, abbiamo ricavato notevoli benefici, quando sono finiti gli anni grassi, l'enorme sforzo compiuto per rimetterci in piedi dopo le devastazioni della guerra (venne definito «miracolo»), quello grazie al quale un paese agricolo-patriarcale arretrato balzò in pochi anni ai vertici dell'economia industriale, ha presentato come si usa dire il conto. In un tempo brevissimo erano cambiati i costumi, i rapporti di famiglia, la libertà del linguaggio, avevano cominciato a ridursi diversità e diseguaglianze tra i sessi, la nostra industria primeggiava nel mondo, il design italiano era imitato ovunque, erano sorti laboratori scientifici e centri di ricerca tra i piú avanzati, ed era stato inaugurato un sistema sanitario nazionale di prim'ordine. Con la fine degli anni grassi ci siamo resi conto all'improvviso che questa lunga corsa ci aveva lasciati col fiato mozzo, svuotati, preda di una domanda resa drammatica dalla sopraggiunta crisi economica: come facciamo adesso per andare ancora avanti?
Anche fratture di queste dimensioni certamente si ricompongono, però ci vuole molto tempo; infatti gli ultimi venti o venticinque anni non sono bastati.

La nostra è diventata una democrazia di massa, come i tempi chiedevano, com'era giusto che fosse; il livello di acculturazione media degli italiani però è rimasto pericolosamente insufficiente. Lo vedo nel comportamento di persone giovani e meno giovani, nelle scuole dove vado a parlare, in qualche colloquio che ho con genitori di alunni. Lo constato, con sgomento, negli interventi dei parlamentari, nelle mancate risposte a quiz elementari in televisione, nella difficoltà che molti hanno a interpretare un testo scritto, compresi gli articoli di giornale – i quali articoli a loro volta sono spesso scritti male. Per non parlare della facilità con la quale notizie infondate diffuse nella rete in modo irresponsabile alimentano superstizioni, rancori, fanatismo.

La scuola, si dirà. Certo la scuola, riformata piú volte e sempre mediocremente, lasciata in pratica sulle spalle degli insegnanti i quali sono spesso di valore, talvolta eroici, ma qualche volta invece mediocri anch'essi; dovrebbero potersi avvalere di una solida struttura per compensare ciò che individualmente manca. In particolare quelli formatisi dopo il mitico Sessantotto, laureati in un'atmosfera già lassista, la generazione del «6 politico», delle risposte assembleari alle domande d'esame, dei corsi facilitati perché la scuola dev'essere inclusiva e non lasciare indietro nessuno.

La scuola detta «democratica» cosí com'è stata applicata è stata, nei fatti, la negazione della democrazia. In una scuola dove erano stati eliminati i criteri di valutazione del merito, dove tutti erano diventati uguali, quelli che hanno sofferto di piú sono stati i meno avvantaggiati perché se l'uguaglianza delle opportunità è una conquista, quella dei risultati è una beffa a danno proprio degli svantaggiati che si ritrovano un titolo di studio screditato e inutile, mentre i piú agiati, i fortunati, trovano sempre il modo di cavarsela.

La scuola dell'indulgenza, i corsi, i testi, le prove d'esame, organizzate in modo da non affaticare troppo gli allievi, sono il contrario di ciò che la scuola dovrebbe essere (e che è stata), perché l'apprendimento è il lavoro della mente, come ogni altro lavoro costa fatica. Forse l'errore piú grave è stato aver immesso le famiglie nel funzionamento della scuola che è un organismo specializzato al quale i genitori degli allievi quasi mai sono in grado di dare un valido contributo. Sono nate da quest'atmosfera lassista le critiche all'operato degli insegnanti, le contestazioni ai voti, gli immancabili ricorsi al Tar contro una bocciatura. Insegnanti maltrattati, anche da un punto di vista economico, si sono trovati di fronte alunni che era sempre piú difficile interessare alle materie d'insegnamento, allettati com'erano da richiami extrascolastici divenuti innumerevoli.

Non si possono nemmeno attribuire tutte le colpe alla scuola, s'impara o non si impara anche in famiglia, anche per contagio sociale. Se la società è incolta, non legge, non sa parlare né pensare, non se ne preoccupa, non se ne vergogna, se anche la politica dà prova di sciatteria nel linguaggio e nel pensiero, non c'è scuola che possa fungere da rimedio.

Mi si potrebbe dire che le mie sono obiezioni da vecchio pedante, ubbie di un uomo che ha fatto del leggere e scrivere (far di conto, con qualche difficoltà) il suo mestiere. Io stesso mi faccio quest'obiezione nel timore che un'infanzia e una prima giovinezza non facili abbiano appannato il mio sguardo. Subito dopo penso che la democrazia è un sistema fragile, di uso delicato, presuppone un buon livello di consapevolezza nei cittadini utenti. Se il numero di chi non riesce a interpretare un articolo di giornale è troppo alto, la democrazia non funziona piú, cresce il rischio che un qualunque dottor Dulcamara, venditore di magici elisir, se ne impadronisca.

A questo servivano i partiti politici, quando c'erano. Filtrare le esigenze, mediare i contrastanti interessi, farli arrivare al livello della decisione legislativa depurati dalla spinta piú impetuosa e meno ragionevole, quella che non ha tempo per riflettere perché nasce dall'istinto. Nella Costituzione c'è scritto anche questo, proprio all'inizio, articolo 1: «La sovranità appartiene al popolo»; subito dopo però viene questa precisazione: «che la esercita nelle forme e nei limiti della Costituzione». Forme e limiti. A questo servivano i partiti, finché hanno funzionato, dovevano far rispettare le forme e i limiti, mediando le spinte. Oggi che quei partiti sono scomparsi, le spinte arrivano senza forma né limiti, col risultato che vediamo: caos. Quasi ovunque nel mondo, del resto.

Si ripete di frequente, lo faccio anch'io, che molti nostri disagi sono un portato della crisi. La crisi economica sicuramente c'è ed è durata a lungo, in pochi anni abbiamo perso l'8 o forse il 9 per cento di prodotto interno lordo. Con la crescita attuale che supera di poco l'1 per cento, si può calcolare quanto ci vorrà per tornare al punto in cui eravamo nel 2008.

C'è però un'altra crisi mescolata alla prima, piú subdola perché se ne parla di meno, una crisi morale e culturale. Se consultiamo il vocabolario Treccani per il significato della parola «crisi» troviamo: «Stato di forte perturbazione nella vita di un individuo o di un gruppo di individui, con effetti piú o meno gravi». Il termine perturbazione in fondo è rassicurante perché indica una condizione passeggera. La perturbazione arriva, passa, torna il bel tempo, si ristabilisce l'equilibrio che la perturbazione aveva alterato. Secondo Edgar Morin, che al tema ha dedicato anni di studio, una crisi può essere addirittura salutare. Uno dei suoi slogan è «*l'ordre n'est plus roi*», l'ordine non è piú re nel senso che lo scarto dalla norma può diventare motore di sviluppo.

Che succede però quando la crisi non è piú una passeggera «perturbazione» ma tende a diventare una condizione permanente? Se fosse un'illusione pensare che le cose prima o poi s'aggiusteranno per tornare com'erano venti o trent'anni fa? Se la «perturbazione» diventerà una condizione stabile ci adatteremo alla nuova normalità, i piú giovani a poco a poco perderanno la coscienza che le cose potrebbero essere migliori, i piú avvertiti cercheranno lavoro e prospettive altrove (come si va già facendo), quelli che restano vivranno in un paese meno vitale senza nemmeno essere troppo consapevoli di tutto ciò che avrebbe potuto essere e non è stato.

Avrò esagerato in pessimismo? Quando mi viene questo dubbio richiamo alla mente ciò che avvenne nei lunghi anni in cui l'impero romano d'Occidente declinò e si ridusse in rovina – fase complessa che solo per convenzione abbiamo fissato all'anno 476. La piú alta civiltà che, insieme a quella greca, il mondo avesse conosciuto, si ridusse progressivamente al silenzio. Gli acquedotti tagliati formavano acquitrini e paludi, nei templi deserti, tra le colonne abbattute, risuonava il richiamo degli uccelli notturni, nei sarcofagi svuotati si abbeveravano le greggi; il mondo sembrava finito e questo infatti cantavano i poeti della decadenza: il mondo è finito. In effetti qualcosa era finito, non era il mondo però; era *quel* mondo, altri ne sarebbero arrivati in qualche caso migliori, e se non migliori piú avanzati nel tentativo di essere un po' piú giusti.

È dal passato, dal senso della storia, che può arrivare l'antidoto alla sfiducia, ecco perché ho scritto questo libro. Il nostro paese pieno di meraviglie non è venuto su dal niente: è stato costruito, cesellato, da generazioni di italiani come noi, che hanno patito le stesse incertezze e paure di cui soffriamo noi, anzi in certi periodi paure peggiori delle nostre. Guardateli quei paesini arroccati sull'ultima balza di un colle per rendere piú difficile la strada ai predoni, o le torri alte, chiuse, con feritoie al posto delle finestre, case prigione per meglio resistere agli assalti. L'Anonimo romano autore di una bellissima vita di Cola di Rienzo, *Cronica*, arriva a scrivere: «Mentre che prenno

diletto in questa opera sto remoto e non sento la guerra
e li affanni li quali curro per lo paese». Questa era l'aria
in Italia, guerre e affanni. Altri tempi, si dirà, tempi lontani, remoti. Certo remoti ma da lí veniamo nel continuo
andirivieni della storia.

Forse ci ha viziato una filosofia della storia, nata con
l'Illuminismo, che ha delineato il corso degli avvenimenti come una marcia costante verso il progresso. Il filosofo
francese Michel Serres – ho avuto il piacere di conoscer-
lo – nel suo recente saggio *Darwin, Napoleone e il samaritano* ha rimodellato questa filosofia ipotizzando una relazione spazio/tempo non piú lineare ma complessa, relativa, ondeggiante, priva di una meta. Anch'io ho sempre
pensato che la storia non vada da nessuna parte, che non
abbia una logica né di classe né provvidenziale, in sostanza che la sua direzione sia la risultante di una casuale com-
binazione di forze.

L'ipotesi di Serres dà un po' di conforto. Se non siamo
all'interno di un disegno coerente con una direzione precisa che in questo momento sembra un piano inclinato verso
il basso, le possibilità di uscire dal vicolo cieco diventano
maggiori. Stiamo solo soffrendo come hanno sofferto molte altre generazioni che ci hanno preceduto. Loro ne sono
venuti fuori, ne usciremo anche noi.

Verranno nuovi mondi. Io certamente non li vedrò – ma
quando mai s'è chiesto ai vecchi di riuscire a guardare lontano?

Ecco perché nel viaggio che sta per cominciare parlerò
poco dell'attualità, dello stato dell'economia, dei problemi sociali, delle speranze e delle delusioni.

Da Torino a Palermo sono andato invece alla ricerca
di indizi lasciati dalla storia, ho cercato di vedere se negli
avvenimenti di un passato piú o meno recente sia possibile scorgere in germe la causa di quanto sta accadendo; in
che misura gli italiani di oggi assomiglino agli italiani di

ieri e dell'altro ieri. Mi sono affidato prevalentemente a scrittori e poeti perché credo che in loro ci sia una specie di sesto senso; gli consente di captare al primo apparire segnali che alle persone comuni sfuggono o vengono colti piú tardi. Gli artisti spesso sono capaci di cogliere l'essenziale. C'è poi un'altra ragione specificatamente italiana. Nella penisola la nazione, non lo Stato, ripeto, la nazione, s'è formata in primo luogo sulla lingua; per conseguenza la letteratura da noi, prima ancora che uno strumento di comunicazione o culturale, va considerata come un fattore identitario.

Sappiamo che non è facile definire una precisa identità italiana, anche se certamente esiste. C'è una fisionomia profonda che prescinde dall'unità politica arrivata tardi e probabilmente male, in quella seconda metà dell'Ottocento in cui la penisola appariva infiacchita sul piano militare, economico e culturale.

Bisogna andare a cercarla, l'identità italiana, nelle città e nei borghi, nelle campagne e nei castelli, nelle pieghe del tempo e nell'ombra di certi passaggi dimenticati. Se si scruta con attenzione, talvolta si riesce a vederla balenare.

È lo scopo di questo viaggio nei luoghi, nel tempo e nella memoria.

# Il penetrante odore della bachelite

All'alba della vita cosciente c'è un odore. Strano, raro, come di una pasta sintetica riscaldata. Doveva emetterlo un materiale molto diffuso negli anni Trenta del Novecento, la bachelite. Resistente, leggera, isolante, si usava per fare apparecchi radio, telefoni, lampade, oggetti da bagno. La bachelite è uscita di scena dopo il 1950 quando ben altri materiali sono stati inventati. Quell'odore in seguito l'ho incontrato forse due o tre volte. Per esempio a Milano nello studio di fonologia musicale della Rai in corso Sempione. Di colpo ho ricordato dove l'avevo sentito per la prima volta: nella cabina del piroscafo (altra parola uscita di scena) che rimpatriava gli ultimi civili italiani rimasti a Tripoli prima che scoppiasse la guerra. Dunque si era alla fine di maggio o ai primissimi di giugno del 1940, avevo cinque anni, mia madre ventisette. Mio padre, ufficiale dell'aeronautica, era rimasto in Libia, destinato alla base di Tobruch. Il 28 giugno, diciottesimo giorno di guerra, avrebbe assistito all'abbattimento del trimotore Savoia-Marchetti 79, un aereo che gli aviatori in gergo chiamavano «il Gobbo», pilotato da Italo Balbo.

La morte di Balbo è uno dei tanti enigmi della storia italiana, mio padre qualche volta me ne ha parlato. Lui era lí, vide, capí quello che stava per succedere e che velocemente successe. Balbo era stato, a ventisei anni, uno dei quadrumviri della marcia su Roma, il colpo di Stato con il quale Mussolini prese il potere. Di nascita era fer-

rarese, di carattere gioviale e ardimentoso ma al contrario di altri che nella giovialità o nell'ardimento esaurivano tutto – Ettore Muti, per esempio, gerarca grottesco e tragico – Balbo aveva anche una testa. Il Duce ne temeva i giudizi; per esempio la sua contrarietà alla guerra. Duce, gli diceva, questa guerra non la possiamo fare, non abbiamo armamenti adeguati e nemmeno abbastanza camicie per le truppe. In Russia poi si vide che mancavano addirittura le scarpe per quel terreno e quel clima. Il Duce scuoteva la testa simulando profondità di pensiero. In realtà, come scrive Galeazzo Ciano nel suo *Diario*, era solo incertezza, sapeva che probabilmente stava per commettere un errore, anzi un crimine, che in quell'errore o crimine metteva a repentaglio anche se stesso; Hitler però lo intimidiva, ne temeva le sfuriate, temeva che, nell'ira, avrebbe tirato fuori la vecchia storia che gli italiani di fronte al pericolo trovano sempre delle scuse, insomma preferiscono tirarsi indietro. D'altra parte sembrava che la Germania, il famoso Terzo Reich, la guerra l'avrebbe vinta in poche settimane e Mussolini non vedeva l'ora di sedersi al tavolo dei vincitori.

I dubbi di Balbo, come quelli di Ciano, che del Duce era il genero, lasciavano insomma il tempo che trovavano. Ciano nel 1940 era ministro degli Esteri, lo sarebbe rimasto fino alla primavera del 1943 quando anche lui venne rimosso e destinato a fare l'ambasciatore presso la Santa Sede. Una carica quasi derisoria dalla quale riuscí comunque a cavare qualche frutto.

Di Balbo invece Mussolini si liberò subito: lo spedí a fare il governatore della Libia. Incarico che assolse con decoro, al contrario di quanto fece lo sciagurato maresciallo Graziani, uomo crudele e militare inetto. Balbo amava la vita, le belle signore fasciate negli abiti da sera che frequentavano i balli al governatorato, gli àscari rivestiti di una pittoresca uniforme che servivano i rinfreschi e l'orchestrina che si lanciava nella musica piú moderna. Non si poteva dire jazz, si usava dire musica sincopata. C'era poi la Lotteria di Tripoli abbinata a una corsa di automobili con i campioni di allora, Achille Varzi, Tazio Nuvolari. L'autodromo della Mellaha era stato costruito apposta, e chissà che fine avrà fatto. Anche i miei genitori frequentavano le corse e i balli che dovevano sembrargli quelli di una piccola corte. Il loro rango era modesto, ma nell'uniforme da sera estiva, una sigaretta tenuta negligentemente tra le dita, anche un giovane capitano della Regia aeronautica poteva fare una certa figura.

Quel giorno di fine giugno del 1940, Balbo era decollato dalla base di Derna pilotando il suo trimotore diretto a Tobruch, per un'ispezione in una base esposta, non lontana dal confine egiziano. Quando l'aereo aveva già iniziato la manovra d'avvicinamento, venne centrato da alcune raffiche della contraerea: s'abbatté in fiamme.

Attentato contro un uomo che Mussolini considerava con fastidio un potenziale avversario? Un incidente? Uno di quei casi di «fuoco amico» non infrequenti in una guerra? Mio padre mi ha sempre detto che si trattò di incidente, che poco prima la base di Tobruch era stata bombardata di sorpresa dagli inglesi e tutti, avieri e piloti, erano molto nervosi. La sagoma del «Gobbo» al suo primo delinearsi nel controluce non venne riconosciuta, partirono le raffiche. Aggiungeva che non si seppe mai bene nemmeno se i colpi erano stati sparati dalla contraerea della base o dalle mitragliere dell'incrociatore San Giorgio alla fonda nella rada antistante.

Il fine strategico della campagna d'Africa era di arrivare attraverso l'Egitto ai pozzi petroliferi mediorientali; allora non meno di oggi le guerre avevano una disperata sete di benzina. Gli italiani però non avevano forze sufficienti per una tale impresa, si dovette chiedere l'aiuto dei tedeschi che inviarono uomini e mezzi, soprattutto carri armati, l'Afrikakorps al comando del leggendario maresciallo Erwin Rommel detto «Wüstenfuchs», la volpe del deserto. Per parecchi mesi Rommel riuscí a manovrare con successo i suoi carri tanto che Mussolini già immaginava un ingresso trionfale ad Alessandria. Da una ditta fiorentina s'era fatto forgiare una spada a doppio filo riccamente istoriata con elsa e fregi in oro; era stata battezzata nientemeno che «spada dell'Islam». Una foto famosa lo ritrae mentre la brandisce con fierezza a Tripoli in sella a un superbo cavallo con la gualdrappa nera ornata dal fascio littorio, una specie di prova generale, teatro. Le cose però andarono come andarono e nella primavera del 1943 la campagna d'Africa finí dopo aver perso Cirenaica e Tripolitania – niente Alessandria, niente spada dell'Islam, niente benzina.

Durante un'incursione sulla base, mio padre era stato ferito da colpi di mitraglia sparati da un caccia britannico, uno Spitfire, aerei veloci, agili, capaci di dolorose

punture. Niente di grave, i colpi non avevano leso parti vitali, ma le ferite s'infettarono come spesso accadeva
in Africa prima della diffusione degli antibiotici, si mi-
nacciava la cancrena, venne rimpatriato. Mia madre un
giorno seppe che non stava piú in Libia ma a Roma, all'o-
spedale militare. Corremmo a trovarlo – non ricordavo
nemmeno com'era fatto – mi parve molto magro e nero,
però sorrideva, mi dava dei colpetti sulla spalla con aria
allegra. Credo che lo facesse per darci coraggio, contento
soprattutto che la guerra per lui fosse finita. Non era cosí
ma in quel momento nessuno di noi lo sapeva.

La bachelite, dunque. A pensarci meglio non so se
quel materiale abbia davvero un odore cosí penetrante.
Una volta, nel retropalco di un teatro, mi parve di sentirlo salire da un viluppo di cavi surriscaldati. Quell'o-
dore comunque sulla nave era forte, riempiva la cabina
anche se il piccolo oblò che dava sul ponte era quasi sempre aperto. Capitò che una sera, accompagnandosi con
la chitarra, un giovanotto prese a cantare una canzone
molto in voga, *María la O*, scoprii in seguito che l'aveva
scritta il grande compositore Ernesto Lecuona, autore di
centinaia di motivi, una specie di Gershwin cubano, che
però, al contrario del vero Gershwin, preferiva languide
tonalità in minore. Raccontava rimpianti, occasioni perdute, lacrime, sospiri, spandeva su tutto un velo di malinconia. Compresa *María la O*, re minore spaccato, nobile
tonalità, la stessa del *Requiem* di Mozart, parole tristi,
abbandoni, uomini crudeli, promesse infrante: «*María
la O, ya no más cantar | María la O, hora es de llorar, y de
recordar | el tiempo feliz | de tus besos, que fugaz ya voló*»,
Maria la O non è piú tempo di cantare ma di piangere, di
ricordare il tempo felice dei tuoi baci, ormai svanito per
sempre. Sembrava fatta apposta per dei poveri italiani
con la guerra alle porte che avevano dovuto abbandonare
case, beni e parenti. Naturalmente tutti questi pensieri

li ho fatti dopo. Sul momento sentii solo che il motivo anche se sembrava cosí triste mi piaceva molto, ancora lo fischietto, talvolta.

Il giovanotto sul ponte mi pare che usasse un adattamento del testo in italiano, qualcosa come «Maria la O, lasciati baciar» o cose simili che del resto si assomigliano tutte perché anche in spagnolo *ilusión* fa rima con *corazón* e con *pasión*.

L'odore della bachelite durò fino allo sbarco a Napoli, cioè abbastanza a lungo per annidarsi nella memoria olfattiva che ha una tenacia tutta sua. Bisognava sbarcare tante valigie, che vennero caricate su una carrozzella, una sull'altra accanto al vetturino, legate con una grossa cinghia ma in modo cosí maldestro che appena il cavallo s'avviò diretto alla stazione delle ferrovie, rovinarono a terra, una – ma forse erano due – cadendo s'aprí sparpagliando il contenuto sulla banchina. Non ricordo bene che altro successe, ma lo spettacolo delle tante cose sparse a terra rimase a lungo nella mia memoria come l'immagine di un disastro senza rimedio.

È curioso il modo in cui il destino degli individui interseca i grandi eventi destinati a diventare storia; a noi italiani capita poi d'intrecciare le nostre vite alla storia, e alla guerra che della storia è parte fondamentale, in modo particolarmente difficile. Quando l'intera Europa fu dilaniata dalla guerra per la prima volta era il 1914. Un incosciente studente serbo, a Sarajevo, aveva ucciso a rivoltellate l'erede al trono imperial-regio e sua moglie. Fuoco alla miccia: era il 28 giugno, per una strana coincidenza lo stesso giorno in cui, un quarto di secolo dopo, sarebbe caduto l'S-M 79 di Italo Balbo. Il regno d'Italia sulle prime rimase neutrale. Ci vollero dieci mesi prima di capire se fosse piú conveniente schierarsi con le potenze dell'Intesa o con gli imperi centrali. Alla fine si scelse la Triplice Intesa perché dovevamo completare l'unità della penisola a Nord-Est – dunque contro l'Austria-Ungheria – e anche perché Francia e Gran Bretagna erano alleati naturali, cosa che Mussolini trascurò di considerare nel 1940. In una parola, il destino di milioni di italiani fu di fronteggiare nel 1915 gli austro-tedeschi, salvo averli poi come alleati nella guerra del 1940 combattuta invece contro gli anglo-americani.

Galeazzo Ciano racconta che il 9 giugno 1940, quando dovette consegnare la dichiarazione di guerra all'ambasciatore di Francia André François-Poncet, sia lui sia l'ambasciatore avevano le lacrime agli occhi. I diari di Ciano non sono sempre attendibili, ma in questo caso, non so bene perché, gli credo. O meglio: in parte lo so perché. Poncet nelle sue memorie racconta l'episodio in termini analoghi, non ricordo se parli anche di lacrime, di sicuro però riferisce di una forte commozione e, credo, di una specie di goffo abbraccio finale. La mia fiducia in questa pagina di Ciano dipende anche dal fatto che la mia famiglia, ebraica da parte di una nonna materna, ha, per il ramo paterno, origine provenzale nemmeno tanto remota.

Secondo un'altra possibile ricostruzione, la vera origine del nome, a parte le famose stalle di Augias che però sono un po' troppo lontane, si troverebbe in Catalogna. Ausías March (1400-1459) è stato un poeta e cavaliere medievale spagnolo. Originario di una famiglia della piccola nobiltà si meritò il titolo di «Petrarca de Catalunya».

L'origine provenzale è una faccenda delicata perché la vasta regione di cui la Provenza fa parte – Paca, nell'acronimo francese: Provence - Alpes - Côte d'Azur – è una delle piú conservatrici, oggi serbatoio di voti del Front National. Un certo Joseph Augias fu, verso la fine del XVIII secolo, il braccio destro di una specie di Robin Hood locale che aveva il pittoresco nome di Gaspard de Besse (Besse-sur-Issole era il borgo natio). Gaspard, con la sua banda di bravi della

zona, imperversava lungo le vie per assalire le carrozze dei
ricchi e distribuire il bottino tra i poveri, che lo acclama-
vano «*brigand pour la France, héros pour la Provence*». Un
po' come il leggendario bandito di Sherwood, un po' come
Zorro, il brigante eroe della Provenza per qualche tempo si
fece beffe della *gendarmerie*, ma bruciò rapidamente la sua
vita, come anche quella del suo luogotenente Joseph Augias,
mio infelice antenato: erano entrambi poco piú che ventenni
quando andarono alla forca, sulla piazza di Aix-en-Provence.
Secondo una piccante annotazione, pare che Gaspard fosse
l'amante della moglie di Joseph: avevano condiviso la stessa
donna, prima della stessa forca.

Un altro inquieto antenato si chiamava Dominique.
Lui invece serví l'imperatore: fu ufficiale napoleonico
impegnato in varie campagne. Non si distinse in modo
particolare, ma bastò l'essersi arruolato in un reggimen-
to dell'usurpatore, per farsi odiare in un ambiente fortemente filomonarchico.

Vennero il Congresso di Vienna e la Restaurazione, la
disfatta di Waterloo e l'esilio a Sant'Elena, Napoleone era
vivo ma peggio che se fosse morto. Se fosse caduto in battaglia lo avrebbe circonfuso l'aura degli eroi, le quotidiane umiliazioni che dovette patire nell'infame Sant'Elena
ne fecero invece solo la spenta ombra di ciò che era stato.

Prima ancora che questo sia completamente chiaro, i
compaesani vogliono far pagare al povero Dominique il
suo tradimento; prestando servizio sotto i vessilli dell'orco
corso, il giovanotto s'era allontanato dalle consuetudini,
prima ancora che dalle prevalenti inclinazioni politiche,
dei luoghi. Il baldanzoso ufficialetto è perspicace, capisce al volo e si rifugia in Italia, per l'esattezza in Ancona. Ed eccoci qui.

Qualche anno fa, al culmine della mia popolarità tele-
visiva, il sindaco di Hyères (dipartimento del Var) ebbe

la gentilezza di organizzare in mio onore un ricevimento nel municipio. L'apparato repubblicano era perfetto: i trionfi di bandiere, l'albo d'oro del Comune aperto su un leggio, una piccola folla, il rinfresco, mancava solo una banda che intonasse *La Marsigliese*. Il sindaco aveva raccolto nelle vicinanze un buon numero di Augias, bambini e anziani compresi.

Pronunciai qualche parola di ringraziamento e per alleggerire l'atmosfera aggiunsi che ero felice di trovarmi fra tanti appartenenti allo stesso ceppo. Imprudente, dissi anche che avrei approfittato del breve soggiorno per cercare se per caso mi spettasse da qualche parte una piccola eredità. Di colpo i volti sorridenti si fecero tesi, mi raggiunse fin sul palchetto il gelo del sospetto. Capii che su certe cose è bene non scherzare, sciolsi rapidamente l'equivoco come meglio potei. È preferibile fermarsi al povero Joseph penzolante dal suo cappio, *héros pour la Provence*.

Di un altro Augias si può dire qualche parola, parlandosi di anni piú recenti. Si chiamava Corrado come me – meglio: io mi chiamo Corrado come lui.

Corrado, l'altro Corrado, è il primo a sinistra nella foto, accanto ha ha suo fratello Umberto, quindi un altro fratello, il piú piccolo, Carlo, mio padre. Al centro e sulla destra le due figlie femmine, Clara e Luisa. Ciò che colpisce nella foto è l'aria. Nessuno sorride, tutti fissano l'obiettivo quasi

accigliati, consapevoli dell'importanza di essere ritratti. Il
*pater* in uniforme con sciabola d'ordinanza, la *mater* eretta nel busto, un ventaglio nella destra. La composizione
arieggia quella delle famiglie nobili o addirittura reali. Ci
si può vedere ciò che a una famiglia della media borghesia
di un secolo fa stava piú a cuore: la ricerca della dignità.

Le camicie nere che sfilarono a Roma il 28 ottobre del
1922 furono sorvolate da una squadriglia di tre biplani,
uno dei tre era pilotato dal tenente di cavalleria Corrado Augias, poco piú che ventenne anche lui. L'aeronautica militare non esisteva come arma indipendente. I piloti
venivano da varie specialità dell'esercito, genio o appunto
cavalleria come mio zio. L'arma detta azzurra è nata dopo,
figlia del fascismo. Il tempo era maturo, l'aviazione piaceva a Mussolini per la sua modernità, era veloce, nuova
come il regime da lui inaugurato: nel 1923 la Regia aeronautica divenne un'arma a sé stante, Italo Balbo ministro
dell'Aviazione.
    Quanto a Corrado smise l'uniforme della cavalleria e
divenne pilota militare a tempo pieno. Era un uomo ardimentoso, pilotava il suo trabiccolo di legno e tela con grande perizia, tentato dalle acrobazie. Un giorno, mentre provava il cosiddetto «giro della morte», il motore s'imballò
e la morte arrivò sul serio: precipitò non lontano da Palo,
sulla costa del Lazio, poco lontano da dove si dice sia morto
Caravaggio per certe febbri perniciose o per mano omicida.

Mio padre Carlo ripeteva un curioso aneddoto relativo
a Napoleone che non ho mai trovato nei libri sul Grande
corso. Quando Napoleone si proclamò imperatore dei francesi in Notre-Dame, strappando dalle mani di papa Pio VII
la corona, la cerimonia venne accompagnata da grandiosi
festeggiamenti. Tra questi ci fu un grande pallone aerosta-
tico, ideato da André-Jacques Garnerin pioniere dell'aviazione, che si levò superbo nel cielo di Parigi. Il pallone, as-

sai decorato, recava in basso l'immagine di un'aquila che stringeva tra gli artigli la corona imperiale. Il grande e bellissimo oggetto raggiunse rapidamente una certa quota e altrettanto rapidamente scomparve a causa dei venti che lassú soffiavano impetuosi. Cosí sospinto, il pallone discese la Francia, varcò le Alpi, sorvolò la penisola, raggiunse Roma dove, persa parte del gas che lo sorreggeva, scese di quota, urtò piú volte il suolo fino a colpire con forza la cosiddetta Tomba di Nerone; nell'urto la parte con la corona imperiale finí in pezzi. Quando gli riferirono l'episodio Napoleone ne rimase molto turbato. La corona infranta sulla tomba di un imperatore che era dovuto fuggire da Roma e s'era dato, giovanissimo, la morte, gli parve un lugubre presagio. Non volle piú sentir parlare di aerostati.

A Roma mia madre e io andammo ad alloggiare in una pensione di via Merulana. La stanza doveva essere a un piano basso, ed era buia per via dei platani fronzuti, rifugio di centinaia di chiassosissimi uccelli continuamente impegnati nelle loro funzioni intestinali. Per respirare un po' c'era il parco del colle Oppio, bellissimo, appena rifatto con la ghiaia che scricchiolava sotto i piedi, le aiuole, i misteriosi ruderi romani. Ogni tanto qualche parente ci invitava a pranzo, ma capivo che si trattava di un gesto piú caritatevole che affettuoso, il che mi provocava sentimenti contrastanti tra la malinconia e la rabbia. Mi piaceva ricordare mio padre nell'elegante uniforme estiva; il berretto con un'inclinazione spavalda che gli dava un'aria allegra da ragazzo. Però stava laggiú e forse era già morto facendo la guerra, io ero orfano, avrei dovuto mettere una fascia nera alla manica come un mio compagno di scuola, ed era per questo che i parenti ci invitavano a pranzo.

Quasi di fronte alla finestra della pensione, sul lato opposto della strada, la vista era chiusa dalla mole di un palazzo cosí imponente da apparire spaventoso. Massicce bugnature, enormi marcapiani, in alto un cornicione smisurato, finestre pesantemente riquadrate, quattro imponenti colonne ornavano l'entrata al di là della quale s'alzava una scalea che sembrava quella di una reggia. Per tutto il tempo in cui rimanemmo nella pensione i platani e il palazzo furono i confini del mio piccolo orizzonte.

Anni piú tardi, scoprii che quel palazzo si chiamava Brancaccio, costruito nell'Italia che si dice umbertina, a cavallo tra fine Otto e inizio Novecento, ultima dimora nobiliare eretta a Roma con una storia curiosissima nella quale entrano, come in un film, un principe e una ricca ereditiera americana.

Il principe era il napoletano Salvatore Brancaccio, lei si chiamava Mary Elisabeth Field. A 24 anni Elisabeth aveva sposato, a Parigi, il suo Salvatore portando in dote al nobile consorte un milione di dollari. Divenuta dama di palazzo della regina Margherita, Elisabeth sente di doversi adeguare e ordina all'architetto Luca Carimini il progetto di un palazzo residenziale che renda visibili sostanze e rango della famiglia. Questo Carimini, oggi dimenticato, è una delle tipiche figure di artigiani-artisti formatisi nella Roma papalina disegnando altari, tombe e cappelle. Nel 1884 aveva progettato, nella stessa via Merulana, la chiesa e il convento di Sant'Antonio. Qualche anno dopo ricevette l'ordine di quel nuovo palazzo da erigersi sull'area delle vigne dei Gesuiti, ai margini del colle Oppio. Nella sostanza immaginò una linea neoquattrocentesca con l'aggiunta di elementi romani e gotici, insomma una di quelle opere che si dicono eclettiche ma che si potrebbero anche definire un po' pasticciate, non rare in quegli anni nell'ansia di tenere tutto insieme, antico e moderno, eredità e innovazione. Non stupisce che una dimora imponente al punto da diventare un po' tetra spaventasse un bambino nemmeno decenne.

Quando poté riprendere a camminare, mio padre si dette da fare e trovò una vera casa in un immobile dell'Istituto nazionale delle assicurazioni dalle parti di Porta Latina.

Se aveva pensato che la guerra era finita dovette rendersi conto che in realtà stava per cominciarne un'altra, piú rischiosa, segreta, segnata dall'incertezza. Con l'8 settembre 1943 il paese andò in pezzi, non ci fu piú esercito né ordine né Stato, e i tedeschi occuparono Roma: non piú faticosi alleati ma invasori. I militari dovettero scegliere: il re al Sud, Mussolini a Nord, i tedeschi dappertutto.

Mio padre entrò nella Resistenza. Detestava Vittorio Emanuele III piú ancora di Mussolini, lo detestava per la fuga, lo chiamava il «re fellone» che aveva tradito il giuramento per mettersi in salvo di notte, come un ladro, fuggito senza lasciare ordini, abbandonando città e regno in mano a invasori che volevano vendetta. Quell'uomo nel '22 aveva aperto Roma ai fascisti, nel '38 aveva promulgato le leggi razziali. Lo considerava un fantoccio con cui Mussolini aveva giocato. Per tenerlo buono lo aveva fatto diventare re d'Albania e imperatore d'Etiopia, titoli da burla, corone di latta.

Lui, ufficiale della Regia aeronautica, al re aveva giurato fedeltà. Non io ho violato quel giuramento, diceva, l'ha fatto lui, re da operetta, soldato di cartone. Mio padre era un uomo mite, incline piuttosto all'ironia che alla collera ma su Vittorio Emanuele perdeva un po' la calma. Il re, primo maresciallo dell'impero, e quell'altro che tuonava dal balcone ci hanno mandato a fare la guerra con un armamento ridicolo. Tu non li hai visti, diceva, i nostri soldati acquattati come topi nelle buche scavate nella sabbia che tentavano di fermare i carri armati inglesi con le bombe a mano. I colpi di mitraglia dei nostri aerei rimbalzavano sulla blindatura delle fortezze volanti americane. Lui era il comandante in capo, doveva sapere che le fiammate di disperato coraggio, come a El Alamein, non ci avrebbero salvato.

Resistenza, nel suo caso, volle dire la formazione guidata dal colonnello Giuseppe Cordero Lanza di Montezemolo, un gruppo di ufficiali, sottufficiali e soldati badogliani riuniti nel Fronte militare clandestino (Fmc), anticomunisti, con il compito non di condurre azioni di guerriglia contro i tedeschi – affidate queste ai comunisti dei Gap – ma di «organizzare segretamente la forza per assumere al momento opportuno l'ordine pubblico in Roma a favore del governo di Sua Maestà il Re».

Non potevo combattere al fianco dei comunisti, diceva mio padre, né potevo aderire alla repubblica del Duce, ero antifascista e anticomunista: scelsi la formazione che mi era meno distante anche se facevamo quello che facevamo, non molto per la verità, in nome di un re fellone che ci aveva tradito.

Sulla banda Montezemolo, come la chiamavano i tedeschi, c'è un'ombra grigia, aspetti mai decifrati. Spesso i movimenti di resistenza si presentano con qualche tratto di ambiguità, la lotta clandestina è la piú difficile. Non ci sono uniformi né bandiere, né reggimenti, né fanfare, solo un lavoro oscuro di esito incerto nel quale non puoi mai essere sicuro che il tuo compagno nelle azioni sia davvero un tuo compagno e non la spia infiltrata, il provocatore che, venuto il momento, ti consegnerà al nemico. La lotta clandestina ha molti piú elementi in comune con il terrorismo o con lo spionaggio che con gli scontri tra eserciti. La segretezza delle riunioni, gli pseudonimi e i nomi di battaglia, la suddivisione in comparti stagni, tutti gli accorgimenti, le finzioni, le cautele, le laboriose procedure di sicurezza, la lenta fatica che richiede organizzarla e condurla sono stratagemmi per evitare che un arresto, una delazione, una confessione strappata con la tortura provochino il crollo dell'intera rete. Un apparato cosí laborioso però intralcia le azioni o le impedisce del tutto. La guerra ha bisogno di comunicazioni semplici e veloci, nella lotta clandestina succede il contrario: le comunicazioni sono incerte, lente, insicure, spesso inaffidabili. Dietro ogni ordine si può nascondere un tranello, raramente si può essere certi – a meno di una conoscenza diretta – che chi afferma di essere qualcuno sia davvero quel qualcuno. Gli ufficiali della banda Montezemolo in buona parte si conoscevano tra di loro, nonostante questo, raccontava mio padre, il sospetto che uno di loro potesse essere passato al nemico trasformandosi in un delatore non poteva mai essere completamente escluso. Poteva bastare un piccolo premio in denaro, una tessera annonaria in piú, qualche busta di beni introvabili: caffè-caffè, cioccolata vera, alcuni pacchetti di sigarette fatte col tabacco e non con la paglia.

Nel suo libro *Storia dell'Italia partigiana* (1966), Giorgio Bocca dà un giudizio aspro del gruppo Montezemolo: «Montezemolo e i suoi sono fuori, a volte contro il movimento unitario, non ne condividono la politica, tentano una concorrenza di tipo decisamente reazionario. Giuseppe Cordero Lanza di Montezemolo è un ufficiale virtuoso e capace. In vita e in morte lui e i suoi piú stretti collaboratori sono degni di ammirazione. Ma il giudizio storico sul movimento, il giudizio dei fatti, è negativo: esso è un freno alla Resistenza nazionale, un motivo di confusione e paralisi».

Mio padre riteneva ingiusto questo giudizio; Bocca ha sottovalutato, diceva, l'importanza ideale di una compagine che aggiungeva la componente militare al variegato fronte delle forze che si opponevano al nazi-fascismo: i comunisti in primo luogo, i cattolici, gli azionisti di Giustizia e Libertà nelle cui formazioni lo stesso Bocca aveva combattuto.

Se si mette a confronto il nostro movimento di resistenza con quello francese si vede bene quale diversa importanza ebbero i militari nei rispettivi paesi. In Francia l'opposizione armata agli occupanti era guidata da un generale come De Gaulle, il movimento era animato da un forte sentimento patriottico e nazionale, e tra i caduti furono numerosi i militari, come ancora oggi sono ricordati da tante piccole targhe nelle strade di Parigi. In Italia le cose andarono diversamente. Lo storico Claudio Pavone

nel suo saggio *Una guerra civile* (1991) individua e analizza
le tre componenti che dettero vita al nostro movimento di
resistenza: una guerra patriottica, una guerra di classe, una
guerra civile. Per la prima volta, in quel saggio, la definizione «guerra civile» venne usata da uno storico al di fuori del suo abituale contesto neofascista. Proprio per questa complessità il giudizio di Bocca avrebbe potuto essere
piú generoso. Noi rappresentavamo, diceva mio padre, un
elemento di equilibrio non tanto politico ma istituzionale.
Si è arrivati a parlare di dissoluzione dello Stato dopo l'8
settembre 1943. Noi eravamo l'antidoto a quella dissoluzione, diceva, la piccola prova che un embrione di Stato
continuava a esistere nelle file della Resistenza; in quella lotta si battevano volontari mossi da ideali politici, ma
anche ufficiali che avevano in mente la nazione e lo Stato
che Mussolini aveva violentato nel '22 e il Savoia tradito,
vent'anni dopo.

Dopo cosí tanto tempo, con un giudizio meno affannoso, si può pensare che le parole di Bocca confermino
ancora una volta che è soprattutto l'esito a determina-
re il giudizio degli storici. Indubbiamente le azioni del
gruppo Montezemolo furono poco rilevanti e finirono
in una tragedia per la sorte terribile di alcuni dei protagonisti. Avuta notizia dell'imminente sbarco alleato ad
Anzio, previsto per la fine di gennaio del 1944, l'Ober-
sturmbannführer (tenente colonnello) Herbert Kappler,
il responsabile delle SS colpevole d'aver ordinato la raz-
zia nel ghetto di Roma (sabato 16 ottobre 1943), chiese ai
suoi uomini di smantellare il raggruppamento Montezemolo temendone un'azione armata. Il gruppo era già stato infiltrato e in capo a 48 ore tutti i principali esponenti
vennero arrestati. Mio padre sfuggí di poco alla cattura.
Era diretto al luogo di raduno situato nel sotterraneo di
un edificio in piazza Santi Apostoli, ma mentre si stava
avvicinando qualcuno al passaggio gli sussurrò in fretta,
senza fermarsi: «Va' via, scappa!»

Il colonnello Montezemolo, dopo giorni di torture nel carcere della Gestapo in via Tasso, finí trucidato alle Fosse Ardeatine.

Il 4 giugno 1944 arrivarono gli americani, due anni dopo, il 6 giugno 1946, è arrivata la Repubblica.

2.

Via U. Biancamano, 1 - 10121 Torino

In un mercatino di libri usati a Bologna ho trovato un giorno un saggio che avevo cercato a lungo: *Le origini del cristianesimo* di Alfred Loisy (1857-1940). Grande libro di un autore una volta famoso e controverso. Uno dei preti «modernisti» che all'inizio del Novecento gettarono scompiglio nella Chiesa per il loro approccio storico e critico alle Scritture e ai dogmi. Di colpo si vide che i testi ritenuti sacri, che si dicevano dettati addirittura da Dio, erano in realtà pieni di lacune, contenevano una conoscenza dei fenomeni naturali cosí rudimentale da rivelare le misere conoscenze di chi li aveva scritti. Da un testo di origine divina ci si aspetta, quanto meno, che non debba essere smentito dai fatti.

Quest'opera pubblicata da Einaudi reca nel frontespizio la data: 1942-XX, ovvero anno ventesimo dell'era fascista. Dunque in pieno regime e mentre uomini come Loisy, o come il sacerdote modernista italiano Ernesto Bonaiuti, venivano perseguitati per le loro convinzioni dottrinali, Einaudi mandava in libreria un'opera condannata dalla Chiesa.

Come poté accadere non possiamo saperlo con esattezza. Il direttore editoriale della Einaudi, Ernesto Franco, ipotizza che possa aver influito il buon rapporto che Giulio Einaudi aveva con il ministro Giuseppe Bottai, grande intelligenza, cultore di un fascismo come rivoluzione permanente, uno dei fondatori dei Littoriali dove contendevano i piú brillanti studenti universitari, tra i quali numerosi antifascisti. È possibile che Bottai abbia tacitamente approvato, ma è anche possibile che né lui né altri abbiano avuto la voglia o il tempo di occuparsi di un'opera che avrebbe venduto poche copie, comunque letta da persone o già convinte o già perdute. Del resto nel 1942 la guerra cominciava a girare verso il peggio e le preoccupazioni erano ben altre.

Ricordo l'angustia di quegli anni, la guerra, la fame, i bombardamenti. Poi la gioia nel veder arrivare le prime camionette americane con i soldati sorridenti che lanciavano caramelle e tiravano baci alle ragazze; giravano per Roma elegantissimi, le camicie cachi con ancora le piegoline della stiratura, cosí diversi dai tedeschi cupi, guardinghi, tristi. Un esercito di invasori era fuggito verso nord, un esercito di liberatori arrivava da sud. È successo tante volte nella storia della penisola, è un pensiero dal quale non riesco a liberarmi: l'Italia è uno dei territori europei che hanno subito piú invasioni, le ultime pochi decenni fa, come nel Cinquecento.

Un giorno che parlavo con Ettore Scola dell'arrivo degli americani, mi disse: chi ha vissuto quei momenti non li ha piú dimenticati per il resto della vita. Non so se, arrivati al XXI secolo, si riesca a cogliere il senso profondo di parole cosí semplici. Avevamo conosciuto la paura, visto i morti sotto le macerie ridotti a fantocci bianchi di calcina, saputo (alcuni rischiato) le torture nel carcere delle SS in via Tasso. L'America arrivava con il suo volto migliore: quei ragazzi, quelle jeep, la carne in scatola con i fagioli, la gomma da masticare, una musica che nessuno aveva mai udito prima. Solo molto dopo avremmo conosciuto anche altri aspetti meno belli di quello straordinario paese. Nei mesi dopo il 4 giugno 1944 s'era diffuso un tale sollievo che perfino chi era solo un bambino non poteva non accorgersene. Anzi, non era solo sollievo ma la scoperta indimenticabile che esisteva un altro mondo al di fuori di quello nel quale eravamo cresciuti – questo voleva dire Scola.

Con gli americani arrivò anche il pane bianco dopo la segatura che avevamo ingoiato per mesi. Ricordo le ironie sul fatto che noi, che la guerra l'avevamo persa, avevamo abolito le tessere annonarie prima degli inglesi che invece la guerra l'avevano vinta. La fine della penuria volle dire che si poteva ricominciare a comperare lo zucchero, la cioccolata e il caffè. Erano cari, ma si trovavano nei negozi, non piú alla borsa nera.

Durante l'occupazione mia madre era arrivata un giorno a casa tenendo alta la gonna con le due mani. Nell'incavo c'erano un paio di chili di zucchero. Una bomba aveva colpito un camion carico di zucchero, era rimasto mezzo squarciato in mezzo alla strada e subito un gruppo di romani, famelici come formiche, l'avevano preso d'assalto. Mia madre, donna pudica e riservata, aveva fatto tutta la strada con la gonna alzata per portare a casa quella piccola fortuna. Mio padre per prenderla in giro ogni tanto faceva il verso al conte Ugolino: *Poscia piú del pudor poté il digiuno*. Lei arrossiva un poco, però rideva.

Della fine della penuria mi resi conto un giorno in un bar dov'ero entrato con mio padre. Sul bancone c'era una zuccheriera con due cucchiaini infilati uno di qua e uno di là dalla quale si poteva attingere liberamente. Quello zucchero cosí abbondante fu il primo segno che la vita era davvero cambiata, in meglio.

La data sul logoro frontespizio del saggio di Loisy, «1942-XX», riporta dritto a quegli anni, alla stranezza di un autore interdetto pubblicato in pieno fascismo, un gesto che aveva rappresentato una sfida o che forse la generale indifferenza aveva consentito.

Una casa editrice come la Einaudi poteva nascere solo a Torino, cosí come la Mondadori o la Rizzoli potevano nascere solo a Milano. L'editoria come industria, l'editoria come deciso orientamento culturale. La capitale del Piemonte è sempre stata eccentrica rispetto al resto del paese e non solo per la sua collocazione geografica lassú, in alto a sinistra, a ridosso delle Alpi, al confine la cupa regione della Savoia, francese per metà, per metà italiana. Pinerolo, che un tempo si chiamava Pignerol, era sede del penitenziario di Stato francese dove, tra le altre cose, nacque la leggenda della maschera di ferro. Il misterioso prigioniero al quale Luigi XIV aveva risparmiato la vita vi era giunto nell'agosto 1669 sotto forte scorta capitanata dal moschettiere del re D'Artagnan – quello vero, non il personaggio di Dumas. Fine della divagazione.

Anche Torino, come la leggenda della maschera di ferro, ha un certo carattere tenebroso, alcuni manuali la indicano, con Praga e Lione, come una delle città magiche d'Europa. Qualcuno è arrivato a dire che l'alta guglia acuminata della Mole Antonelliana sarebbe un'antenna capace di estrarre energia dal sottosuolo per irradiarla sull'intera città. Non arrivo a tanto, però un aspetto un po' funereo se non magico lo vedo nell'impronta settecentesca lasciata da Filippo Juvarra, nel supremo fasto mortuario delle tombe dei Savoia a Superga, nel lugubre lenzuolo che conserva l'impronta d'un cadavere, nelle mostre di certi negozi ancora oggi in legno o cristallo nero filettato d'oro. Il Settecento è il secolo dei Lumi ma anche di misteriosi delitti, di personaggi che nascondono la malvagità sotto il sorriso beffardo d'una maschera. Molti dolorosi suicidi punteggiano la storia cittadina. Nel 1950 Cesare Pavese in una stanza d'albergo, nella città vuota di fine agosto; Primo Levi, inaspettatamente, nel 1987; molti anni prima, nel 1911, a metà collina Emilio Salgari con una specie di maldestro harakiri, gesto disperato e goffo.

Torino, fino a poche decine d'anni fa, poteva dare un senso d'estraneità rispetto ad altre città italiane, prima che tutto s'omologasse, i comportamenti s'uniformassero, in genere verso il peggio. Mussolini la chiamava «Porca città francese»; l'avvocato Agnelli (per decenni è stato «l'avvocato» per antonomasia) diceva: «Noi torinesi ci siamo sempre sentiti un po' stranieri in patria, siamo montanari, i doveri stanno prima dei diritti».

Le prime volte che ho messo piede a Torino, erano gli anni Sessanta, non riuscivo a sottrarmi alle immagini malinconiche del libro *Cuore*. I morticini, i poverelli, gli sventurati alla ricerca d'una madre perduta avevano provocato nella piccola cerchia di bambini di cui ero stato parte parecchie lacrime, anche la giovane lettrice – una cugina, maestra diplomata – ci aveva raccontato tra i singhiozzi quelle storie di infelici eroi e di poveri orfanelli. Per molti anni l'immagine di Torino è rimasta quella: un giovinetto malaticcio che, solo in casa, guarda il viavai di nere carrozze giú nella strada da dietro un vetro rigato di pioggia.

Guido Gozzano ha messo del suo in questo quadro. Ne ho scoperto la complessità leggendo Giorgio Manganelli che in un articolo d'occasione piú o meno afferma che il suo discorso esplicito suggerisce una lettura oscura, irrequieta, instabile: «la sua semplicità è complessa». Manganelli si divertiva con gli ossimori, in questo caso però trascurava il fatto che nemmeno la complessità cancella i sentimenti reali che ispiravano il poeta, primo fra tutti il senso d'una perdita, la nostalgia per una Torino già allora scomparsa, per certe donne esistite solo nella fantasia, la malinconia suggerita da quel breve momento «crepuscolare» che precede il buio della notte. Nei versi di Gozzano, consumato com'era dalla tisi, c'è sempre la consapevolezza che la fine arriverà presto; in certi versi non molto noti descrive la schermografia del suo torace (*Alle soglie*): «Un fluido investe il torace, frugando il men peggio e il peggiore | trascorre, e senza dolore disegna su sfondo di brace | e l'ossa e gli organi grami al modo che un lampo nel fosco | disegna il profilo d'un bosco, coi minimi intrichi dei rami».

Inutili i consigli dei medici: «Nutrirsi... non fare piú versi... nessuna notte piú insonne... non piú sigarette... non donne... tentare bei cieli piú tersi». Piú tersi di quelli torinesi che tendono, come quelli di Parigi, a essere bigi.

Mi rendo conto che Torino potrebbe dare – sicuramente ad altri dà – un'immagine diversa, cioè dinamica, moderna, luminosa con il cristallo delle Alpi innevate che chiude l'orizzonte, le sue belle arterie diritte, la razionalità degli incroci ortogonali che quasi disegnano una città del futuro, anche se a concepirla sono stati i legionari romani che poggiarono quel perfetto reticolato nella bella pianura solcata da quattro fiumi.

Come sempre accade però, la sola realtà che conta è quella dell'occhio di chi guarda, spesso suggerita piú dalla letteratura o dalla fantasia che dalle cose in sé. Mi turbò

scoprire, alle soglie dell'adolescenza, che Salgari s'era ucciso in quel modo atroce, ripetuti colpi con un rasoio da
barba, umiliato dall'indigenza dopo tanto lavoro. Ai figli
aveva scritto: «Sono un vinto: non vi lascio che 150 lire».
Lo scrittore che dalle pagine delle enciclopedie popolari
era riuscito a cavare mondi sconfinati e personaggi grandiosi, si sentiva derubato del denaro ma prima ancora del
suo giusto orgoglio di autore. Il cronista che sulla «Stampa» riferisce la scoperta del suo cadavere non risparmia
dettagli da *feuilleton*: «Il colletto e l'apertura superiore
della camicia erano lacerati, il gilet, completamente sbot-
tonato, lasciava vedere il ventre, dal quale uscivano gli
intestini. Il cappello, il bastone e la cravatta si trovavano su un ciuffo d'erba, pochi passi discosto. Nelle tasche
erano cinque o sei lire d'argento».

Gozzano se n'è andato a soli 32 anni, cosí giovane che
Mozart, Chopin o Leopardi paiono dei veterani al confronto;
se devo cercare un coetaneo nella morte trovo Franz Schu-
bert che di anni ne aveva appena 31; insieme però, trovo
un altro torinese che si spense addirittura prima: Piero Gobetti, che non aveva ancora compiuto 25 anni quando morí,
a Parigi, a seguito delle botte che aveva preso dai fascisti.
La sua raccolta di scritti *La Rivoluzione Liberale* è stata
pubblicata da Einaudi nel 1947 nella celebre collana Saggi
con una copertina dalla vivida cornice color arancio. Ho scoperto quelle pagine piú o meno all'età che aveva lui quando le scrisse.
Si parla poco di Gobetti in Italia, anzi non se ne parla af-
fatto. Viviamo in un paese in cui le mezze tinte e le sfumature piacciono poco. Si preferiscono le grandi chiese affollate
con i loro dogmi, le certezze, i riti, meglio se solenni, con
qualcuno che indichi il cammino da seguire, possibilmente
urlando. Salvo dopo un po' buttarlo giú dal balcone. Piero
Gobetti scava invece a fatica un piccolo solco nelle ragioni
della storia, indica una meta ideale da cercarsi a lungo e non

è detto che si riesca a trovarla. Felice Casorati nel famoso
ritratto di Gobetti è riuscito a cogliere la dubbiosa ragione-
volezza del personaggio.

Era nato, giugno 1901, in una famiglia di contadini inur-
bati che gestivano una drogheria, se fosse stato un ragazzo
come tanti il suo destino si sarebbe consumato dietro quel
banco servendo a chi dei fagioli secchi a chi un chilo di polenta. Invece a diciassette anni pubblica la sua prima rivista,
«Energie Nove», si sente vicino alle esperienze di Gramsci,
un interesse ricambiato. Vengono entrambi da famiglie mo-
deste (il padre di Gramsci era un piccolo impiegato comuna-
le), arrivate da poco in una città che sta diventando il cuore
industriale del paese, il piccolo «Stato-Fiat» come proprio
Gobetti definí la grande industria nascente.

Nei confusi anni del dopoguerra cosí pieni di entusiasmi disordinati, paure, tentazioni reazionarie, ingenua fiducia, per un giovane dagli imprecisati orizzonti come me non era facile trovare dei punti di riferimento. Si potevano fare scelte radicali: la Democrazia cristiana garantiva ordine e in prospettiva benessere, una scelta saggia per un avvenire sicuro – quanto meno il proprio. Il Partito comunista aveva la sua dose di rischio compensata però dall'entusiasmo e dall'eccellenza della compagnia, piú il brivido della trasgressione cosí inebriante quando si hanno vent'anni.

C'erano la rivista «Il Ponte», fondata da Piero Calamandrei, il settimanale «Il Mondo», il quotidiano «La Stampa» dove scriveva tra gli altri Arturo Carlo Jemolo, mio professore di Diritto ecclesiastico, laico e antifascista – c'era la casa editrice Einaudi, alonata da un'eco di leggenda. Non ci lavoravano né piccoli artigiani industriosi né grandi mercanti avidi, ma un gruppo di intellettuali che, non senza una certa arroganza, volevano, niente meno, diffondere nel paese una cultura nuova.

Gobetti era stato parte del progetto, scoprire che era morto a nemmeno 25 anni lo rendeva per noi quasi un fratello, i suoi ideali di Giustizia e Libertà davano concretezza politica al vago *Liberté Égalité*, che rischiava di rimanere uno slogan da esami. E la *Fraternité*? C'era anche quella nello Stato sociale di cui si cominciava a parlare. La «fraternità» s'era trasformata in previdenza, assistenza, sanità pubblica. Per alcuni di noi la scoperta della politica avvenne attraverso questo tipo di mediazioni e di guide.

Durante il servizio militare ho incontrato qualche commilitone che aveva letto gli stessi libri. Obbedivamo agli ordini, cercavamo di assumere un portamento marziale durante le sfilate o nella cerimonia dell'alzabandiera, un culto che in Italia non ha mai avuto il seguito che ha invece – per esempio – negli Stati Uniti. Ogni tanto ci portavano a sparare – con parsimonia. Però c'era un problema: la messa domenicale. Nel battaglione c'erano degli atei, qualche ebreo, dei liberi pensatori (qualifica ormai desueta) che non volevano partecipare a un rito cattolico. Facemmo richiesta di esonero al comandante, ma la risposta fu che anche la messa era un servizio, quindi andava seguita come tutti gli altri servizi. Opponemmo la questione di coscienza rendendoci conto che stavamo creando un problema, nessuno s'era mai posto prima tali domande. Fu il cappellano a trovare la soluzione: una domenica interruppe la messa e invitò chi non gradiva seguire il rito a uscire; ci alzammo in una ventina. Dalla domenica successiva, mentre gli altri andavano in chiesa, noi venivamo affardellati per marciare su e giú agli ordini di un seccatissimo sergente. Un commilitone irridente ci aveva soprannominato sarcastico il plotone Giordano Bruno; mentre andavamo idiotamente su e giú ci mandava qualche ironico sberleffo dal bordo del cortile. Lo persi di vista per poi ritrovarlo molti anni dopo nella cronaca giudiziaria, diventato l'avvocato Cesare Previti.

A Roma l'ufficio commerciale della Einaudi si trovava in via degli Uffici del Vicario in un bel palazzo tardo settecentesco a pochi passi dal Pantheon, non lontano da una famosa gelateria. L'edificio faceva parte un tempo di un esteso complesso conventuale. Nell'atrio una grande targa murata ricorda la visita di papa Pio VII nel 1808 accompagnato da alcuni cardinali (*Purpuratos patres*). Dall'atrio si accedeva a una scala dai gradini bassi e agevoli non nel solito travertino romano ma in marmo. Un indirizzo di tale prestigio credo che oggi nessuna casa editrice se lo potrebbe permettere. Primo piano, una porta finestra dava su un balcone. Avevo scelto i titoli sul catalogo delle vendite rateali. Ricordo un *Sommario della storia d'Italia* di Luigi Salvatorelli, *Gli intellettuali e l'organizzazione della cultura* di Antonio Gramsci, il *Trattato di storia delle religioni* di Mircea Eliade, i due volumetti di Erich Auerbach *Mimesis*, il romanzo *L'Orologio* di Carlo Levi. Scelte confuse, dettate piú che altro dall'ansia ingenua di colmare tutte insieme tante lacune.

La storia di Mircea Eliade mi deluse, non era il libro di cui avevo bisogno. Il romanzo-saggio di Levi *L'Orologio*, al contrario, mi fece capire quale storia stavamo vivendo. Mi piacque alla prima lettura e, tempo dopo, alla seconda; anche se in casa editrice so che lo avevano giudicato «fiacco». Ha uno degli attacchi piú belli nella nostra letteratura del Novecento:

> La notte, a Roma, par di sentire ruggire leoni. Un mormorio indistinto è il respiro della città, fra le sue cupole nere e i colli lontani, nell'ombra qua e là scintillante; e a tratti un rumore roco di sirene, come se il mare fosse vicino e dal porto partissero navi per chissà quali orizzonti. E poi quel suono, insieme vago e selvaggio, crudele ma non privo di una strana dolcezza, il ruggito dei leoni, nel deserto notturno delle case.

La lingua è letteraria, la frase «nel deserto notturno delle case» è addirittura un endecasillabo, la storia gira intorno a tre giorni e tre notti nel dicembre 1945, uno dei tanti periodi in cui il destino dell'Italia è cambiato perché in quei giorni cadde il governo di Ferruccio Parri nato dalla Resistenza. Era durato nemmeno sei mesi. Ma non era una delle normali, ricorrenti, crisi di governo; crollava con Parri l'illusione che piccole forze laiche, il Partito d'Azione, i repubblicani, potessero farsi baricentro di un sistema politico insieme ai partiti che avevano partecipato alla lotta di Liberazione. Parri era un uomo di grande dirittura ma i partiti veri, pieni di iscritti e di soldi, non avevano bisogno di lui. Il fervore, l'entusiasmo, i sogni che Parri rappresentava lasciavano il posto alle forze che, sommate insieme, davano voce al 70 o 80 per cento degli italiani.

*L'Orologio* è il racconto realistico e visionario, un po' romanzo un po' saggio, di quel cambiamento. C'è Roma, città molle, a volte turpe, ci sono personaggi loschi, attempate

bellezze che si danno via per poco, la gloria cadente delle
rovine, le sigarette di contrabbando, le camionette sganghe-
rate al posto degli autobus.

Levi ne fa lo sfondo appropriato degli eventi:

> Si trattava di decidere se quello straordinario movi-
> mento popolare che si chiamava Resistenza avrebbe avuto
> uno sviluppo nei fatti, rinnovando la struttura del Paese;
> o se sarebbe stato respinto tra i ricordi storici, rinnega-
> to come attiva realtà, relegato tutt'al piú nel profondo
> della coscienza individuale, come un'esperienza morale
> senza frutti visibili.

Nelle pagine di Levi c'è la vibrazione della politica ma
anche l'atmosfera creativa, caotica, eccitata della redazione
dell'«Italia libera», il quotidiano del Partito d'Azione di
cui Levi è stato direttore. Ho ritrovato quell'aria, le frasi, i comportamenti in tanti giornali della sinistra dove il
connotato politico supera sempre il valore cronistico degli
eventi. I redattori di Levi dibattono a lungo sul governo in
carica e su quello a venire ma anche sul futuro del romanzo, sul peso effettivo della storia nella visione di Tolstoj, si
accaniscono in interminabili contese che finiscono in una
specie di nebbia dove tutto sfuma e si scende finalmente
tutti insieme a prendere un caffè con la coscienza di aver
dato una mano a far muovere il mondo.

Si leggono queste pagine con divertimento e malinconia, in quegli interminabili litigi affiora una costante della sinistra, la sua vocazione a dividersi per eccesso di doti
contrastanti: intelligenza, cocciutaggine, narcisismo, letture voraci, in definitiva la paura di sporcare il proprio candore mettendolo alla prova della vita. L'eterna tendenza a
far nascere correnti e poi partiti piú «puri», piú piccoli, piú
insignificanti. Quando si scinde un grande partito si finisce
nei libri di storia; quando si rompe un piccolo partito come
era quello d'Azione, si finisce nel nulla. Infatti quell'esperienza finí nel nulla. Gli azionisti si dispersero un po' qui

un po' là a fare da lievito in altri movimenti o partiti per quel tanto che gli altri erano disposti a farsi «lievitare» da quei brillanti attaccabrighe. Il romanzo-saggio di Levi racconta insomma l'inizio della nostra abituale anormalità che da allora non è piú cambiata.

E noi che nella nostra immaturità avevamo cosí amato l'esperienza azionista? Non eravamo diventati comunisti però guardavamo con un po' di invidia al Partito comunista per le sue compatte certezze, eravamo i compagni di strada, gli utili idioti secondo la *vulgata* piú grossolana. In realtà sentivamo che in quel poderoso movimento erano presenti spinte che avrebbero davvero potuto dar vita a un socialismo italiano umanamente migliore. Gramsci insomma, piú che Lenin. Noi, io, ci illudevamo di poter dare una mano a farle venire fuori. A ripensarci oggi credo che dovessimo dare l'impressione di essere molto presuntuosi e un po' fessi come spesso capita ai giovani.

L'Einaudi ha avuto fin dalla nascita un orientamento cosí trasparente che non ci volle molto per farla diventare un polo d'attrazione per azionisti, appartenenti a Giustizia e Libertà, laici, repubblicani, socialisti, le tante anime sparse della sinistra sfuggite alla forza d'attrazione del Partito comunista. Un indirizzo «genericamente di sinistra» lo aveva definito lo stesso Giulio Einaudi, trattandosi, questo invece lo aveva scritto Norberto Bobbio, di «non lasciar svanire nel nulla la grande esperienza gobettiana».

Torna dunque nel nostro racconto Gobetti che si trovò a vivere, giovanissimo, anni di estrema difficoltà, peggiori dei nostri. Era appena nata l'Unione Sovietica accompagnata da forti speranze, di Lenin si sapeva poco, di Stalin niente. Nella scarsità di notizie, si capiva solo che erano stati avviati poderosi cambiamenti. Comprensibile che di quell'esperienza si potessero sottovalutare i rischi.

Gaetano Salvemini e Benedetto Croce avevano notato, incuriositi, quel giovanotto; Gramsci gli affida la rubrica teatrale nella sua rivista «L'Ordine Nuovo». Gobetti, intanto, aveva fatto della propria pubblicazione, «La Rivoluzione liberale», anche una casa editrice, e, ad esempio, aveva intuito la genialità di Eugenio Montale, pubblicandogli nel 1925 la raccolta *Ossi di seppia*. Montale non ha nemmeno 30 anni, Gobetti 24, e il fascismo, diventato regime, ha già individuato un nemico in questo ragazzo occhialuto, gracile, il volto reso ancora piú pallido da una capigliatura folta e disordinata.

«La Rivoluzione liberale» diventa un centro d'impegno antifascista, e un laboratorio in cui Gobetti affina il proprio progetto di rinnovamento della società italiana, individuando tra le cause dell'arretratezza e della mancanza di autonomia del paese anche il parassitismo di una borghesia torpida e priva di intraprendenza. Alla rivista collaborano intellettuali di diversa estrazione: Amendola, Salvatorelli, Fortunato, Gramsci, Antonicelli, don Sturzo. Cattolici, socialisti, comunisti, liberali. Una rosa di nomi sgraditi, il prefetto ordina piú volte il sequestro del periodico.

Mussolini tiene d'occhio questo giovanotto irrequieto. Esorta il prefetto con un cablogramma: «Prego informarsi e vigilare per rendere nuovamente difficile vita questo insulso oppositore». Lui prega, ma i suoi uomini di mano vanno per le spicce. Nel settembre del 1924, mentre sta uscendo di casa, gli squadristi lo aggrediscono. Con un ragazzo cosí mingherlino ne basterebbe uno, anche mezzo; invece sono in quattro: colpiscono duri, professionali, al torace e al volto. Gli occhiali volano in pezzi, le ferite sono profonde, gli lasceranno gravi scompensi cardiaci. Il messaggio è arrivato. Nel febbraio 1926, Gobetti sale in treno e si rifugia a Parigi certo di poter continuare dall'esilio il suo lavoro come fanno altri antifascisti. Al momento della partenza lo descrivono «pallidissimo ma non vinto». L'aria nuova non basta, muore dopo pochi giorni. Il Duce può annotare nella sua agenda: uno di meno.

Vincenzo Nitti, figlio dello statista Francesco Saverio

anch'egli esule a Parigi, lo assiste in quegli ultimi giorni:
«Sul suo viso era diffusa una pena che non posso non chiamare infantile. Senza gli occhiali da sapiente, sembrava un
bambino abbandonato, un fanciullo triste e scontento».

Ho portato un paio di volte amici italiani in visita a Parigi alla tomba di Gobetti al cimitero del Père-Lachaise. Si
trova un po' fuori mano, in alto (Plateau de Charonne, divi-
sione 94), non lontano dal cenotafio dei fratelli Nello e Carlo Rosselli, e dal celebre Muro dei Federati contro il quale
vennero fucilati i comunardi del 1871. Per decenni, mi raccontava Alberto Cavallari, quella sepoltura è stata cancellata
dalla memoria degli italiani. Oggi va un po' meglio, anche
se rimane una tomba umile e triste, con solo una targa che
ricorda sobriamente: «A Piero Gobetti esule in Francia nel
ricordo della sua solitaria sfida al fascismo e della sua lezione di intransigenza etica e politica – Il comitato nazionale
per il centenario della nascita».

Meriterebbe di piú quel giovane uomo geniale che aveva diagnosticato con tale precisione la nostra malattia. A
nemmeno vent'anni aveva scritto: «Bisogna amare l'Italia
con orgoglio di europei e con l'austera passione dell'esule
in patria». Vicini e lontani, innamorati ma lucidi, pronti
al sacrificio e al dissenso, un patriottismo filtrato alla luce
del giudizio. Vede che in Italia sono mancate una Riforma
protestante, una Rivoluzione liberale, un vero Risorgimento, che il fascismo si connota subito come un movimento
«plebeo e liberticida» ed è il primo a definirlo amaramente
«autobiografia della nazione».

Volevo dedicare questo capitolo a Torino e al prestigioso catalogo Einaudi, invece sto girandoci un po' intorno.
Prima Loisy, poi Carlo Levi, ora Gobetti. Raccontare di
alcuni autori è il modo giusto per parlare di un editore?
Ogni editore vive finché sono vivi i suoi autori e tanto piú
vive se restano vive anche le pagine degli autori che intanto se ne sono andati. Che il catalogo Einaudi sia vivo non

c'è dubbio, negli anni è riuscito a mettere insieme molto del meglio in ogni campo. Ma della sua storia fanno anche parte le distrazioni e gli errori, per esempio il passo falso di aver rifiutato *Se questo è un uomo* di Primo Levi dirottato sull'editore De Silva e diventato einaudiano solo nel 1958. Le lunghe esitazioni prima di pubblicare *L'uomo senza qualità* di Musil – un illustre consulente lo aveva definito «noioso» – che non è solo un capolavoro, ma segna una fase nuova nella storia del romanzo. Ci furono altre occasioni mancate non solo nella narrativa. Per esempio il rifiuto di pubblicare il libro-inchiesta di Goffredo Fofi sull'immigrazione meridionale a Torino, uno dei fenomeni sociali che hanno segnato la nostra storia nel dopoguerra, inchiesta che si presentava einaudiana per antonomasia. Il germanista Renato Solmi nell'autobiografia ipotizza che forse c'era stato un aiuto in denaro della Fiat alla Einaudi e questo rendeva inopportuno pubblicare un libro che era di fatto un'accusa nei confronti della Fiat.

La storia Einaudi è segnata anche da numerose polemiche politiche. Vero che l'editrice pubblicava autori delle piú varie correnti, ma la sua prossimità al Partito comunista era cosí stretta da diventare in alcune occasioni opprimente. Quando Renato Poggioli, illustre slavista che insegnava negli Stati Uniti, compilò l'antologia *Il fiore del verso russo* (1949), ci furono forti proteste da parte del Pci nonostante Giulio Einaudi avesse fatto scrivere un'avvertenza in cui si prendevano le distanze dalle posizioni del curatore.

Poggioli era stato molto critico con la rivoluzione sovietica, scrivendo per esempio: «Ha fra l'altro significato, con la decadenza dell'arte, il crepuscolo della poesia»; dopo il 1917, aggiungeva, anche la letteratura era stata asservita alle «esigenze d'agitazione e propaganda del partito, del regime, dello Stato». L'elenco degli emarginati dal regime al potere era impressionante: «Aleksandr Blok morto di crepacuore, Gumiliev fucilato, Esenin e Majakovskij suicidi, Pasternak perseguitato, Anna Achmatova messa al

bando, Mandel'štam morto al confino». Nulla si sapeva in
Italia di Boris Pasternak, autore di un capolavoro, *Il dottor Živago*, che Feltrinelli riuscí a pubblicare in anteprima
mondiale nonostante la contrarietà del Pci. La persecuzio-
ne della polizia politica costringerà lo scrittore a non ritirare il Nobel (1958); morirà povero mentre il suo grande
romanzo trionfa in Occidente. Nulla si sapeva nemmeno
di Aleksandr Solženicyn (Nobel 1970) che avrebbe fatto
conoscere l'orrore dei campi di lavoro forzato sovietici dove era stato a lungo rinchiuso (*Arcipelago Gulag*).

Quando Poggioli seppe quale accoglienza la sua antologia aveva ricevuto scrisse risentito a Cesare Pavese curatore dell'opera: «Quella polemica mi fa capire quanto io sia
fortunato nel non vivere in un'Italia dove se non sei rosso
ti credono nero. Io rifiuto di essere rosso o nero».

Esisteva un'egemonia del Partito comunista sul mondo
culturale italiano? La polemica si riaffaccia di tanto in tanto anche se la risposta è semplice: sí, certo che esisteva, lo
sapevano tutti, si vedeva a occhio nudo. Il mondo della cultura – gli «intellettuali» volendo usare un termine un po'
logoro – era per la massima parte vicino al partito: cinema,
letteratura, arti figurative, ambienti accademici. Una situazione che rifletteva l'atteggiamento storico del mondo culturale, ma dipendeva anche dalla capacità di molti dirigenti
del Pci, a partire da Palmiro Togliatti, di discutere da pari a pari con artisti, scrittori, cattedratici. Piú che di asser-
vimento si trattava, per chi non aveva secondi fini, di una
vicinanza dettata da un genuino interesse reciproco, anche
perché negli altri partiti i temi e il mondo della cultura erano trascurati o ignorati del tutto.

Dopo il XX congresso del Pcus (1956) le rivelazioni
sull'orrore staliniano cominciavano però ad arrivare. Ho
chiesto tempo fa a un ex alto dirigente del Pci come mai ci
fosse voluto tanto tempo per capire che l'esperienza sovietica stava diventando imbarazzante. Già nel 1959 il Partito

socialdemocratico di Germania, nel suo celebre congresso di Bad Godesberg, aveva eliminato dal suo programma ogni riferimento al marxismo.

Si rende conto, gli chiesi, che se anche voi aveste fatto quel passo il destino dell'Italia sarebbe stato migliore? C'è voluto tempo per staccarsi, ha risposto. Anche se si stava rivelando un'illusione, per molti nostri compagni rimaneva un ideale. Ci voleva tempo per portare tutto il partito, senza strappi, su posizioni nuove, sapendo con quanta facilità la sinistra tenda a frazionarsi e a scindersi.

Ci volle troppo tempo, questo lo aggiungo io, per capire che il sole del socialismo sovietico, se mai era sorto, ormai stava tramontando. Tramontò infatti definitivamente il 26 dicembre 1991 quando il Soviet Supremo decretò la dissoluzione dell'Urss.

Il rapporto dell'Einaudi con il Pci non ha mai avuto carattere ufficiale. La casa editrice era stata considerata adatta alla diffusione del pensiero marxista proprio per la sua connotazione libertaria e multiculturale. Tra i frutti dell'accordo fu la pubblicazione, non senza qualche diffidenza, degli scritti di Antonio Gramsci, straordinaria testimonianza politica e intellettuale di un possibile socialismo «italiano».

Gramsci, nato ad Ales in Sardegna nel 1891, si è formato a Torino, dove ha studiato e ha conosciuto le dinamiche politiche del tempo nonché alcuni dei massimi intellettuali socialisti, perché Torino, per eccellenza città della fabbrica, oltre che culla dell'unità nazionale, lo è stata anche del nascente movimento operaio. In quell'atmosfera il giovane Gramsci acquisisce, come lui stesso dirà, «un modo di vivere e di pensare non più regionale e da villaggio, ma nazionale». Anni dopo racconterà come passava le serate insieme ad altri compagni, tra i quali Togliatti e Terracini: «Uscivamo spesso dalle riunioni di partito [...] mentre gli ultimi nottambuli si fermavano a sogguardarci [...] continuavamo le nostre discussioni, intramezzandole di propositi feroci,

di scroscianti risate, di galoppate nel regno dell'impossibile e del sogno».

La sua filosofia non è ancora del tutto formata, di fondo
si sente ancora crociano però avverte l'urgenza di capire in
che modo il pensiero possa farsi azione: «come fa il pensare a far agire [...] come le idee diventano forze pratiche».
Risuonavano le parole di Karl Marx che nelle *Tesi su Feuer-
bach* aveva scritto: «Finora i filosofi hanno solo interpretato diversamente il mondo; ora si tratta di trasformarlo».
Sia per sfuggire alla censura fascista sia per identificazione
con quel testo, Gramsci chiamerà sempre il marxismo «filosofia della prassi».

Tralascio tutto il resto, anche se è la parte piú importante,
però qui parlo di Torino, dunque degli anni iniziali. L'uomo dovette lottare contro il fascismo ma anche contro gli
ortodossi della rivoluzione proletaria all'interno del partito,
contrari alla sua concezione di un socialismo nazionale e popolare, aperto e interessato anche ai movimenti democratici
borghesi e alle forze progressiste, in sintonia con Gobetti.

Gramsci disprezzò Mussolini per la sua rozzezza, per le
sue pose teatrali. Sull'«Ordine Nuovo» nel 1924 scrisse: «La
sua dottrina è tutta nella maschera fisica, nel roteare degli
occhi entro le orbite, nel pugno chiuso sempre teso alla mi-
naccia». O anche: «Conosciamo quel viso: conosciamo quel
roteare degli occhi nelle orbite che nel passato dovevano,
con la loro feroce meccanica, far venire i vermi alla borghesia e oggi al proletariato».

Aveva ragione, ma in quel suo badare alla sostanza della
politica trascurava le manifestazioni esteriori che avevano
già allora una forte presa sulle masse; gli sfuggiva la forza di
trascinamento che proprio quella rozzezza avrebbe avuto sugli italiani. Ancora nel marzo 1924 scrisse che Mussolini era
«il tipo concentrato del piccolo-borghese italiano, rabbioso,
feroce impasto di tutti i detriti lasciati sul suolo nazionale
da vari secoli di dominazione degli stranieri e dei preti». È
lo stesso errore tante volte compiuto dagli intellettuali – an-

che in tempi recenti – di scambiare la volgarità, la demagogia, le promesse vuote, per debolezza politica, trascurando
che i demagoghi trovano proprio nella rozzezza ostentata,
perfino nelle ingiurie, la loro capacità di seduzione.

Solo quando le sue condizioni erano ormai disperate,
Mussolini tollerò che Gramsci, dopo nove anni di reclusione, fosse rimesso in libertà; morí in una clinica romana il 27
aprile 1937, a 46 anni.

Non so perché Pasolini si fece fotografare davanti alla
tomba di Gramsci nel cimitero romano degli acattolici. So
che nel 1957 uscí la sua raccolta poetica *Le ceneri di Gramsci*
che suscitò molte discussioni e, personalmente, mi turbò.
Pasolini era comunista, cattolico, e omosessuale: conden-
sava in sé contraddizioni acutamente sentite, sessant'anni
fa. Nel poema che dà titolo alla raccolta mostrava un volto
di Roma che nessuno prima di lui aveva ritenuto degno di
poesia. È bella la foto; il poeta ha un impermeabile che un
po' lo immiserisce; anche se aveva sicuramente grandi capacità di recitazione, il suo atteggiamento concentrato davanti alla tomba m'è sempre parso autentico.

Ho sfiorato poc'anzi una questione di cui s'è discusso per anni: se il Partito comunista abbia esercitato e in che misura un'egemonia sulla vita culturale italiana. Uno dei concetti sui quali il grande politico e intellettuale ha lungamente lavorato è proprio quello di «egemonia», che non va confusa, come egli ha piú volte chiarito, con il dominio. Per egemonia Gramsci intende la capacità di direzione, una guida che è non solo politica ma anche intellettuale e morale. Il dominio s'impone con la forza, l'egemonia si basa invece sulla persuasione, il coinvolgimento, l'adesione a un progetto che è politico e insieme culturale. Il dominio schiaccia le volontà contrarie, l'egemonia stimola l'elaborazione di una nuova concezione del mondo. Tra i suoi strumenti ci sono gruppi di intellettuali funzionali alla classe operaia («intellettuali organici»), capaci di agire sulla società ponendo le premesse per una trasformazione sociale.

In questo senso possiamo tornare a parlare del caso Einaudi: il suo programma editoriale, il suo catalogo, è stato molto a lungo uno degli strumenti per la diffusione dell'egemonia. Secondo lo storico Massimo Salvadori però, questa «egemonia», comunque la si voglia intendere, ebbe termine nel 1956 con l'invasione dell'Ungheria da parte dell'Unione Sovietica. Molti intellettuali uscirono dal partito, altri continuarono a sentirsi vicini ma i carri armati sovietici avevano comunque spento per sempre il sogno egemonico trasformandolo in un dominio, cioè esattamente ciò che non avrebbe dovuto essere.

Stavo scrivendo queste noterelle sulla Einaudi quando è uscito il diario relativo agli anni 1956-58 del caporedattore einaudiano Daniele Ponchiroli, *La parabola dello Sputnik*. Quando, nell'ottobre 1956, scoppia a Budapest la rivolta, il Partito comunista e Togliatti personalmente reagiscono in modo sfuggente, solo la Cgil guidata da Giuseppe Di Vittorio prende una posizione netta contro la repressione sovietica. Il giudizio dei redattori e dello stesso Einaudi è durissimo. Annota Ponchiroli: «Ci indigniamo contro i dirigenti del Pci, contro Togliatti in modo particolare [...] Roba da matti! Invece di aiutare i comunisti orientali nella loro lotta anti-staliniana e democratica, i comunisti italiani tacciono ed equilibriscono [sic], sfasciando il movimento operaio».

Cosí andavano le cose, allora. Poi tutto è precipitato – fino alle attuali macerie.

Nel 1970 proposi all'Einaudi di pubblicare un'antologia del teatro del Grand Guignol di cui allora si conosceva poco piú che il nome, spesso limitato all'aggettivo – tra ridicolo e minaccioso – granguignolesco. Inaspettatamente la proposta venne accolta e qualche tempo dopo varcai per la prima volta il portone di via U. Biancamano, 1 – l'indirizzo dove avevo spedito numerose lettere. Mi accolse con grande cortesia il professor Guido Davico Bonino, che continuò poi a seguire la preparazione del testo.

Ancora oggi, cioè mezzo secolo dopo, quell'antologia resta la sola vera opera in italiano sul Grand Guignol, credo per profondo disinteresse verso quel fenomeno teatrale che a Parigi segnò una stagione negli anni che precedono la Grande guerra, ma ebbe notevole sviluppo anche in Italia. Proprio Gramsci, da critico teatrale dell'«Avanti!» (1916), fu tra chi seppe apprezzare la maestria degli attori nel raggiungere gli effetti voluti dando corpo e spessore alla «materia bruta, al tritume del fatto di cronaca».

C'erano in quelle tragedie, a volte caricaturali, allestite nella lugubre sala parigina di rue Chaptal almeno un paio di ottime intuizioni. La prima è che gli esseri umani hanno l'innato bisogno di confrontarsi con l'orrore, di poterlo toccare con mano, se posso dire cosí. Le lunghe file di «curiosi» che si formano sull'autostrada quando sulla corsia opposta c'è un corpo coperto da un lenzuolo hanno la stessa origine. La seconda è che, in modo piú o meno

consapevole, la società d'inizio secolo presagiva il suo tramonto, sentiva che il suo mondo, il suo modo di vivere
erano arrivati al tramonto. Cosí successe: domenica 28
giugno 1914 alle ore 11 circa, a Sarajevo. Nel 1908 lo storico Albert Sorel aveva predetto: «*La vie sera réellement
l'hallucination vraie*», sarà la vita, la vera allucinazione.

Strana città Torino, cosí eccentrica rispetto al lungo
corpo obliquo della penisola, cosí avanti rispetto al resto
del paese per alcuni aspetti, per altri adagiata invece in una
quiete un po' provinciale, soffusa di un quasi invisibile velo
di polvere. Torino non è piú la città industriale di un tempo, il piccolo «Stato-Fiat» come l'aveva chiamato Gobetti. Molte innovazioni non solo tecnologiche del xx secolo
sono nate sulle rive del Po: il cinema, poi la radio, poi la
grande fabbrica fordista spostata di recente non s'è capito
bene dove. Nate qui ma finite altrove, come l'Istituto San
Paolo, una delle maggiori banche italiane. Resta la Einaudi che s'è limitata a muoversi dal numero 1 al 2, sempre
però in via U. Biancamano 10121 – Torino.

3.
Com'è bella la città

Il titolo del capitolo è un omaggio a Giorgio Gaber, uno
dei piú simpatici e dotati uomini di musica e di spettacolo del
Novecento, e un omaggio a Milano; non c'è dubbio che Gaber, che lí era nato, pensasse a Milano quando diceva: «Com'è
bella la città, com'è grande la città, com'è viva la città».
Per chi è nato come me a Roma e lí ha passato gli anni della formazione, Milano è sempre stata l'altro polo di
un'Italia possibile. Noi avevamo la bellezza, in alcuni punti senza confronti, di una città capace di attraversare i secoli nonostante le ripetute devastazioni, sopravvissuta a se
stessa, si potrebbe dire. Sul frontone di una villa che vedo
dalla mia finestra è inciso il motto: «ROMA QUANTA FUIT IP-
SA RUINA DOCET». Nella sua enfasi tardo-ottocentesca dice
la verità: le stesse rovine mostrano quale dovette essere un
tempo la sua magnificenza.
A Roma avevamo dunque, in piccola parte ancora abbiamo, questa toccante bellezza. Però la città è anche famosa
per essere la capitale di una burocrazia neghittosa, grande
produttrice di intralci e di lungaggini, di una politica in-
concludente, di una popolazione anarco-indolente che fa da
specchio ad amministrazioni spesso inefficienti.
Milano, meno bella con l'eccezione di alcuni angoli re-
conditi, ha sempre avuto tutto il resto: la finanza e la Borsa, la moda e l'editoria, i grandi designer e gli studi di architettura, la pubblicità e l'industria, la prosa e la lirica, la
fotografia e la grafica. Roma era il concentrato della storia,
Milano l'avvenire con una connotazione europea cosí mar-

cata da farla sembrare per alcuni aspetti quasi estranea al prevalente carattere nazionale, quell'insieme di comportamenti che, visti da fuori, fanno spesso esclamare con disappunto: «*Oh, you Italians!*»

Pare che sia stato Ruggiero Bonghi nei suoi anni milanesi a chiamarla «capitale morale» sul suo quotidiano «La Perseveranza». La definizione piacque, fu rivendicata con orgoglio, rimase. Bonghi era napoletano di nascita, per qualche anno fu anche ministro della Pubblica Istruzione, cultore della lingua, uno degli uomini dimenticati che si sono adoperati per fare l'Italia.

Nel film del 1956 *Totò, Peppino e la malafemmina*, il regista Camillo Mastrocinque fa parlare i due protagonisti, appena arrivati a Milano dall'agro campano, in un grammelot che vorrebbe arieggiare un'imprecisata lingua «straniera» come se i due poveri villici invece che in Lombardia fossero arrivati in chissà quale esotica regione. Oggi quella scena non sarebbe credibile (conserva però la sua comicità); allora invece si limitava a portare all'estremo una sensazione di lontananza e di estraneità realmente diffuse nella mentalità comune: Milano era un'altra cosa, molti che arrivavano dal Sud vi si sentivano quasi in esilio, per altri era il primo passo verso l'estero, con la frontiera a due passi, anche se si trattava della Svizzera un po' malinconica del Canton Ticino. «Lugano bella», dice la triste canzone degli anarchici, ma è vero fino a un certo punto.

In realtà è bella anche Milano, non come Roma però, bella di una bellezza meno dichiarata, meno vistosa, piú ordinata. L'immagine di Roma, a parte le antichità classiche, è in gran parte quella seicentesca creata dal genio esplosivo di Bernini, le cupole gonfie come mammelle, la Barcaccia di piazza di Spagna che si offre sensualmente, le dorature e gli stucchi, le enfatiche posture degli angeli, vesti e drappeggi agitati dal vento, perfino la palmetta della fontana dei

Fiumi a piazza Navona ha le ramaglie scosse e ritorte dalla bufera. Nulla è mai fermo, tutto si agita, si tratti di marmo o di acque. Un teatro urbano, un palcoscenico aperto alla quotidiana recita dell'eterna plebe romana.

L'immagine di Milano riflette invece una borghesia industriosa, compiaciuta della sua agiatezza però attenta a non mostrarne piú del dovuto. Il centro storico, prima che i bombardamenti dell'ultima guerra lo devastassero, doveva dare con ancora piú forza questa impressione di città borghese nel senso ampio che il termine storicamente ha, un significato cosí esteso da toccare estremi anche molto lontani nell'apprezzamento e nel disprezzo. La guerra aerea a Milano è stata terribile. Non esisteva nemmeno l'idea di quelli che oggi si definiscono «bombardamenti chirurgici». Gli aerei volavano a quote altissime, sganciavano praticamente alla cieca demolendo ciò che capitava, scuole, abitazioni, monumenti, teatri, compresa la Scala. Rimase in piedi il Duomo anche se vennero giú numerose statue e pinnacoli.

Il passato urbanistico cittadino oggi è visibile solo in parte, lo ritroviamo nella grazia neoclassica di certi edifici oppure nella solidità di altre dimore ottocentesche sobriamente ornate, rassicuranti, rese ancora piú accoglienti da piccoli giardini segreti al loro interno.

Nella mia personale mitologia Milano resta legata ad alcuni eventi portati dalla storia. Il primo sono le cannonate del generale Bava-Beccaris che, maggio 1898, spensero nel sangue la rivolta popolare per l'aumento del pane. I morti furono molti, da ottanta a trecento, una cifra esatta non c'è mai stata, le diverse fonti si contraddicono.

Il massacro fu la premessa all'assassinio di re Umberto a Monza. L'anarchico Gaetano Bresci vendicò a suo modo i morti di Milano: «Ho attentato al Capo dello Stato responsabile di tutte le vittime pallide e sanguinanti del sistema che lui rappresenta», dichiarò subito dopo l'arresto. Era arrivato apposta da Paterson (New Jersey), dove era emigrato, per uccidere il re. Con le sue rivoltellate aprí il xx secolo. Per noi italiani fu quasi un presagio allo stesso modo in cui il crollo delle due Torri a New York è stato un presagio per l'intero pianeta all'alba del xxi secolo.

Sull'opposto versante si trova la vocazione riformatrice dell'Illuminismo lombardo, tra i pochi esempi – con Napoli – di pensiero progressista nato in Italia che non riguardino singole personalità illuminate ma l'insieme di un movimento collettivo anche se di dimensioni ridotte.

In un'epoca come la nostra un aggettivo come «progressista» ha un po' perso il suo contesto. Quando avevo vent'anni progressista era considerato tutto ciò che il famoso «Sol dell'avvenire» riusciva a illuminare, una parola che arrivava piú o meno dalla fine del Settecento come anticipo di ciò che poi sarebbe stato il socialismo.

Per gli intellettuali lombardi come i fratelli Verri, Cesare Beccaria, i loro amici riuniti attorno alla rivista «Il Caffè», progresso voleva dire abolire la pena di morte e la tortura, lottare contro i privilegi feudali, appoggiare le nuove tecnologie agricole perché i raccolti fossero piú abbondanti e ci fosse pane per tutti, ma anche rinnovare la lingua, facilitare gli spostamenti e i viaggi, dare spazio all'uomo, alle sue libere attività, al controllo della propria vita, riuscire a domare i capricci della natura. Cose difficili da realizzare ma proprio per questo bellissime da pensare. Doveva essere entusiasmante credere che un giorno magari lontano si sarebbe arrivati a vederle applicate in una società diventata migliore, piú giusta, nutrire la fiducia che parole, scritti, piccole azioni alimentate da una fervida utopia stessero lentamente costruendo il futuro. Prima ancora di un programma politico, c'era in quella fiducia un impegno morale, una promessa di felicità.

Quando ancora si mettevano in scena le commedie di Anton Čechov, quegli ideali si potevano ascoltare dalla voce dei suoi personaggi. Nel *Giardino dei ciliegi*, «l'eterno studente» Trofimov è convinto che l'umanità avrà un futuro radioso: «Avanti! Noi avanziamo inesorabilmente verso una stella luminosa che splende in lontananza». Quella era l'aria, la luce elettrica, le ferrovie, i trafori, le grandi navi che sfidavano gli oceani. Il mondo era diventato piú piccolo, il potere dell'umanità piú grande, Milano ne faceva parte. La sua Esposizione universale del 1906 era dedicata proprio ai «trasporti», si festeggiava il traforo transalpino del Sempione che aveva reso possibile la linea ferroviaria diretta tra Milano e Parigi. Altri tempi, altro spirito.

*I promessi sposi* letti al liceo mi parvero, confesso, noiosi. Quei preti, quelle zitelle, quei prepotenti da *feuilleton*, quei frati cappuccini di immacolato eroismo. Nemmeno la monaca di Monza circondata dalla sua aura peccaminosa bastava a riscattare personaggi che nessuno aveva mai incontrato nella vita. Tipi cosí potevano trovarsi solo nelle pagine di un romanzo edificante. Ecco la parola: edificante. L'aspetto di cui piú ridevamo, nella nostra scombinata combriccola di oppositori, era l'idea dell'autore di far aleggiare sui personaggi e sugli eventi l'ala d'una provvidenza capace, alla fine, di ricondurre tutto a verità e giustizia: le nozze dei buoni, i bubboni del malvagio, il meritato oblio per i vigliacchi. Quando mai la provvidenza s'era data tanto da fare per sistemare le povere faccende umane? Obiezioni di giovani che per aver imparato a mettere quattro parole in croce pensavano di poter dettare sentenze. Ci aveva influenzato per la verità anche il giudizio di un critico oggi dimenticato che qualcuno aveva ripescato in uno scritto di Benedetto Croce. Aveva un nome adatto per una commedia buffa: Giovita Scalvini (1791-1843). Lo sventurato aveva scritto che i fatti del romanzo si svolgevano non sotto un libero cielo ma sotto le volte di una chiesa. La definizione ci sembrava perfetta, in poche parole aveva dato consistenza a ciò che confusamente pensavamo, in quattro e quattr'otto dipanava un intero groviglio di pensieri. Solo in seguito ho capito che le parole di Scalvini erano un po' troppo semplici; nel romanzo c'è sí la provvidenza che interviene da lassú e sistema le cose, ma c'è perché doveva esserci, in realtà quelle pagine, nella finzione seicentesca del racconto, racchiudono il ritratto di noi italiani, nell'Ottocento e anche oggi.

Quinto capitolo: Fra Cristoforo sale al palazzo di don Rodrigo per tentare di distoglierlo dal progetto delittuoso di portare a letto per capriccio la promessa sposa di un poveretto come Renzo Tramaglino.

Situazione narrativa non del tutto nuova. Nelle *Nozze di Figaro*, per esempio, il conte si è incapricciato di Susanna, promessa sposa di Figaro, vuole farla sua. Siamo nell'atmosfera rivoluzionaria dell'89 e i suoi piani saranno sventati. Nei *Promessi sposi* invece l'azione si svolge in una Milano seicentesca dominata dagli spagnoli e Renzo è solo un povero villano, non un furbone come Figaro capace di fiutare l'aria del tempo.

Fra Cristoforo viene ammesso nella sala da pranzo e si trova davanti don Rodrigo a capo tavola circondato dai suoi amici. L'arrogante signore reca impressi i segni della sua potenza: «un viso da far morire in bocca a chi si sia una preghiera, non che un consiglio, non che una correzione, non che un rimprovero». Alla sua destra siede il cugino conte Attilio, a sinistra il podestà ovvero «quel medesimo a cui, in teoria, sarebbe toccato a far giustizia a Renzo Tramaglino, e a far stare a dovere don Rodrigo». Di fronte al podestà, siede ossequioso, pronto a ridere a ogni parola del padrone di casa, il dottor Azzeccagarbugli eccetera.

Dove l'abbiamo vista una scena simile? Dove l'abbiamo letta? L'abbiamo vista al cinema, letta nei romanzi sulla mafia e sulla camorra, sentita aleggiare ogni volta che nelle cronache è stato descritto un sistema criminale dove l'uomo di potere siede a tavola, ride e beve con i custodi della legge, gli stessi che dovrebbero difendere gli umili dalla sua arroganza. L'eterna Italia dove si diventa servi per necessità, per cupidigia, per quieto vivere, per la voluttà di obbedire – *cupiditas serviendi*, si diceva.

Sto cercando di raccontare Milano e dovrei parlare dell'intraprendenza commerciale, del design, della moda, invece

indugio a parlare di un romanzo perché a me pare che I promessi sposi potesse essere pensato e scritto solo lí, da uno
scrittore cattolico che però lo fu a modo talmente suo da
esultare sinceramente – per esempio – il giorno in cui i bersaglieri aprirono a cannonate la famosa breccia unendo anche Roma all'Italia. Infatti la Chiesa tenne sempre Manzoni
in gran sospetto poiché, come ha scritto Benedetto Croce,
«non trovava in lui nessuno dei motivi che servivano alla sua
politica». Per spiegarsi meglio il filosofo ha anche aggiunto:
«Abbiamo udito borbottare contro il Manzoni, poco cattolico, che nel suo romanzo aveva messo insieme una monaca incestuosa, un frate omicida, e un parroco vigliacco, si
era mantenuto tacitamente giansenista in tutta la sua vita».

Nei Promessi sposi c'è un'altra scena famosa; nella memoria di molti ne è rimasta la frase: «Adelante Pedro, si puedes,
con juicio». A pronunciarla è il gran cancelliere spagnolo
Antonio Ferrer, governatore di Milano, che si rivolge al
cocchiere mentre la carrozza avanza pericolosamente nella
folla in tumulto. Una scena che, con gli occhi di oggi, anticipa addirittura il diffuso giudizio che la politica sia solo
una disgustosa miscela di incompetenza, furbizia e inganno. A causa della carestia, siamo nel 1628, il governatore ha
imposto al pane un prezzo calmierato. La folla lo acclama,
i panettieri lo detestano. Il ribasso forzoso ha peggiorato le
cose invece di migliorarle, c'è una corsa all'acquisto ma piú
pane si compra piú perdono i commercianti, il governatore
si barcamena, Manzoni postilla dicendo che non sa se attri-
buirne il comportamento a ostinazione o incapacità. Non
sapendo che cosa decidere, Ferrer rinvia tutto a una commissione, come sempre si fa in questi casi, la quale opta per
la revoca del calmiere – da qui la sommossa.
  Dunque la carrozza avanza nella folla diretta alla residenza dell'alto funzionario Ludovico Melzi d'Eril; è assediata
dai rivoltosi che vorrebbero linciarlo, ritenendo – ingiustamente – che sia lui il responsabile della carestia. Ferrer

affacciato al finestrino assicura che porterà il funzionario in carcere facendolo punire severamente. Poi, tra sé e sé, aggiunge «... *Si es culpable*...» Quando Melzi d'Eril è finalmente a bordo, il governatore riprende ad affacciarsi garantendo un imminente castigo salvo rivolgersi a quello in spagnolo per precisare che parla solo per tenerli buoni: «*Por ablandarlos*...»

C'è tutto nella scena: la ferocia della folla, la paura, l'inganno, l'astuzia di quelle parole: *Adelante Pedro, con juicio*; avanti, ma con prudenza.

Che ci facevano gli spagnoli a Milano? Ecco una domanda che riguarda la storia della città e la segna. Nell'opinione comune il dominio spagnolo è associato a Napoli e al regno delle Due Sicilie. E Milano? La situazione della penisola era cosí debole che in quel secolo si assisté a una stridente contraddizione: la gloria del Rinascimento nelle arti accompagnò il piú grande avvilimento nella politica. Venezia, gli Stati della Chiesa, pochi altri poterono tentare di opporsi alle sopraffazioni. Non sempre, non del tutto, comunque incerti sull'esito. Nel 1527 Roma aveva avuto il feroce sacco dei lanzichenecchi che, per ordine di Carlo V, avevano dato un avvertimento al papa: che non esagerasse con una politica troppo filofrancese.

Anche Milano diventa merce di contrattazione. Alla fine di una lunga guerra tra la Francia e i Borbone, la città cade sotto il dominio spagnolo, che proseguirà per un secolo e mezzo. Quando ripercorro queste vicende mi rendo conto di quale miracolo sia stato, con tutti i suoi limiti, il Risorgimento e perché ci siano voluti secoli perché si compisse. L'Italia era un paese di analfabeti, disabituato all'indipendenza, lacerato da contese intestine, avvilito da una lunga servitú a una qualche dinastia straniera: Franza o Spagna... Leggo le critiche che al Risorgimento vengono mosse. Si trattò di un progetto coltivato solo in certi ambienti di élite, le masse non vennero coinvolte, il Mez-

zogiorno fu praticamente terra di conquista, il Piemonte
era imperialista, pesò l'egoismo di Cavour... Alcune di
queste obiezioni possono anche avere una fondatezza, se
si guardano i nudi fatti, per accettarle bisogna però scansare un'altra domanda: in quale altro modo quel processo
avrebbe potuto essere condotto nella situazione data? Se
perfino Milano, che pure aveva conosciuto orgoglio muni-
cipale e tradizioni di autogoverno, dovette passare da un
dominio straniero all'altro, dagli spagnoli agli austriaci, riuscendo a trovare una capacità di riscossa solo nel marzo
1848 con le celebri Cinque giornate.

La nostra storia è molto complicata, quasi tutto ciò che
accade oggi trova un precedente, se non una spiegazione,
nei fatti del passato; volendo raccontare «questa nostra Italia» e che cosa faccia di noi gli italiani che siamo, si deve
continuamente tornare al passato per cercare di cogliervi
la causa di ciò che è venuto dopo. Se avessimo avuto per
tempo, com'è accaduto ad altri nel continente, una grande
dinastia, le cose sarebbero state piú semplici, la storia piú
lineare, forse migliore. Invece è andata com'è andata, con
uno Stato della Chiesa che dai confini del regno delle Due
Sicilie saliva fino a quelli della Serenissima repubblica, spezzando la penisola, spegnendo in partenza qualunque possibilità unitaria. Non cosí forte per imporre da solo l'unità – il
che verosimilmente è stato un bene –, forte abbastanza però
per impedire che altri potesse farlo. Nessuno stupore che
simbolo di Milano siano il Duomo e la «Madunina» inerpi-
cata sul piú alto dei suoi pinnacoli mentre a Londra c'è un
ponte, a Parigi una torre, a New York una mela.
D'altra parte lo spettacolo del Duomo che ergeva la sua
mole merlettata nella distesa piatta della campagna lombarda è rimasto a lungo uno spettacolo strabiliante. Nel suo
romanzo Manzoni fa opera di vedutista quando descrive
la meraviglia di Renzo che, avvicinandosi alla città, si trova di fronte a quello spettacolo:

Renzo, salito per un di que' valichi sul terreno piú ele-
vato, vide quella gran macchina del Duomo sola sul piano, come se, non di mezzo a una città, ma sorgesse in un
deserto; e si fermò su due piedi, dimenticando tutti i suoi
guai, a contemplare anche da lontano quell'ottava meraviglia, di cui tanto aveva sentito parlare fin da bambino.

Risaliamo ancora piú indietro, vediamo che cosa si può
scoprire arrivando ad anni cosí lontani che pochi ne hanno
letto, quando si parla di Milano. Nel IV secolo della nostra era, Milano è sede imperiale, il suo vescovo si chiama
Ambrogio, è un tedesco diremmo oggi, nato a Treviri, nella Renania-Palatinato, la stessa città dove parecchi secoli
dopo vedrà la luce un gigante del pensiero, Karl Marx. È
un caso, ovviamente, ma la coincidenza colpisce. Ambrogio è un funzionario imperiale, di mestiere fa l'avvocato,
dimostra tale rettitudine e capacità che i milanesi lo ac-
clamano vescovo quando non è nemmeno battezzato. Nel
giro di una settimana riceve i sacramenti necessari, gli ordini, l'investitura episcopale (siamo nel 374). È un uomo
santo, non c'è dubbio, ma è anche un tedesco, lo rivela il
rigore con cui applica la dottrina. In pratica passa la vita
a combattere le eresie e i pagani. Il gonfalone della città,
benedetto da Carlo Borromeo nel 1566, lo raffigura con
in mano uno staffile nell'atto di cacciare gli ariani, segua-
ci di una setta ereticale giudicata pericolosa.

Tra gli obiettivi da colpire ci sono anche gli ebrei. Un episodio fa capire con quale scrupolo combatta questa battaglia.
Siamo nel 388, Ambrogio ha poco piú di cinquant'anni. In
una località lontanissima, sulle rive dell'Eufrate, in Asia, una
folla di fanatici cristiani ha assalito e bruciato una sinagoga.
Il locale governatore romano, applicando la legge, ordina che
la sinagoga sia ricostruita a spese della diocesi, l'imperatore
Teodosio I approva la decisione. Quando Ambrogio viene a
conoscenza dei fatti, avvampa di collera, prende la penna e
scrive una lettera veemente all'imperatore. Domanda: «Lei

vuole far ricostruire a spese della chiesa il luogo che ospita l'empietà giudaica?» Incalza: «Il patrimonio acquistato dai cristiani con la protezione di Cristo sarà trasmesso ai templi degli increduli?» Tale la sua convinzione di essere nel giusto che osa il massimo: attribuisce a se stesso la colpa del delitto: «Io ho ordinato di dare alle fiamme la sinagoga, sí, sono stato io che ho dato l'incarico perché non ci sia piú nessun luogo dove Cristo venga negato».

Un responsabile religioso o politico arrischia il tutto per tutto mettendo in gioco se stesso, il gesto è ultimativo, lo abbia dettato l'orgoglio o la disperazione. Nel Novecento, che io ricordi, hanno ripetuto la sfida due uomini dotati anch'essi, come Ambrogio, di smisurata autostima. Benito Mussolini quando si attribuí la responsabilità dell'assassinio di Matteotti; Bettino Craxi quando si dichiarò colpevole dei fondi pubblici finiti nelle casse del partito e nelle sue tasche. In questo caso chiamò a correi gli altri deputati che assistevano alla sfida muti, grigi in volto, tacitamente complici.

Nella visione di Ambrogio, dare alle fiamme una sinagoga non è un delitto ma un atto di giustizia. Sulla sua appassionata perorazione, oltre al temperamento personale, influirono due elementi, uno religioso e uno che potremmo chiamare giurisdizionale. Il primo è la difesa del cristianesimo come sola vera fede per cui le altre religioni, compreso il giudaismo da cui il cristianesimo è nato, vanno considerate perniciose superstizioni. Il secondo, che investe direttamente i poteri imperiali, è che, rifiutando il pagamento dei danni, Ambrogio rivendica l'indipendenza della Chiesa, anzi la sua superiorità in quanto emanazione di una legge divina alla quale gli altri ordinamenti devono sottostare, compresa l'autorità imperiale. Le famose lotte tra il papato e l'impero che insanguineranno per secoli l'Europa trovano qui un eloquente inizio.

Ambrogio, che i milanesi chiamano familiarmente Ambrös come fosse uno di casa, ebbe anche in sorte di attirare alla fede cristiana un altro grande protagonista della storia religiosa europea: Agostino che sarà vescovo d'Ippona, a sua volta santo. Se il primo era tedesco, il secondo era di origine berbera, nato a Tagaste, oggi diremmo in Algeria. La distanza tra Algeria e Palatinato dà bene l'idea di quale estensione il cristianesimo avesse già raggiunto nel IV secolo. Agostino è il grande visionario, la sua altezza di pensiero è nota come la sua ostinata ricerca della verità, anzi della Verità con la V maiuscola, una verità divina cioè indiscutibile, assoluta, eterna.

Agostino credeva con tutto se stesso che ogni opera di Dio fosse buona per cui, davanti all'evidenza che il male è cosí diffuso nel mondo, continuò ad arrovellarsi a lungo sulla sua origine. «*Unde malum?*», domandava. Alla fine s'era dato una risposta che il tempo ha reso inaccettabile: il male proviene dalla libertà delle creature.

La sua convinzione era frutto della cultura del tempo ma anche di una natura che la stessa genialità portava costantemente all'eccesso. In gioventú era stato un acceso manicheo, rimase un estremista anche dopo la conversione. Nella prima giovinezza s'era volentieri abbandonato alla sensualità, negli anni successivi arriverà a scrivere – crudele assurdità dottrinale, su cui mi sono già soffermato altrove – che il peccato originale si trasmette da una generazione all'altra perché il concepimento avviene nell'ardore della passione: «I bambini sono tenuti come rei dal diavolo, non in quanto nati dal bene, che costituisce la bontà del matrimonio, bensí perché nati dal male della concupiscenza, di cui indubbiamente il matrimonio fa buon uso, ma di cui anche il matrimonio deve arrossire».

Nelle *Confessioni*, Agostino dà una notizia che è marginale rispetto ai problemi di dottrina ma di grande interesse per la storia della cultura. Ci rivela, stupito, il modo in cui leggeva Ambrogio, vale a dire solo e in silenzio. Può sembrare un dato insignificante dal momento che oggi tutti leggono così, in genere soli, comunque in silenzio. In realtà questo metodo è cominciato solo con la modernità, mentre nel IV secolo l'abituale modo di leggere consiste-va nel biascicare a mezza bocca le parole e le frasi sicché entrando per esempio in una biblioteca si udiva, dicono, «come un ronzio incessante di api».

Agostino aveva circa quindici anni meno di Ambrogio. Le prime volte che il giovane entrava nella stanza del suo maestro non poteva fare a meno di notare quella stranezza:

> Leggeva scorrendo le pagine con gli occhi, il cuore intento a penetrare il senso, mentre voce e lingua ripo-savano. Spesso eravamo presenti (a nessuno era proi-bito entrare e non c'era l'uso di farsi annunciare) e lo vedevamo leggere in silenzio, mai in altro modo: e re-stavamo seduti a lungo, muti.

C'è chi dice che se Milano è la locomotiva del sistema Italia, quella che s'accosta alle altre grandi città del conti-nente, lo si deve a un'imperatrice austriaca, Maria Teresa, e a un vescovo tedesco, Ambrogio. Ipotesi che nessuno po-trà mai smentire né confermare; ammesso che di un'unica causa o di singole personalità si possa parlare per situazioni così complesse. Volendo, si potrebbe appoggiarla all'auto-revole opinione di Benedetto Croce che alla domanda di che cosa sia il carattere di un popolo, rispondeva: «La sua storia, tutta la sua storia». È una bella risposta ma aperta anch'essa all'obiezione se sia davvero la storia a fare il ca-rattere d'un popolo o non avvenga il contrario. Non sarà il carattere di un popolo a farne la storia?

Ambrogio è solidamente rimasto nella storia della città a partire dal rito detto «ambrosiano», una varian-te della liturgia cattolica, dalla squadra di calcio Inter che, durante il fascismo, prese il nome di Ambrosiana. Al santo è intitolato l'Ambrogino d'oro che ogni anno, il 7 dicembre, il sindaco consegna ai milanesi che abbia-no dato lustro alla città. Sempre il 7 dicembre s'inaugura la stagione del Teatro alla Scala con le toilette delle signore, le contestazioni rituali di chi è contrario allo sfoggio; sul palcoscenico, comunque, allestimenti in genere eccellenti.

In una prospettiva laica, tralasciando precedenti religiosi, affari e lavoro, Milano può anche essere vista come la città italiana di piú illustre tradizione teatrale con la Scala e, per la prosa, il Piccolo Teatro. Lo scrittore francese Marie-Henri Beyle, noto come Stendhal, che si definiva con orgoglio «milanese», scrive nei suoi ricordi italiani che sarebbe diventato lo spettatore piú entusiasta del Teatro alla Scala, «il primo teatro del mondo». Il primo colpo d'occhio, raccontava, fa venire le vertigini: sala superba, musica divina e le belle donne, le loro magnifiche toilette, gola e braccia nude, acconciature elaborate.

Monsieur de Stendhal, Officier de Cavalerie, come anche si firmava l'autore della *Certosa di Parma*, amava con tale intensità il nostro paese da descrivere con trasporto quasi amoroso anche l'Italia torbida degli intrighi e dei veleni, dei pugnali nascosti sotto il giustacuore, di banditi crudeli e generosi fuorilegge che tra molti reciproci inganni e tradimenti si contendono un territorio o una donna.

Stendhal fa dell'Italia un teatro dove finzione e realtà si confondono e le morti vere non sono molto diverse da quelle del baritono che cade trafitto dal tenore salvo inchinarsi subito dopo, coperto di sangue finto, agli applausi degli spettatori.

L'assoluta inverosimiglianza non solo del «recitar cantando», ma del «morir cantando» fa la grandezza del melodramma e dell'opera lirica. Solo da noi poteva nascere un genere di spettacolo dove tutte le passioni umane – vita e morte, amore e odio, brama di potere e aneliti patriottici – si manifestano col canto; quanto di piú lontano dalla realtà sia mai stato concepito. Dato che questo viaggio ha tra i suoi scopi la ricerca dell'animo italiano, non si può fare a meno di vederne qui un significativo frammento.

Non ho mai capito bene che effetto faccia l'opera lirica a un giovane d'oggi. Se l'inverosimile rapimento che prendeva noi sessant'anni fa proprio a causa dell'assurdità delle situazioni («L'ora è fuggita, e muoio disperato») continui ad agire con chi ha oggi vent'anni. Qualche volta prego uno dei miei nipoti che hanno piú o meno quell'età d'accompagnarmi a teatro. Mi assicurano d'esserne contenti ma la prova non è convincente: temo che lo dicano per non dispiacere il vecchio nonno sperando che non esageri con queste sue pretese. Ho molti dubbi che la musica di un passato cosí lontano, parole cosí desuete, sentimenti e intrighi spesso inverosimili possano davvero dire qualcosa a chi sta vivendo gli sconvolgimenti del nostro tempo. Ancora nella seconda metà del xx secolo si poteva sentire quella musica come nostra contemporanea, a molta gioventú d'oggi l'opera lirica deve piuttosto dare l'impressione di un raffinato e inutile passatempo per gente d'età avanzata. D'altronde, se mi guardo intorno in un teatro lirico o in una sala da concerto, è proprio ciò che per lo piú vedo: gente d'età avanzata, miei coetanei.

Per piú di un secolo il melodramma ha risucchiato le migliori energie musicali italiane. Il pubblico chiedeva opere perché voleva godere di quelle favole come oggi gode di un buono sceneggiato; i compositori, che dovevano vivere, esaudivano quelle richieste: il risultato è un repertorio sterminato del quale sopravvivono quei venti, trenta titoli che fanno la programmazione in tutti i teatri d'opera del mondo.

L'opera lirica in pratica ha ucciso la musica strumentale. La prima società italiana del quartetto ha cominciato a operare solo nel 1880! Verdi non scriveva sinfonie perché trovava piú conveniente, piú consono, scrivere opere. Scriveva favole in musica anche se la grandezza compositiva e di orchestratore trapela comunque sotto la tessitura vocale; il quartetto di *Rigoletto* anche senza voci resta una superba pagina sinfonica; la canzone del salice in *Otello* anticipa un adagetto mahleriano; il preludio di *Traviata* non sfigurerebbe come secondo tempo, «adagio», di una sinfonia. La stessa cantabilità delle arie ha dato luogo a «prestiti» d'ogni tipo. I grandi pianisti improvvisatori, a cominciare dall'indiavolato Liszt, ne hanno attinto a piene mani per i loro concerti. Il risultato finale però è che quando s'arriva al Novecento, la musica strumentale la scrivono compositori come Debussy, Ravel, Richard Strauss, Stravinskij, Bartók, Schönberg, Čajkovskij. Gli italiani in pratica non ci sono piú e a volersi cavare la voglia di attribuire qualche responsabilità non si sa a chi darne la parte piú grande: l'avidità degli impresari, il piacere degli autori di scrivere per il teatro, un pubblico che voleva continuare ad ascoltare favole.

Ad appena un anno dalla fine dei bombardamenti e della guerra, la Scala torna a vivere: è sabato 11 maggio 1946 quando Arturo Toscanini sale sul podio: Puccini, Boito, Rossini, e naturalmente Verdi e *Va' pensiero*, che era stato l'inno ufficioso del Risorgimento. Pochi mesi dopo, febbraio 1947, due giovani, non ancora trentenni, pieni di talento, Paolo Grassi e Giorgio Strehler, fanno un sopralluogo nel palazzetto di via Rovello che durante la Repubblica di Salò era stato requisito dai militi della formazione autonoma Muti, noti per la crudeltà delle loro rappresaglie e delle torture inflitte ai prigionieri.

Arriva un'altra primavera e il 14 maggio 1947 anche la sala di via Rovello viene inaugurata, nasce il Piccolo Teatro di Milano. Piccolo nel nome ma di fatto il primo grande teatro pubblico italiano. Al Piccolo dobbiamo alcuni dei migliori allestimenti del Novecento. Non ne posso certo fare l'elenco, uno però devo ricordarlo ancora una volta per l'importanza che ebbe nella storia del teatro e nella mia esistenza: *Vita di Galileo* di Bertolt Brecht, regia di Giorgio Strehler, Tino Buazzelli nel ruolo dello scienziato. Era il 1963. Poche altre culture teatrali al mondo hanno avuto una messa in scena di quel livello, perfetta anche nel ricordo. L'ombra incombente sulla vicenda era l'umiliante abiura con cui Galileo si sottrasse all'accusa di eresia e sfuggí al rogo, l'argomento però

era raccontato e soprattutto allestito in modo che emergessero anche le responsabilità civili, politiche e morali d'uno scienziato.

In quello stesso teatro, nel 1966, è stata rappresentata la mia commedia *Direzione memorie*, con la regia di Antonio Calenda, protagonista un giovanissimo Luigi Proietti, familiarmente detto Gigi. Era un testo d'avanguardia ispirato a Genet e a Beckett che in quegli anni erano le nostre guide; Paolo Grassi aveva visto lo spettacolo a Roma nella cantina chiamata Teatro del 101. Intuí che poteva essere riallestito al Piccolo, in quel momento il piú prestigioso palcoscenico italiano. L'intuizione era giusta, le repliche andarono benissimo.

Se ripenso a quegli anni e li confronto con i nostri, vedo la differenza, lo scarto: andavamo di corsa, avevamo tutti una gran fame di tutto, sembrava di veder spuntare ovunque nuove opportunità, bisognava ricominciare a vivere e Milano era la città piú indicata per farlo. Tale la sua vitalità da aver generato quasi tutte le piú importanti novità del paese, quelle prometenti, quelle che potevano tralignare, quelle malvagie.

A Milano era nato il socialismo democratico e poi, a piazza Sansepolcro, il fascismo, dopo la guerra il boom economico e col boom un modo nuovo di fare pubblicità, di disegnare un oggetto, un mobile, un abito, uno scooter, di inventare nuovi materiali, di imprimere sull'uniformità dei prodotti industriali di massa l'impronta della grazia, l'armoniosità di linee tipica della tradizione italiana, si tratti di una poltrona, un apparecchio radio, una lampada da tavolo, com'era già successo del resto nel XV secolo quando l'umanista Aldo Manuzio aveva preso l'invenzione dei caratteri mobili fatta da Gutenberg costruendoci sopra la piú raffinata arte editoriale.

Milano città di punta in ogni senso, leader nell'economia e nella finanza, sede del solo mercato borsistico di cui – qualche volta – ci si occupi all'estero, dove nel 1969 s'è consumata la prima strage terroristica, a piazza Fontana, dove, lunedí 17 febbraio 1992, è scoppiata Tangentopoli con l'arresto di un «mariolo» che pensava di scamparla buttando sette milioni di lire nel gabinetto. La città dove ha scritto Carlo Porta (1776-1821) che, insieme a Giuseppe Gioachino Belli, è il piú grande poeta italiano in dialetto. Porta scrive in milanese ma il suo sguardo scavalca talvolta la cerchia dei navigli, allarga lo sguardo all'Italia, un balzo che Belli, da Roma, non ha mai avuto voglia o modo di fare. Dalla composizione *A certi forestee che viven in Milan e che ne sparlen*, ho preso questa accorata invettiva:

> O Italia desgraziada,
> Cossa serv andà a toeulla cont i mort
> In temp che tutt el tort
> De vess inscí strasciada
> L'è tutt de Tí, nemisa toa giurada!
> [...]
> E fin ch'el natural

Nol te giusta on deluvi o on terremott
L'ess inscí l'è nagott,
Mej i Turch coj soeu pal
Che l'invidia e i descordi nazional.

O Italia disgraziata a che serve andare a prendersela con i morti mentre il torto di essere cosí stracciata è tutto tuo, nemica giurata di te stessa! [...] Finché un diluvio o un terremoto non ti aggiusti il naturale, l'essere cosí è niente. Meglio i turchi coi loro pali, che l'invidia e le discordie nazionali.

4.
A tavola! – una sosta

Secondo l'ordine che governa un itinerario, a questo punto il viaggio dovrebbe continuare verso oriente. Quindi, dopo Torino e Milano, dirigersi verso Brescia, Padova, Venezia, Trento, il bel Friuli, l'amata Trieste. Non esiste città, anche piccola, anche minima, non c'è un borgo che in Italia non meriti una visita. La storica debolezza politica che ha impedito alla penisola di unificarsi quando gli altri cominciavano a farlo ci ha lasciato in eredità (immeritata) un territorio pieno di meraviglie. Se si toglie Parigi alla Francia o Londra all'Inghilterra restano sí parecchie cose da vedere, non però come in questo lembo di terra, stretto e lungo, dove non c'è stato principe, duca, barone, signore di castelli che non abbia voluto i suoi artisti e i suoi architetti a disegnare una piazza o una torre, una fortezza o una cattedrale, ad affrescare una parete, a segnare in una tela la memoria di nozze e conquiste, studioli di letterati, panneggi e posture di dame e cavalieri, banchetti, sepolcri. Le soste di un viaggio in Italia sarebbero innumerevoli e comunque, fuori da ogni enfasi, pari a buona parte dei quasi ottomila comuni disseminati nella penisola.

Invece, dopo due tappe cosí impegnative, interviene una sosta per discorrere un po' di uno dei pochi elementi certi nella nostra identità per altri versi cosí incerta. Intendo dire il cibo, la qualità del cibo, il modo di consumarlo. Nei circa millecinquecento chilometri che separano Milano da Palermo, la cucina ovviamente cambia perché i cibi e il modo di prepararli sono il risultato di geografia, economia, clima e vari fattori portati dalla storia; quei millecinquecento chilometri, come sappiamo, di storia ne hanno vista anche troppa. La cucina dunque cambia, cambiano i suoi ingredienti, gli orari, il modo e le occasioni per cui si sta a tavola. In che modo allora il cibo può essere considerato un elemento identitario? Credo di poter dire che di qualunque cibo si tratti c'è un peculiare modo italiano di considerarlo e di consumarlo.

Tutti i popoli, ovunque e in ogni epoca, si sono riuniti attorno a una tavola imbandita, la condivisione di una mensa è stata spesso considerata un gesto rituale, simbolico. Gli italiani hanno dato a queste occasioni un'importanza così particolare che una sociologa li ha definiti «momenti di aggregazione affettiva e di intima complicità». Durante il pasto in comune sono consentite piccole trasgressioni, eccessi gioiosi facilitati dal vino, festa privata o ricorrenza collettiva sono momenti in cui prevale in genere la giovialità. Non so oggi, ma un tempo non c'era casa, anche la più umile, nella quale entrando mentre la famiglia era a tavola non si venisse accolti con uno spontaneo «Favorite!», rigorosamente con il voi – anche perché con il lei il verbo cambiava senso: «Favorisca in questura!», intimava il brigadiere. Gli italiani a tavola si vedono al naturale, certe trattorie romane raccontate da Fellini ne sono lo specchio: uso approssimativo delle posate, voci che si contendono la supremazia, bambini che si dimenano urlando, chiazze di vino e di sugo, scorze di mandarini. È una caricatura, ovviamente, non a caso Fellini (ma anche Ettore Scola) hanno cominciato disegnando vignette in un glorioso settimanale satirico, «Marc'Aurelio». La satira però, quando è vera satira e non invettiva o dileggio, non inventa dal niente, esagera solo ciò che c'è.

In tutto il mondo la consumazione del pasto in comune ha un valore così intenso che alcune religioni, tra le quali il cristianesimo, l'hanno addirittura sacralizzata: la messa sublima la consumazione dell'ultima cena. Anche in epoca classica, i banchetti degli dèi venivano ricordati nei miti con annessi e connessi: durante i banchetti si organizzavano alleanze o si ordivano congiure, Zeus-Giove aveva un'appassionata relazione d'amore col suo affascinante coppiere, Ganimede.

La persistenza del pasto nell'immaginario umano si capisce facilmente; stare a tavola, cioè nutrirsi, è l'atto che assicura la prosecuzione della vita. Siamo vivi perché mangiamo, tutti gli esseri viventi devono mangiare se vogliono restare in vita, infatti portare il cibo alla bocca è uno dei gesti che accomuna il genere umano all'animalità – anche se gli animali portano piuttosto la bocca al cibo. Se si vuole segnare il distacco da una condizione primitiva, i gesti vanno ritualizzati al massimo. Saper maneggiare le posate, dosare i bocconi, ritmare la masticazione, pulire o asciugare la bocca prima e dopo aver bevuto sono tutte regole che vorrebbero dissimulare con la forma il brutale soddisfacimento di un istinto. L'etichetta aiuta anche ad allontanare il pensiero che mangiando s'avvia un processo che si concluderà con l'inevitabile espulsione degli scarti.

Gli chef, ormai assurti a un rango televisivo quasi sacerdotale, danno rilievo proprio all'aspetto rituale. Manipolazioni e ornamenti tendono a nascondere la cruda provenienza di un alimento dalla carcassa di un animale di terra o d'acqua, ucciso per farne cibo. Ad alcuni di loro, eccessivamente compiaciuti, gioverebbe ricordare la scena cui assiste Dante nella nona bolgia dove sono confinati i seminatori di discordia (*Inferno*, XXVIII); tra questi c'è Maometto che mostra, con il ventre squarciato, lo stomaco: «'l tristo sacco | che merda fa di ciò che si trangugia».

Tale la quantità dei rimandi che andare fuori strada parlando di cibo è quasi inevitabile. La condivisione della tavola, oltre che del talamo, è stata a lungo considerata uno degli elementi fondativi del matrimonio. La tavola per tenersi in vita, il letto per continuarla procreando.

Sedere alla stessa tavola accresce il senso d'appartenenza al nucleo di cui si fa parte anche se si tratta della mensa aziendale; il pasto comune facilita le memorie, i progetti, le battute di spirito, le chiacchiere, i pettegolezzi; non è escluso che in qualche occasione inneschi il processo opposto: alimenta litigi, accende rivalità, suscita scoppi di collera fino ai famosi piatti sbattuti per terra o in testa a qualcuno. La famiglia può diventare un nido d'amore o un nido di vipere, dipende dai casi; l'origine dell'una o dell'altra possibilità non è ovviamente la tavola, che però può farsene occasione rivelatrice proprio perché spezzare lo stesso pane, come dice la Bibbia, facilita l'effusione dei sentimenti, buoni o cattivi che siano.

Mia nonna girava per casa con una fettuccia nera legata alla vita a mo' di cintura dalla quale pendeva un anello con appese due chiavi, nere anch'esse, credo di ferro, di quelle che servono a poco, bastava una forcina per capelli a far girare la rudimentale serratura. Quelle chiavi erano il segno del suo potere, il solo e povero potere di cui disponesse: l'amministrazione della dispensa. Non ricordo bene che cosa ci fosse dietro i due sportelli, neri anch'essi, ma posso immaginarlo benissimo poiché le dispense di quelle case erano tutte uguali: una bottiglia d'olio, un po' di formaggio, dei dadi da brodo, un paio di vasetti di marmellata, forse del miele, qualche scatola di fiammiferi, qualche cartoccio di spaghetti, delle spezie. I frigoriferi erano di là da venire, gli alimenti deperibili stavano nella ghiacciaia, un solido mobile di legno con un paio di sportelli dalle maniglie lucenti che si chiudevano a scatto, il *non plus ultra* della modernità. Il freddo lo dava un pezzo di colonna di ghiaccio che si andava a comperare alla latteria. Ora che ci penso anche le latterie sono scomparse come le colonne di ghiaccio, recapitate ogni mattina da un carro a cavalli con l'insegna di una famosa marca di birra.

Citando gli spaghetti, poco sopra, ho detto cartoccio;

infatti il fornaio li vendeva sciolti, le rassicuranti confezioni sigillate da mezzo chilo che ci sono oggi nei supermercati erano anch'esse di là da venire. Gli spaghetti erano cosí lunghi che prima di metterli a bollire bisognava spezzarli con le mani, un crepitio secco che ho sempre immaginato simile a quello provocato dai cavalli normanni di Pascoli quando «frangean la biada con rumor di croste».

Quella era piú o meno la ricchezza alimentare che una famiglia media poteva permettersi. Quando si trattava di mettere l'olio nell'insalata, non dico che ci volesse il contagocce ma certo bisognava stare attenti: nonna Paolina non perdeva un gesto di nonno Adelfo quando toccava a lui la delicata incombenza. Lungo e secco com'era si alzava in piedi e sotto gli sguardi concentrati della tavolata dava un giro d'olio tutt'intorno all'insalatiera, con il filo dorato che scendeva brillante, esile come un capello. Questo rituale è durato fino ai primi anni Cinquanta, poi è cominciata l'età del benessere e nonna Paolina ha dovuto rinunciare alle sue chiavi diventate, di colpo, ridicole. Credo che vedere figli e nipoti aprire e chiudere la dispensa che intanto s'era riempita di molte altre cose sia stato uno dei grandi dispiaceri della sua vita. Non per lo spreco delle risorse ma perché quella spensierata anarchia segnava la fine del suo dominio esclusivo nella gestione della mensa.

Per secoli, fin dai tempi arcaici, le donne non hanno avuto altro potere che quello domestico, in particolare erano di loro competenza la cucina e la tavola, quindi la spesa al mercato, la scelta del menu, la cottura dei cibi. Per altrettanti secoli, fino al boom economico del XX secolo, la preoccupazione costante di molte famiglie è stata che ci fosse cibo sufficiente per tutti. Il sogno ossessivo delle maschere italiane è poter mangiare a sazietà. Arlecchino è felice quando ruba un pollo al padrone, Pulcinella s'ingozza di maccheroni afferrandoli dal piatto con le mani, anticipando Totò che con gli spaghetti si riempie addirittura le tasche della giacca o

Alberto Sordi che davanti a un piatto di spaghetti dimentica di essere «un americano a Roma» e se li caccia in bocca a piene guance con una voracità figlia di una fame atavica.

La famiglia di contadini veneti che tagliano in fette sottili il tondo della polenta a centro tavola non è lontana da quella dei pescatori campani che strofinano un mezzo pomodoro e, quando c'è, un'alice per dare sapore a un pezzo di pane.

Tutti gli esseri viventi mangiano, dicevo, non tutti però allo stesso modo; alcuni mangiano meglio degli altri non necessariamente perché sono piú ricchi, a volte perché sono piú inventivi. Dai poveri pescatori campani che strofinavano un pomodoro sul pane è nata, con opportuni accorgimenti e l'aggiunta decisiva della mozzarella, la pizza napoletana, uno dei piatti piú popolari del pianeta, piú gustosi, piú economici. La trovata è semplice: l'impasto lievitato di acqua, sale e farina dà un sapore neutro che può essere condito in cento modi diversi, da qui le cento possibili varianti della pizza – ciascuno a suo modo, per dirla con un celebre titolo.

La cultura alimentare italiana è nata in genere dall'inventiva, cioè dal bisogno.

Fanno eccezione la cucina piemontese che risente della vicina Francia e quella milanese segnata da una maggiore disponibilità di denaro, quindi di ingredienti. Il risotto allo zafferano, di colore giallo, servito sia come piatto a sé sia come contorno agli ossibuchi, la celebre «cotoletta» fritta e il panettone sono tre piatti milanesi per eccellenza, nati da un clima nordico e da una relativa agiatezza. Anche a Milano le classi meno abbienti andavano avanti a polenta e baccalà, ma nella capitale lombarda comincia abbastanza presto una cucina che possiamo chiamare borghese dove oltre al riso dominano le carni, fresche e insaccate, la cacciagione, i bolliti misti, gli arrosti. Tutti ingredienti che la cucina romana fatta di sapori e ingredienti primitivi non conosce. Alla base ci sono l'abbacchio arrostito sul fuoco, gli spaghetti all'amatriciana gravidi di lardo, la coda di bue alla vaccinara, un piatto da mattatoio, i rigatoni con la pagliata, vale a dire una pasta grevemente insaporita con gli intestini di un vitello da latte. Tra i formaggi il pecorino, ricavato come dice il nome dal latte di pecora, grasso e piccante. Una cucina rozza, sapida, povera come quelli che l'hanno inventata.

Gli americani, che sono mediamente piú ricchi degli italiani, non hanno mai avuto una cucina; non ce l'hanno nemmeno gli inglesi, né i tedeschi, né i russi, una quantità di popoli mangiano anche bene ma senza aver prodotto un'arte culinaria. Le cucine di cui vale la pena di parlare sono infatti solo tre: quelle di Francia, Cina e Italia.

Se hai intorno vaste praterie e ricchi allevamenti di bestiame, la tentazione di mettere una grossa bistecca a cuocere sul fuoco è forte, in quattro e quattr'otto il pranzo è fatto – però con il rischio che rimani sempre lí a cuocere la tua bella bistecca; la differenza con il pasto di una fiera è che la tua bistecca è cotta e forse usi coltello e forchetta invece di zanne e artigli.

Se invece disponi di pascoli stenti e di magri allevamenti, devi sfruttare al massimo le poche risorse; devi inventare un modo per far diventare commestibili e perfino gustose le parti meno pregiate che i popoli ricchi buttano via. Credo che una delle caratteristiche di fondo della cucina italiana, forse il suo maggior pregio, stia nell'aver saputo trasformare in eccellenza la penuria, nascondendo con l'inventiva la povertà o quanto meno la rustica semplicità delle origini.

Ha aiutato la geografia, cioè il gusto pieno degli ortaggi e dei frutti. Ancora oggi, nonostante i cambiamenti talvolta disastrosi avvenuti nelle campagne, rimane un'abissale differenza tra una zucchina o un pomodoro comprati a Roma o a Parigi, tra uno dei numerosi olii di qualità delle regioni italiane, dalla Liguria alla Puglia, e una bottiglia d'olio di un supermercato londinese. I romani definivano *felix* la Campania per il clima, la fecondità della terra che dava frutti dal sapore squisito, e vederla avvelenata dalla criminalità e dall'apatia è uno dei piú aspri dolori civili che un benessere cercato a ogni costo abbia provocato – praticamente un suicidio.

Un discorso a parte meriterebbero i formaggi, dalle tome piemontesi a pasta semidura ai freschissimi stracchini, al gorgonzola nato nel xv secolo, di cui Roquefort e *blue cheese* sono approssimative imitazioni. Una sera di alcuni anni fa si fece a Parigi con amici francesi una cena nella quale gareggiavano formaggi italiani contro *fromages* di Francia, altro paese dove i formaggi formano una costellazione cosí vasta da aver spinto pare il generale De Gaulle a esclamare che non è possibile governare un paese dove esistono cento diversi tipi di formaggio. Anche in Italia esistono cento diversi tipi di formaggio, quindi – dovendo credere al generale – è colpa loro se anche governare gli italiani è un'impresa praticamente impossibile. Con un'aggravante: oltre a cento tipi di formaggi noi abbiamo anche cento modi diversi di ordinare un caffè al bar – paese difficile il nostro, molto difficile.

Rispetto ai cugini d'Oltralpe, noi abbiamo il vantaggio dei formaggi stagionati e duri che in Francia sono pochi e reggono male il confronto. Infatti quella famosa sera, mentre i pareri oscillavano tra questo e quello, resi piú vivaci da alcuni ottimi vini piemontesi, tirammo fuori i due colpi finali che avevamo preparato: un caciocavallo silano e una «punta» di parmigiano stagionato – partita vinta!

Anche in un'altra occasione, sempre a Parigi, il parmigiano fece la regale figura che merita. All'hotel Ritz in place Vendôme si presentavano diversi tipi di champagne, alcuni ottimi di piccoli produttori che normalmente non si vedono nei negozi. I soli cibi che accompagnavano la degustazione erano prosciutto di Parma, grissini torinesi, dadini di parmigiano. Un gemellaggio perfetto.

Nella nostra famiglia si tramandano sul parmigiano tre regole: il parmigiano non basta mai, va su tutto, si deve vedere. Il senso è che, anche ammesso che ce ne sia già, mescolato alla vivanda, l'ultima spolveratura dev'essere a vista. Un velo di minuscoli trucioli o fiocchi, la piú saporita delle nevicate. La figlia bambina di un'amica francese ha aggiunto, entusiasta, un quarto precetto: «*Très bon aussi pour mon goûter*», eccellente anche per la merenda.

Si può continuare a variare, volendo.

Per scrivere questo capitolo mi sono aiutato, nella sterminata bibliografia sull'argomento, con due saggi che ritengo fondamentali. Il primo è *Il pane selvaggio* (1980) del grande, non so bene come definirlo data la vastità delle sue competenze, diciamo «antropologo», Piero Camporesi. L'altro è *L'identità italiana in cucina* (2010) dello storico Massimo Montanari.

Mettendo insieme miti e leggende popolari, letteratura, storia dell'alimentazione, Camporesi racconta la lunga e spesso penosa vicenda di come si sono alimentate per secoli le plebi italiane. Le farine non di rado erano affatturate, infestate da microrganismi che portavano stati di allucinazione vicini alla follia: «Il viaggio collettivo nel sogno, perseguito con la "ubriachezza domestica" con l'ausilio di semi e delle erbe allucinogene, nato da un sottofondo di cronica sottoalimentazione e molto spesso di fame, aiuta a spiegare il manifestarsi di deliri collettivi, di *transe* di massa, d'esplosioni coreutiche d'intere comunità e di villaggi».

Quei poveri villani, drogati inconsapevoli, presi da una frenesia che non sapevano spiegare né reprimere, si abbandonavano a danze «rusticanti e silvestri», ballavano scomposti gridando una gioia in realtà molto vicina alla disperazione, «immersi in un'atmosfera sospesa e stregata dove il portento, il miracolo, l'insolito appartenevano all'ordine del possibile e del quotidiano: la santa e la strega rispecchiavano il dritto e il rovescio d'una stessa nevrotica tendenza al salto nel visionario».

Montanari nega che esista una «cucina italiana» intesa come modello unitario codificato in regole precise e ha probabilmente ragione. Tuttavia, se pensiamo i nostri cibi abituali come «rete di saperi», come reciproca conoscenza di prodotti e di ricette provenienti da città e regioni diverse, è evidente che si può riconoscere uno stile culinario italiano fin dal Medioevo. «L'italianità della pasta, del pomodoro o del peperoncino è fuori discussione. Ma è anche fuori discussione che la pasta, il pomodoro, il peperoncino appartengano in origine a culture diverse». Ecco dunque un altro elemento che ci fa italiani, a tavola come nell'industria. Un paese che ha saputo trovare l'eccellenza prendendo anche da fuori le materie prime per poi trasformarle con sapienza e farle sue. Il cibo diventa in questo modo un aspetto chiave della nostra identità, preesistente alla stessa unificazione politica.

Molti stranieri rimangono stupiti, si è osservato, dalla frequenza e dall'intensità con la quale noi parliamo del cibo che, soprattutto a tavola, è ricorrente argomento di conversazione e di dibattito. Non c'è quasi padrona di casa che di fronte a un complimento per la qualità d'un piatto, non ceda, compiaciuta, inorgoglita, alla tentazione di dettarne la ricetta anche a chi vorrebbe solo mangiarlo parlando possibilmente d'altro.

Una parola di profondo significato indica lo stare a tavola insieme: convivio, in latino *convivium*. Ci sono anche i convivi di poesia, ma il convivio per antonomasia è la condivisione della mensa indicata da quella parola la cui radice è «convivere», «vivere insieme»; convivio rimanda insomma all'idea che sedere alla stessa tavola sia una forma privilegiata di condividere non solo il cibo ma un tratto dell'esistenza. Del resto anche la parola dieta è di radice greca (δίαιτα) e indica un «modo di vivere» nel suo complesso, per conseguenza un modo di mangiare, o di non mangiare.

Nella mia infanzia, che per tanti aspetti andrebbe dimenticata, ricordo la quieta serenità di certe cene soprattutto primaverili quando sulla tavola comparivano le verdure nuove portate dalla stagione. Mangiavamo sotto una lampada che faceva cadere la sua luce a picco sulla tavola lasciando il resto della stanza in penombra. Quel cerchio illuminato nel buio della casa creava un'atmosfera di raccoglimento e di confidenza che pareva spingere ognuno a raccontare i piccoli avvenimenti della giornata. La parola «famiglia» ha molti significati non tutti positivi, alcuni deplorevoli, volendone però isolare il piú importante, le persone bagnate da quella luce, sfumate nel ricordo, danno l'immagine d'una famiglia nel senso in cui la usano i sociologi, la prima e minima cellula d'una società.

Mio padre, che pure non era praticante, mi confidò una volta di amare il gesto della benedizione biblica del pane: «Benedici per noi questo pane, Signore»; cosí recitava l'antico precetto che Gesú avrebbe trasferito, modificandolo, nella preghiera *Padre nostro*. Qualche volta era proprio stato sul punto di farlo, diceva; l'aveva trattenuto il ritegno, la teatralità che il gesto avrebbe assunto in una famiglia dove, con la parziale eccezione di mia madre, non si seguiva nessuna fede e la spiritualità ognuno la intendeva a modo suo.

Pare che oggi il senso della cena in comune si vada perdendo. Anche se la cucina mediterranea non chiede una particolare elaborazione, certi piatti vogliono tempo e pazienza, basta pensare all'interminabile cottura del famoso ragú napoletano. Oggi tempo e pazienza scarseggiano, molte donne lavorano, i figli hanno i loro passatempi elettronici, piú interessanti delle chiacchiere di un genitore, ammesso che i genitori abbiano ancora voglia di chiacchierare. La cena diventa sempre piú raramente il momento della riunione attorno al desco, l'occasione per condividere cibo e umori, compresi gli eventuali cattivi umori.

Certo, mangiamo meglio, e beviamo meglio. La qualità dei vini italiani negli ultimi decenni è cresciuta in modo vertiginoso. Piú di un produttore contende il primato ai migliori marchi francesi, spesso lo vince. Stiamo complessivamente meglio, ma abbiamo anche perso parecchio nel cambiamento. Le cose mutano con il tempo, cambia anche il modo in cui gli affetti si manifestano: polemizzare con il presente è inutile ed è comunque difficile dire se il bilancio finale tutto sommato sia positivo o negativo.

Nel ragionevole godimento del cibo si può continuare a vedere, volendo, una specie di messaggio filosofico; per esempio quello riassunto nei due versi del poeta Quinto Orazio Flacco: «*Dum loquimur fugerit invida aetas: carpe diem, quam minimum credula postero*», mentre parliamo (mentre io scrivo, mentre voi leggete) il tempo invidioso se n'è già andato: afferra il momento, minima è la fiducia che possiamo avere nel futuro.

A voler ricondurre l'esortazione in termini quotidiani, si può citare un ricettario molto popolare, fatto benissimo, che si ristampa in continuazione dal 1927. Autrice Ada Boni, titolo: *Il talismano della felicità*. Orazio approverebbe.

5.
Bella da morire, Venezia


C'è stato un tempo in cui Venezia era così certa e orgogliosa del suo dominio sul mare che per innumerevoli anni, ogni anno, nel giorno dell'Ascensione, consacrava la sua supremazia dichiarando il mare sua sposa. In francese dove il mare – *la mer* – è femminile, la cerimonia sarebbe venuta ancora meglio. Si allestiva dunque la galea di Stato, il *Bucintoro*. Al comando l'ammiraglio dell'Arsenale, alla voga 168 arsenalotti, operai dello stesso arsenale, a bordo duecento illustri ospiti con in testa il doge. Sulla polena l'allegoria della Giustizia, a rappresentare la città. Tale la popolarità del corteo che di quelle imponenti processioni conosciamo tutto, grazie anche all'opera dei vedutisti veneti.

La fastosa processione di barche, guidata dall'ammiraglia parata a festa, usciva dalla laguna per raggiungere la basilica dedicata a san Nicolò – ovvero san Nicola, santo protettore dei naviganti. Al termine della cerimonia rituale, dopo le preghiere e l'aspersione con acqua benedetta, il doge lasciava cadere nelle acque del mare l'anello «nuziale» pronunciando la formula rituale: «*Desponsamus te, mare. In signum veri perpetuique dominii*», ti sposiamo o mare in segno di vero e perpetuo dominio.

Sotto la ritualità di tipo religioso veniva così alla luce il potente significato politico della cerimonia. Questa tradizione antichissima, nata nell'XI secolo, venne brutalmente cancellata nel 1798 nelle umilianti circostanze che vedremo.

Comincio il racconto su Venezia dal *Bucintoro* perché la storia di quella magnifica imbarcazione si può considerare un simbolo di quella della città, l'incantevole Venezia dalla fragile bellezza, da sempre amata, da molti anni compianta, il cui destino muta sotto i nostri occhi ma con problemi che si ripresentano ogni anno uguali.

Anni fa, durante un'escursione nei boschi alti tra Cortina e Dobbiaco, scoprii solidamente piantato a terra un cippo di pietra che recava impresso il leone alato della Serenissima. Fin qui, spiegò il mio accompagnatore, venivano a caricare legname per i cantieri della Repubblica, grossi tronchi di abete, larice, pino rosso per la carena delle galee. Cantieri rimasti a lungo all'avanguardia per metodo di costruzione e abilità artigiana degli arsenalotti. Il procedimento di montaggio degli scafi era di tale prodigiosa velocità da poterlo paragonare alla catena di montaggio della fabbrica fordista. Si tramanda che alla vigilia della battaglia di Lepanto (1571) i cantieri veneziani siano stati in grado di mettere a mare due galee a settimana.

Le attività commerciali non erano da meno. Nel *Mercante di Venezia*, Shakespeare fa dire al ricco armatore Antonio che i suoi vascelli provengono «quello da Tripoli, l'altro dal Messico, quelli dall'Inghilterra, da Lisbona, dalle coste dell'Africa, dall'India». Un imprenditore veneziano non si sentiva solo padrone dell'Adriatico, le sue navi, dall'estremo Levante al Nuovo Mondo, battevano tutte le rotte conosciute; lettere di vettura, assegni, buoni di credito riscuotevano piú fiducia della stessa moneta, facilitando la velocità degli scambi. In un'Italia dominata da regimi oppressivi, pavidi di fronte alle novità, la Serenissima brillava per la relativa liberalità delle sue leggi: unica, fra tutte le nazioni dell'Europa cattolica, a non aver mai bruciato un eretico. Mentre il continente era dilaniato dalle guerre di religione, solo Venezia era stata capace di mantenere un atteggiamento di abile compostezza. La fortuna della Repubblica venne sorretta per secoli da una commistione di ardimento militare, velocità commerciale, intuito politico. Seguendo queste componenti della sua storia si capiscono bene le ragioni del malinconico declino quando un equilibrio quasi miracoloso si ruppe.

Evocando queste ragioni, molti anni fa, per l'esattezza nel 1984, scrissi una commedia dove si raccontava un episodio (immaginario) della supremazia marittima della Serenissima. L'idea era nata dalla tragedia in cui Shakespeare parla di Venezia: *Otello*. La storia è nota: il condottiero moro, che ha sposato la bella Desdemona figlia del senatore Brabantio, è turbato dal tarlo della gelosia astutamente alimentata da Jago. Otello finisce per credere che la sposa l'abbia tradito, un uxoricidio e un suicidio chiudono la vicenda. Accade però che in un paio di occasioni Otello definisca Jago «onesto». Quella fu la partenza. Esiste una ragione per la quale Jago possa essere ritenuto onesto, prescindendo dall'ingenuità di Otello? Onesto – per esempio – perché nella sua azione malvagia era motivato da un interesse superiore? Ma quale interesse può rendere «onesta» un'azione malvagia? La politica. Quando è organizzata in vista di un interesse generale, l'azione politica possiede una propria moralità, come meglio vedremo piú avanti. L'uomo di Stato in vista di una superiore necessità può commettere atti che al cittadino non sono consentiti.

L'alfiere Jago sa che Cipro sta per essere attaccata dagli ottomani, che il comandante della piazzaforte, Otello, è sconvolto da una gelosia che la sua passionale natura di africano alimenta ed esaspera. Jago ritiene che la sua capacità di comando in una situazione che sta per diventare molto difficile sia compromessa. Bisognerebbe esonerarlo dall'incarico, ma, poiché non c'è tempo per avvertire il Consiglio, dovrà fare da solo, organizzerà un complotto per farlo cadere sfruttandone la sensualità e la gelosia.

Quello di Jago può dunque essere visto come un complotto politico giustificato dalle circostanze, non un'azione ispirata dalla malvagità. Una prospettiva opposta a quella di Verdi che al suo Jago fa cantare un Credo scellerato: «Credo in un dio crudel, che m'ha creato | simile a sé». Jago antepone la salvezza dell'isola a tutto il resto sapendo bene che nel prezzo finale è in gioco la sua stessa vita.

Nel 1984 *L'onesto Jago* aprí il Festival di teatro della Biennale di Venezia, prodotto dal Teatro stabile di Genova, regia di Marco Sciaccaluga; Eros Pagni e una giovanissima Margaret Mazzantini protagonisti. Rovesciare una storia nota mostrandone per dir cosí la fodera è un'operazione affascinante. Lo spettacolo, rappresentato anche a Roma, teatro Argentina, incuriosí, ebbe un felice esito.

Il rovesciamento della vicenda di Otello giocava su un'ipotesi di fantasia, lontana da ogni realtà storica. La motivazione politica di eventi criminosi è però un fatto che ricorre con frequenza; in Italia l'abbiamo patita per un decennio con il terrorismo.

Ricordo il senso d'angoscia quotidiano nello scorrere al primo mattino le agenzie di stampa o nell'ascoltare il giornale radio chiedendomi se avessero già sparato a qualcuno e dove; dover seguire da cronista i cortei dove d'improvviso si sentivano colpi d'arma da fuoco; dover correre da qualche parte per raccontare un corpo coperto da un lenzuolo mentre la scientifica faceva i suoi rilievi scrupolosi e inutili. Il fanatismo politico può apparire l'eccesso della passione politica, in realtà ne è la negazione. C'è nella sincera passione politica un connotato visionario, ma anche un realismo di sguardo che il terrorismo non ha perché, trascurando le condizioni in cui si trova ad agire, diventa furore cieco. La politica è l'arte del possibile, sa quanto può chiedere e quando deve fermarsi, il terrorismo vuole imporre la sua visione a dispetto dell'esistente: un drappello di fanatici piega la realtà al suo sogno trasformandolo in incubo. Negli anni Settanta abbiamo vissuto questo incubo, che poi si è ripetuto ogni giorno per cinquantacinque volte durante il sequestro di Aldo Moro, culminato nel suo assassinio. Le Brigate Rosse, spinte da non sapremo mai chi, con quel delitto osavano un'azione impensabile di fronte a uno Stato impreparato a contrastarle, dilettantesco nella reazione. Nello stesso tempo però, puntando all'inesistente «cuore del sistema», segnavano la loro fine. Al resto avrebbe provveduto la legge sui pentiti che in un paese di tradizione cattolica avrebbe convinto molti a desistere da quella sanguinosa follia.

Nella contraddizione si muove spesso anche la storia politica di Venezia, l'estremo coraggio e il tradimento, la difesa degli interessi commerciali spesso coincidenti con quelli della Repubblica, il dispendioso ozio dei nobili spiantati, l'abilità manovriera dei diplomatici, il forte sentimento d'appartenenza diffuso nel popolo. È di per sé un miracolo che una piccola città di vie d'acqua piantata in mezzo a una laguna limacciosa sia divenuta la regina dei mari, padrona di un ampio territorio sulla terraferma con un arco che abbraccia verso occidente i colli padovani, a nord e a oriente le montagne del Tirolo, il Friuli, l'Istria, la Dalmazia. Un'estensione di tale ampiezza non era facile da amministrare, infatti a un certo punto si dissolse.

La pace di Passarowitz del 1718 (oggi in serbo Požarevac) chiuse una guerra di quattro anni con gli ottomani, costosa, sanguinosa, sostanzialmente inutile. I territori della Serenissima ne risultarono notevolmente limitati, l'Austria ipotecò il futuro facendo pesare un aiuto portato soprattutto dalle brillanti iniziative sul campo del principe Eugenio, il solo Savoia a essersi distinto come capo militare e stratega.

Una nutrita corrente storica fissa proprio alla pace di Passarowitz l'inizio della fine di Venezia. Da quel momento la Repubblica, che s'era orgogliosamente proclamata «Serenissima», vide il progressivo declinare della forza militare, della stessa sicurezza dello Stato.

Tuttavia quegli eventi introducono nel nostro racconto un elemento che sembra contraddire – anzi che apertamente contraddice – la malinconia del momento. La Repubblica non è piú temuta come un tempo, il suo vessillo non sventola piú sulle torri e sui pennoni in ogni porto del Mediterraneo; ma, nonostante questo, proprio nel XVIII secolo, il famoso Settecento, la città conosce una notevole crescita economica: la pace, duramente pagata, sembra portare piú benefici della conquista di nuovi territori e di nuove rotte commerciali. Le guerre costano, le conquiste sono dispendiose prima di diventare, quando va bene, una rendita; rinunciare agli spiegamenti militari invece può voler dire maggiore disponibilità per le opere di pace, la cultura, il teatro, i divertimenti. Cosí fu per Venezia in quel secolo straordinario di ridotte ambizioni e di splendore. Non poteva durare a lungo una tale fiammata. Infatti non durò, però i suoi bagliori illuminarono l'intero cielo europeo, prima di spegnersi.

Basta un elenco di nomi per rendersi conto dell'altezza raggiunta. Nella musica per esempio Baldassarre Galuppi, Tomaso Albinoni, Benedetto Marcello e ovviamente Antonio Vivaldi. Molti ricordano il «prete rosso» (dal colore dei capelli) per le sue *Quattro stagioni*, ma a leggere il catalogo di ciò che compose si rimane sbalorditi: 6 concerti per viola d'amore; 27 per violoncello; 2 per mandolino; 16 per flauto; 15 per oboe; 39 per fagotto; 1 per tromba; 2 per corno; 26 per complesso d'archi; 51 per complessi vari – sempre in unione con orchestra d'archi e continuo. Sembra posseduto da una prodigiosa furia compositiva, disse di lui il conte de Brosses, filosofo ed erudito. Che di vera furia si trattasse lo dice il fatto che il catalogo appena menzionato non è nemmeno completo; bisogna aggiungervi oltre novanta opere liriche, cifra forse eccessiva anche se di una cinquantina abbiamo traccia sicura. Tra queste c'è *Griselda*, un titolo che tira in ballo un altro protagonista della storia veneziana di quegli anni, Carlo Goldoni, che aveva trent'anni meno del maestro (classe 1707 contro 1678) ma cominciava già a brillare. Un aneddoto di cui lo stesso Goldoni riferisce nei suoi *Mémoires* li mostra mentre sono al lavoro.

Dunque il maestro voleva che il giovane commediografo arrangiasse un po' il libretto della sua *Griselda*. Lo chiama, gli sottopone il testo. Quello legge e comincia: «L'opera è bellissima: la parte della prima Donna non può essere migliore; ma ci vorrebbero certi cambiamenti […] qui per esempio, dopo questa scena tenera […] ci vorrebbe un'aria che spiegasse la passione». Goldoni racconta che a quel punto si fa dare un pezzo di carta e una penna, mentre Vivaldi si dedica al breviario. Goldoni: «Leggo allora attentamente la scena; raccolgo il sentimento dell'aria cantabile, e ne faccio una d'azione, di passione, di movimento». Vivaldi la legge, butta il breviario, alza le mani al cielo: «Si leva, mi abbraccia, chiama la signora Annina e la signora Paolina sorella: legge l'arietta, gridando forte: "L'ha fatta qui, qui l'ha fatta, l'ha fatta qui!" e nuovamente mi abbraccia».

Scena perfetta ed eloquente, non si potrebbe vedere meglio quale fosse l'abilità artigianale di quegli artisti, la velocità d'intuito e d'esecuzione. Qualche decennio piú tardi lo stesso Giuseppe Verdi compose, in sette anni dal 1843 al 1850, dodici opere. Anni dopo, ripensandoci, li chiamò anni di galera, e non tutto ciò che scrisse a quel ritmo è memorabile, però ne venne a capo: richiesto di un'opera da scrivere in tante settimane, in tante settimane la scrive. Anche Donizetti del resto compose il suo *Elisir d'amore* in meno di quindici giorni. Lavoravano su canovacci e moduli collaudati questi geni della composizione, ma bisognava comunque inventare qualche aria che restasse nella memoria, perché gli spettatori fossero contenti, la canticchiassero uscendo dalla sala, tornassero a vedere l'opera successiva.

Ma a Venezia non ci fu solo la musica né solo la rivoluzione che Goldoni stava portando al teatro con le sue commedie. Anche la pittura giganteggia con i grandi teleri di un cosí dichiarato e trasparente colore da rendere la pittura veneta riconoscibile a prima vista. Venezia è la città piú fotogenica del mondo ma ridurre l'abilità dei suoi vedutisti alla fotogenia dei luoghi è insultante; parliamo di artisti capaci di mescolare nelle loro tele la maestà e lo struggimento dei luoghi, di sciogliere le meraviglie dell'architettura in una luce solo veneziana dove le delicate sfumature d'aria e d'acqua si confondono. Conosciamo Venezia perché ci sono stati Antonio Canal detto Canaletto, Francesco Guardi e Pietro Longhi, la famiglia Tiepolo, padre e figli, la prodigiosa pastellista Rosalba Carriera. Scendevano i viaggiatori dal Nord Europa e dall'Inghilterra, arrivavano collezionisti e mercanti nella città che poteva offrire una tale serie di meraviglie, insieme alla licenziosità delle piú belle cortigiane del continente e a un carnevale dove, protetti da una maschera, ogni ardimento era consentito. Scrive de Brosses nelle sue lettere dall'Italia: «Le feste cominciano il 5 ottobre, poi se ne svolge un'altra minore di quindici giorni per l'Ascensione, cosicché qui si possono contare circa sei mesi in cui chiunque passeggia in maschera, preti e non, perfino il nunzio pontificio e il padre guardiano dei cappuccini». Quale atmosfera piú invitante per chiunque volesse concedersi una trasgressione senza doverne pagare il prezzo alla propria rispettabilità? Venezia diventa un centro d'attrazione per avventurieri che arrivano da ogni parte attratti dalle case da gioco, dalle facili avventure; oppure vengono prodotti *in loco*, per imitazione, sgorgati da quell'atmosfera che pareva rendere tutto facile per chiunque avesse abbastanza ingegno e disinvoltura morale per approfittarne; cosí Giacomo Casanova avventuriero e scrittore, alchimista e diplomatico. Cosí quel Lorenzo Da Ponte, nato Emanuele Conegliano, prete e poeta, che da Venezia dovette fuggire per aver messo incinta una rispettabile signora; a Vienna trovò Salieri e poi Mozart, per la sua fortuna – e per la nostra. Il geniale verseggiatore, altro particolare notevole, morí quasi novantenne (1838) a New York dov'era diventato impresario d'opera e aveva fondato il primo istituto culturale italiano all'estero.

Quello che non avevano pagato gli individui finí per pagarlo la Repubblica; Venezia riesce a mantenersi serenamente neutrale in mezzo agli sconvolgimenti del continente, la pace porta i suoi benefici, fiorisce quello che oggi chiameremmo il turismo, ma poiché tutto ha un prezzo arrivò il momento in cui si dovette pagare anche il costo di quel benessere. La pace aveva arrestato la tecnologia navale; si scoprí che la flotta, un tempo all'avanguardia, era stata ormai superata dalle marinerie olandese, inglese, spagnola i cui legni ad ampia velatura potevano sfruttare ogni bava di vento, in grado, con le loro potenti artiglierie piazzate sottocoperta, di battere gli obsoleti cannoni della Serenissima. L'Adriatico non era piú il mare di casa al servizio della laguna, il porto austriaco di Trieste e quello pontificio di Ancona erano ormai concorrenti agguerriti.

I settant'anni di pace assicurati dal trattato di Passarowitz, dunque, avevano permesso quella che potremmo
chiamare un'assai gradevole «dolce vita» che aveva tutte le coloriture di un estenuato tramonto, ma nello stesso
tempo avevano fiaccato a tal punto la fibra della Repubblica da prepararne il trapasso.

Durante il soggiorno a Venezia per preparare la messa
in scena dell'*Onesto Jago* ho alloggiato in una delle case piú
affascinanti della città, due soli piani, di forma insolita, ten-
denti in certi dettagli al gotico fiorito in altri arieggiando lo
stile liberty, sul canale della Giudecca alle fondamenta delle
Zitelle. Il nome è la Casa dei tre oci («tre occhi»), oggi spazio
espositivo, allora proprietà della famiglia De Maria. Strana
casa, stranissimo nome, veniva subito voglia di chiedersi chi
aveva potuto immaginare una dimora la cui facciata è quasi
per intero occupata da tre finestroni di segno cosí bizzarro
che, per quanto mi riguarda, non ne ho mai visto l'uguale.

Cosí scoprii Mario De Maria (1852-1924), un pittore molto ingiustamente dimenticato. Disegnò la casa, che fu terminata nel 1913, quando lui aveva passato i sessant'anni, viaggiato in tutta Europa, dipinto a Roma, a Parigi, molto in Germania dopo aver sposato Emma Voight, originaria di Brema. Amava le atmosfere notturne appena rischiarate da un taglio di pallida luce lunare, i luoghi macabri segnati dal delitto, le panchine solitarie seminascoste in un folto di quercioli. Sente l'aria del tempo, forse la sente con tale forza da farne la sua prigione, il suo limite; s'ispira a Wagner, al cielo buio del *Tristano*, collabora con D'Annunzio e la Duse, partecipa alla progettazione della Biennale, pratica l'arte come trasporto onirico, le sue figure tendono a diventare spettrali, la sua Venezia segreta dai muri corrosi esprime un realismo visionario che sa di morte incombente. Per il prevalere nelle sue opere di paesaggi e figure notturne D'Annunzio lo aveva soprannominato «il pittore delle lune». Come Arnold Böcklin ispirandosi a Venezia aveva concepito *L'isola dei morti*, De Maria – che si firma Marius Pictor – rifacendosi a Böcklin dipinge *I cipressi di villa Massimo*; come Debussy aveva scritto il *Prélude à l'après midi d'un faune*, Marius dipinge il *Meriggio d'un fauno* (1910): una figura virile vinta e accucciata sotto il tripudio di colori della selva che lo sovrasta.

Mi sono chiesto piú volte perché mi senta attratto cosí fortemente dalle atmosfere cupe, cercate e volute, rafforzate dalla fantasia, di quell'estenuato romanticismo che scivola verso la Secessione viennese, il simbolismo. In anni di mutamenti incessanti, molti si scoprono sgomenti di fronte alle innovazioni scientifiche, alle conturbanti scoperte di Freud, alla linea sottile tra ragione e follia che gli psichiatri non riescono sempre a tracciare. De Maria stesso, in preda a crisi depressive, dovrà affrontare diversi ricoveri in una clinica per malattie nervose.

Il teatro del Grand Guignol, cui ho accennato parlando di Torino, affrontava gli stessi temi, a suo modo naturalmente, ovvero facendone qualche volta la caricatura. La pressione del cambiamento era avvertita però con uguale ansia a metà tra fascinazione e sgomento.

Sono gli anni a cavallo tra Otto e Novecento segnati da una modernità che a noi sembra patetica, immersi come siamo in una sfolgorante attualità capace di rinnovare ogni giorno le sue meraviglie, che ci offre su minuscoli strumenti di comunicazione cronaca e varietà, passatempi e giochi a una velocità inconcepibile. Noi oggi vediamo bene che tra le righe delle opere di quegli anni s'annida l'inconsapevole presagio della fine. Forse è qui la ragione del fascino che sprigiona quel periodo, come accade sempre per le epoche di decadenza e di trapasso.

Torno alla casa di De Maria che del resto ha a che fare con i presagi d'allora. Considerato ciò che sarebbe accaduto l'anno successivo al suo completamento, si tratta di un segno aggiuntivo che a distanza di tanti anni noi possiamo cogliere. La Casa dei tre oci è anche un monumento funebre. De Maria la dedicò alla memoria della figlia morta con le tre grandi finestre dalla forma unica – tra il gotico, il moresco e l'art nouveau – che rimandano simbolicamente ai tre membri superstiti della famiglia: lui, sua moglie Emma, il figlio Astolfo.

De Maria mi tornò in mente un giorno che ero in piazza San Marco e un amico francese, un giovane editore coraggioso, indicando la basilica, mi disse: «Una chiesa cosí potrebbe stare solo a Venezia». Si riferiva all'architettura dell'edificio dove si mescolano gli stili piú diversi, dal gotico fiorito al profilo bizantino delle cupole e che nell'insieme emana un sentore d'Oriente che non è latino, non fa parte di questo continente. Anche De Maria nella sua casa sulla Giudecca che si specchia nel Palazzo Ducale e nella basilica ha messo insieme alle trine merlate e alle bifore gotiche, un tocco leggero d'Oriente.

A San Marco c'è molto di piú ovviamente, anzi la prima

sensazione che coglie chi guarda la basilica è la congestio-
ne dei motivi e degli ornamenti, un tale affollamento che
si fatica a racchiuderli in una visione d'insieme.

Tra le tante stravaganze ne segnalo una: i quattro bei
cavalli bronzei sopra l'arco centrale. Ormai siamo cosí
abituati a vederli (copie, gli originali sono all'interno) che
nessuno ci fa piú caso. Invece bisognerebbe continuare a
stupirsi perché quattro cavalli con lo zoccolo levato sulla facciata d'una chiesa non si erano mai visti nel mondo
cristiano. Le quadrighe si mettevano un tempo sugli archi
trionfali. A Parigi ce n'è una dorata sull'Arc du Carrousel,
tra il Louvre e il giardino delle Tuileries. Venne messa lí in
pieno neoclassicismo, c'era Napoleone, si spiega.

Allora aveva ragione l'amico francese a dire che una
basilica come San Marco potrebbe esistere solo a Venezia? L'aveva e non l'aveva. Non aveva ragione perché una
chiesa cosí potrebbe sorgere ovunque in un'Europa disseminata di templi di tutti i culti e di tutte le epoche. Per

un altro aspetto invece aveva ragione perché la cattedrale veneziana è anche il simbolo di un destino che ha segnato per secoli la città – compresa la storia di quei cavalli.

Venezia è rimasta Venezia fino a quando è stata in grado di guardare verso Levante, l'antico mondo ellenico, le rovine dell'impero di Alessandro, e di dominarlo. Le sue navi approdavano in ogni porto conosciuto ma forza e prestigio venivano dal dominio sulla costa dalmata, la Morea, le isole disseminate nell'Egeo, la leggendaria Candia, i Dardanelli, il mar di Marmara, l'ambita perla del Bosforo: Costantinopoli. La laguna era il porto da cui salpare, l'attracco per merci preziose che arrivavano da terre ancora piú lontane – l'India, la Cina. Era l'ammiragliato da cui erano partiti esploratori e condottieri alonati di leggenda: Marco Polo, Marcantonio Bragadin, Francesco Morosini, che per le sue imprese meritò il titolo di «peloponnesiaco» cosí come Scipione era diventato «africano».

Quando tutto questo finí nel corso di quel xviii secolo pieno di invenzioni e alonato di tragedia, Venezia cominciò a morire, ridotta oggi a esporre la sua bellezza come un tempo avevano fatto le sue celebrate cortigiane, incapace all'apparenza di un destino diverso: 54 000 residenti, 34 milioni di turisti all'anno, 6000 case private con b&b, alcune migliaia di alberghi e pensioni.

E i cavalli di San Marco? Fanno parte anche loro della storia, anzi ne sono il simbolo. Nel 1203 il mondo cristiano europeo organizzò una spedizione militare che va sotto il nome di Quarta crociata. Un'impresa banditesca nata da un'equivoca rivendicazione al trono bizantino, mossa da interessi che nulla avevano di religioso, guidata dal doge Enrico Dandolo. Invece che dirigersi verso Gerusalemme i crociati fecero vela su Costantinopoli dove si abbandonarono per intere giornate, spesso ubriachi, ad atti di efferata barbarie uccidendo, depredando, violentando. Irrompevano perfino nelle abitazioni, sfondavano le porte dei conventi anche lí violentando e bruciando. Ognuno di quei forsennati nascondeva nella bisaccia gli oggetti e il denaro delle rapine. Quelle di Stato, piú ingombranti, richiedevano trasporti speciali. Tra questi ci furono i quattro splendidi cavalli, la quadriga, ornamento dell'ippodromo cittadino, issati su una nave e portati a San Marco.

Adesso possiamo dare una risposta alla bizzarra presenza della quadriga sulla facciata d'una chiesa: quei cavalli stanno lí a segnare una vittoria, simboleggiano un destino, trasformano l'ingresso della cattedrale in un arco di trionfo, sublimano nella sacralità un'impresa militare di natura delittuosa. È l'eterna legge che governa le grandi potenze, i grandi condottieri: si deve badare al sodo, occuparsi del fine ultimo, non della moralità d'una conquista, né degli strumenti usati per ottenerla.

È esattamente quello che farà Napoleone con Venezia. È un giovane di 28 anni, pieno di energia, inebriato dalla rapidità con la quale ha attraversato l'Italia, consapevole di aver guidato una delle piú straordinarie campagne della storia militare. Nell'esausta Repubblica del Leone, il generale vede una merce da barattare con l'Austria che da molto tempo desiderava avere quel porto, la laguna, la città, i suoi tesori, il suo mare. Una sinistra fatalità, che spesso accompagna il decadimento politico, volle che il doge in carica, Ludovico Manin (da non confondere con il patriota Daniele), fosse un uomo irresoluto cosí descritto da un cronista: «sopracciglia folte, occhi bruni e smorti, naso grosso aquilino, il labbro superiore sporgente, andatura stanca, persona lievemente inclinata. Si leggeva nell'espressione del viso l'interno sgomento, che informava e governava ogni azione».

Quando leggo le cronache di questi avvenimenti, il temperamento dei personaggi che ne furono protagonisti, mi torna in mente Vittorio Emanuele III che mio padre definiva «re fellone». Dopo l'armistizio lui avrebbe preferito fuggire in Sardegna, i tedeschi però avevano già occupato i porti di Civitavecchia e di Gaeta; restava un porto sull'Adriatico, Pescara, da cui fare rotta verso Brindisi. Il re, lo Stato maggiore, alcuni ministri, riunitisi nella notte, formano un convoglio di auto che percorrendo la Tiburtina raggiunge quel porto. Non hanno pensato a formare un governo *ad interim*, hanno dato ordini vaghi e contraddittori, si lasciano alle spalle la capitale indifesa, il caos. A Porta San Paolo i granatieri e alcuni eroici patrioti cercano con i moschetti d'impedire che i carrarmati tedeschi entrino a Roma. La sola preoccupazione del re è stata mettersi in salvo, uno dei gesti piú vili dell'intera storia italiana.

Assomiglia alla fine dell'Italia nel 1943, la fine della Repubblica di Venezia nel 1797. Ippolito Nievo ci ha lasciato la caustica immagine del vile «senza esempio» ultimo doge nel romanzo *Le confessioni d'un italiano*: «Il Serenissimo Doge Ludovico Manin passeggiando su e giú per la stanza e tirandosi le brachesse sul ventre pronunciò quelle memorabili parole: "Sta notte no semo sicuri gnanca nel nostro letto"». È lui lo spaurito protagonista dell'ultima seduta del Gran consiglio che lo scrittore e patriota veneto racconta cosí:

> Il Doge s'alzò in piedi pallido e tremante dinanzi alla sovranità del Maggior Consiglio di cui egli era il rappresentante e [...] balbettò alcune parole sulla necessità di accettare quelle condizioni, sulla resistenza inutile anzi impossibile, sulla magnanimità del generale Bonaparte [...] egli seguitava a disonorare coi suoi balbettamenti sé, il Maggior Consiglio, la Patria e non vi fu mano d'uomo che osasse strappargli dalle spalle il manto ducale e stritolare la sua testa codarda su quel pavimento dove avevano piegato il capo i ministri dei re e i legati dei pontefici.

Ognuno in quelle settimane giocò la sua parte. Napoleone come vincitore, l'Austria come pretendente, Venezia imbelle prigioniera nelle mani dei due contendenti. Il suo vasto dominio di terra verrà spartito tra l'Austria e la Repubblica Cisalpina voluta da Napoleone. Il *Bucintoro* dal quale il nostro racconto è cominciato venne distrutto e arso senza rimedio il 9 gennaio 1798 come atto di spregio e anche per strappare allo scafo quanto fosse di valore o potesse tornare utile.

Ugo Foscolo – di cui alcuni contestano la grandezza, non io – apre con sconsolate parole le sue *Ultime lettere di Jacopo Ortis*, datate «Da' Colli Euganei 11 ottobre 1797»: «Il sacrificio della patria nostra è consumato: tutto è perduto; e la vita, seppure ne verrà concessa, non ci resterà che per piangere le nostre sciagure, e la nostra infamia».

Anche a me infamia sembra una parola appropriata.

# 6.
## Una scontrosa grazia

Quand'ero bambino mi portavano di tanto in tanto in visita a uno zio che era tornato dalla Grande guerra accecato dai gas. Abitava in un grande appartamento scuro, finte boiserie alle pareti, soffitti molto alti, finestre che affacciavano sulle mura aureliane appena fuori Porta San Giovanni. Gli abitanti del palazzo erano tutti ciechi, il governo del regno aveva ripagato con una bella abitazione quei soldati che avevano perso la vista per difenderlo; non potevano vederla, potevano però misurarne l'ampiezza percorrendola, mio zio lo faceva con passo spedito, senza bisogno del bastone. Quando usciva lo accompagnava, prendendolo sottobraccio, un soldato-guida, e all'occhiello della giacca aveva un bell'ovale d'argento che lo qualificava come invalido di guerra. Partecipava alle cerimonie militari e patriottiche mettendosi sull'attenti quando la fanfara squillava per il presentatarm o l'alzabandiera, come se avesse ancora addosso l'uniforme e un'arma tra le mani. La guerra e quella terribile perdita lo avevano segnato per la vita. In certi giorni di festa andavamo a pranzo da quegli zii e accadeva che, seduti per terra attorno a lui, noi bambini ascoltassimo i suoi racconti. Non ci guardava parlando, fissava un punto davanti a sé come se i fatti evocati gli balenassero nella mente; temevo e desideravo il momento in cui si sarebbe tolto i grandi occhiali neri che gli nascondevano le orbite, ma non accadde mai.

I racconti ci riempivano di spavento, i nomi dei luoghi suonavano come teatro di gesta leggendarie: Udine, Cividale, Gorizia, poi i monti: Sabotino, Santo, Calvario… Calvario,

addirittura, come quello dov'era stato crocifisso il profeta
Gesú. Non sapevamo, io non sapevo, nulla di quelle località
appese solo alle loro sillabe, senza geografia, senza identità.

Molto tempo dopo ho letto *Il castello di Udine* di Carlo
Emilio Gadda e gli umili racconti dello zio hanno cominciato a prendere una fisionomia piú precisa in quel bro-
gliaccio disordinato, fatto di frammenti di racconto, rifles-
sioni, scoppi improvvisi di collera. Un libro precoce (1934)
nel quale si può già intravedere la capacità d'invenzione a
venire. Trascrivo qualche riga per dar conto di ciò che intendo, anche perché c'è qui un connotato che diventa piú
raro negli scritti successivi, la commozione.

Ricordo un altro, quasi un fanciullo, che sedette sul
sedile scheggiato della roccia, un attimo, una preghiera,
prima d'imboccare il camminamento del suo destino. A
quota 309 del Faiti. Era venuto su dal Cavallo Morto,
con tutto il battaglione, in rincalzo. Nella destra aveva la pistola pronta, nuova come per un regalo che gli
avessero fatto per i vent'anni, aveva una bella cintura
di cuoio. Sedutosi, appoggiò il capo sul palmo sinistro,
la mano armata la lasciò sul ginocchio, pareva un poeta
tra le rovine, in una calcografia wertheriana.

I fumi nitrici, nel mezzogiorno, lo indussero in un lieve tossire, decorosissimo, come un po' di raucedine d'u-
na persona ben educata. Atroci esplosioni atterrivano le
anime: solo un'idea, un'idea soltanto, poteva toglierci
dalla demenza. La grandine delle schegge e dei sassi era
la farina del nostro mezzogiorno, tutto andava alla fine!
[...]
Ma il suo pensiero, lo sentii, andava disperatamente
profondo e piú disperatamente lontano: quasi l'angoscia
di un bimbo, muta davanti la solitudine. Gli uomini lo
abbandonavano! Una desolata certezza era nel suo volto
pallido, italianissimo, una compostezza italiana in tutto
il suo atteggiamento, pieno di semplicità e di dignitoso
decoro. Oh! Non posso dir come né dove, dopo alcuni

minuti, rividi il suo volto: dico soltanto il suo volto! Le leggi stesse della fraternità dovetti ignorare che fossero legge. Continuai la mia guerra.

I nomi dei luoghi sono tornati dopo il 1945 quando l'Italia sconfitta dovette penosamente trattare con la Iugoslavia i confini nord-orientali. Non so quanti oggi diano peso alla questione dei nostri confini. Pochi, suppongo: abbiamo tutti molto da fare e, dopo la nascita dell'Europa, sono cose che hanno perduto in parte la loro importanza. Noi sappiamo però che Cavour, a ovest, dovette cedere Nizza e Savoia a Napoleone III per averne l'appoggio nelle guerre d'indipendenza e che, a est, la guerra voluta da Mussolini ci costò la penisola istriana, una terra magnifica per natura, italiana, anzi veneta, per lunga tradizione, anche se – passata sotto dominio asburgico – la Venezia Giulia era stata ribattezzata Österreichischen Küstenlande – costiera austriaca, piú o meno.

Il ritorno di Trieste all'Italia avvenne solo nel 1954, ci vollero quasi nove anni di trattative. D'altra parte, se dopo una guerra vinta come quella del 1915-18 la questione di Fiume rimase per anni in mano alla teatrale demagogia di D'Annunzio, tanto piú penosa fu la questione di Trieste – è duro il destino dei vinti.

I confini vennero tracciati dai comandi anglo-americani con un tratto di matita sulle mappe. Com'era già accaduto per Fiume, ci furono manifestazioni, sparatorie, morti, ci furono italiani uccisi nelle foibe carsiche, altri costretti ad abbandonare la Venezia Giulia, aspre divisioni interne, i comunisti incerti se appoggiare la Repubblica italiana o la Repubblica popolare federale di Iugoslavia – accadde tutto questo in quegli anni dimenticati, in un lembo di terra che divisioni e sangue li aveva già conosciuti.

Il Friuli-Venezia Giulia è anche legato al nome di Pier Paolo Pasolini, che è stato assassinato nel 1975 come era già accaduto trent'anni prima, nel 1945, a suo fratello Guido.

Che Pasolini fosse friulano, che le sue poesie giovanili siano state scritte in quella lingua aspra e musicale, di molteplici ascendenze, lo sanno tutti. Meno si sa della tragedia di suo fratello, piú giovane di tre anni, ucciso quando di anni ne aveva solo diciannove. Anche quella morte appartiene alla terra, ai luoghi e agli anni in cui il delitto venne commesso.

Guido, nome di battaglia «Ermes», era un partigiano delle brigate Osoppo e il nome già dice quale collocazione avessero quelle unità militari volontarie. I combattenti comunisti erano inquadrati nelle brigate Garibaldi, cattolici e liberali vicini al Partito d'Azione nelle brigate Osoppo, nome di una località del Friuli in cui, durante il Risorgimento, ci si era battuti contro gli austriaci. Il leader iugoslavo Tito aveva fatto capire che, a guerra finita, contava di annettere quelle zone. I partigiani non comunisti si opponevano al progetto, erano antifascisti ma anche patrioti.

Il 7 febbraio 1945 un reparto di partigiani comunisti raggiunse le malghe dov'erano acquartierati gli azionisti in località Porzûs.

In che modo avvenne l'eccidio non è mai stato del tutto chiarito nonostante varie inchieste e un processo. È certo solo che a sparare furono i comunisti. Pier Paolo Pasolini rispondendo a un lettore sul settimanale del Pci «Vie nuove» (15 luglio 1961) dette questa versione: «Lei sa che la Venezia Giulia è al confine tra l'Italia e la Jugoslavia: cosí, in quel periodo, la Jugoslavia tendeva ad annettersi l'intero territorio e non soltanto quello che, in realtà, le spettava. È sorta una lotta di nazionalismi, insomma. Mio fratello, pur iscritto al Partito d'Azione, pur intimamente socialista (è certo che oggi sarebbe stato al mio fianco), non poteva accettare che un territorio italiano, com'è il Friuli, potesse esser mira del nazionalismo jugoslavo. Si oppose, e lottò.

Negli ultimi mesi, nei monti della Venezia Giulia la situazione era disperata, perché ognuno era tra due fuochi. Come lei sa, la Resistenza jugoslava, ancor piú che quella italiana, era comunista: sicché Guido, venne a trovarsi come nemici gli uomini di Tito, tra i quali c'erano anche degli italiani, naturalmente le cui idee politiche egli in quel momento sostanzialmente condivideva, ma di cui non poteva condividere la politica immediata, nazionalistica».

Il tono è freddo, razionale, si vede lo sforzo di una ricostruzione logica e storica. Solo nelle ultime righe Pasolini lascia che affiorino i sentimenti: «Egli morí in un modo che non mi regge il cuore di raccontare: avrebbe potuto anche salvarsi: è morto per correre in aiuto del suo comandante e dei suoi compagni. Credo che non ci sia nessun comunista che possa disapprovare l'operato del partigiano Guido Pasolini. Io sono orgoglioso di lui, ed è il ricordo di lui, della sua generosità, della sua passione, che mi obbliga a seguire la strada che seguo».

Ho molto amato Pasolini poeta fin dalla scoperta emozionante delle *Ceneri di Gramsci*. Il fratello Guido torna spesso nel suo ricordo, lo cita, vi allude piú volte in un poemetto in appendice alla raccolta *Poesia in forma di rosa* (1964). Pasolini richiama la delusione per le speranze tradite, il tono è a tratti indignato altrove elegiaco, quasi pascoliano; evoca in modo toccante la figura del fratello morto che non ha conosciuto la delusione della nuova barbarie e la sconfitta; la sua è stata una tragica fine intimamente italiana nella quale si mescolano eroismo, odio, candore, torbidi intrecci, disperato abbandono a un'ideologia. I versi sono magnifici, il titolo è *Vittoria*:

> Se ne vanno… Aiuto, ci voltano le schiene,
> le loro schiene sotto le eroiche giacche
> di mendicanti, di disertori… Sono cosí serene
> le montagne verso cui ritornano, batte
> cosí leggero il mitra sul loro fianco, al passo

ch'è quello di quando cala il sole, sulle intatte
forme della vita – tornata uguale nel basso
e nel profondo! Aiuto, se ne vanno! Tornano ai loro
silenti giorni di Marzabotto o di Via Tasso...
Con la testa spaccata, la nostra testa, tesoro
umile della famiglia, grossa testa di secondogenito,
mio fratello riprende il sanguinoso sonno, solo
tra le foglie secche, i caldi fieni
di un bosco delle Prealpi – nel dolore
e la pace d'una interminabile Domenica...
Eppure, è questo un giorno di vittoria!

Ho ritrovato il nome Osoppo nel 1976 dopo il terremoto che colpí il Friuli e largamente lo distrusse. Quei castelli antichi, quelle torri alte ed esili, quelle vie porticate,
archi bassi che rendono scuro il passaggio ma proteggono
dal fiato gelido dei monti, dalla pioggia che batte: tutto era
cosparso di rovine. Mille morti, cinquantamila senzatetto,
Osoppo, Gemona, Cividale, settantasette comuni in pezzi.
Ero a New York quando accadde, ma anche dalle immagini dei giornali si capiva l'enormità del disastro che, come
succede sempre in Italia, ovunque succeda, coinvolgeva
vite umane, destini, case, luoghi, memorie arrivate intatte da un passato lontanissimo con i suoi eroi e le leggende da raccontare ai bambini la sera per aiutarli a prendere
sonno. Qualche anno dopo ho attraversato il Friuli, tutto
era tornato come prima, il passato finito a pezzi era stato
ricomposto, sembrava che niente fosse accaduto. Avevano aiutato i soldi dello Stato e quelli della solidarietà, ma
anche la tenacia della gente, i volontari che avevano lavorato gratis per rimettere in piedi chiese e castelli. Gente
chiusa, ruvida, però d'una gentilezza profonda, mossa da
un amore cosí grande per la terra da tornare a cercarla appena messi insieme quattro soldi, per lontano che fosse il
luogo dove li avevano guadagnati – in Argentina, in Si-
beria – come venditori ambulanti, carpentieri, artigiani.

Chissà da che cosa dipende questa solida fibra che fa del Friuli una regione – in senso culturale prima che amministrativo – unica in Europa. La storia complicata dei luoghi, le varietà naturali, la latitudine, le etnie che per secoli vi si sono mescolate, il clima, il cibo: mi sono fatto piú volte questa domanda ma una risposta unica e certa ancora una volta non sono riuscito a trovarla, forse perché in termini razionali non esiste. Possiamo solo prendere atto che questo lembo d'Italia, che è ostinatamente Italia, assomiglia poco a ogni altro pezzo della penisola, e vi aggiunge un connotato che non ha riscontro altrove.

Il suo nome viene per contrazione da *Forum Iulii*. Il campo o foro di Cesare oggi si chiama Cividale del Friuli, fondata proprio dal condottiero; anche le Alpi Giulie e la Venezia Giulia devono il nome (coniato nell'Ottocento) alle imprese di Cesare e di Ottaviano, entrambi della *Gens Iulia*. Se davvero i nomi avessero un'influenza sul destino delle persone o dei luoghi, anche quest'ascendenza potrebbe essere un indizio.

Una delle vicende piú curiose di questa terra sono le inaspettate circostanze che hanno legato una zona delle Alpi orientali alla storia delle dinastie francesi. Vale la pena di raccontarla, anche se dobbiamo lasciare le Prealpi e trasferirci brevemente sulle rive della Senna.

La storia si apre con un ricordo personale. La prima volta che ho visto Parigi fu dopo gli esami di maturità. Avevo guadagnato qualche soldo facendo la comparsa a Cinecittà; alla fine delle riprese ci si metteva in fila davanti a un banchetto, si veniva pagati piuttosto bene e in contanti, niente tasse – in quegli anni l'idea che bisogna pagare le tasse ancora non era entrata in circolazione. Era piacevole. Con quei soldi feci il viaggio. Avevo studiato francese a scuola, ma soprattutto l'avevo praticato. Leggevo un settimanale satirico stampato su carta verdina che si chia-

mava «Le Hérisson», ascoltavo Juliette Gréco – e penso
che *Les feuilles mortes* sia una delle piú belle canzoni del
Novecento. Ascoltavo soprattutto Georges Brassens, il piú
grande menestrello del xx secolo, e credo che l'ascoltasse
molto anche Paolo Conte, siamo praticamente coetanei:
io ricordo spesso Brassens e ne scrivo, lui è diventato il
Brassens italiano.

Ero partito in autostop come si faceva all'epoca e come non si può piú fare, un viaggio di tre o quattro giorni
con soste negli Ostelli della Gioventú, versione approssimativa dell'attuale Erasmus nel senso che in ogni ostello
s'incontravano giovani di tutta Europa. L'ostello parigino era proprio dentro allo stadio di Malakoff, periferia
di Parigi, nel dipartimento degli Hauts-de-Seine, deve il
nome a una vittoria nella guerra di Crimea. Lasciato lo
zaino andai in esplorazione della città dopo averla tanto
letta e immaginata.

Sessant'anni fa Parigi era molto piú buia di oggi e gli
italiani non sempre ben visti. In un paio d'occasioni, riconosciuto dall'accento, mi è capitato di sentirmi dire con
durezza «Italiano, eh? Che hanno fatto gli italiani alla
Francia nel 1940? Bastardi!» I miei brutali interlocutori
non avevano torto. Quello che Mussolini fece nel 1940 alla
Francia fu orribile, un colpo di pugnale, si disse, alle spalle
di un paese già vinto. Nel racconto *Avanguardisti a Men-
tone*, Italo Calvino ricostruisce un episodio di quei primi
giorni di guerra: entusiasmo giovanile, gioia nel predare
le case svuotate dagli abitanti, facioloneria, incoscienza. Il
protagonista, estraneo alle azioni criminali, vede nei suoi
compagni il volto fanciullesco e triste dal fascismo.

A Parigi, di notte, intorno ai padiglioni delle Halles,
poi demoliti, era un via vai di prostitute a fine carriera,
che tentavano ogni malia per attrarre clienti nei loro logori
antri, poliziotti con la «pellegrina» sulle spalle e lo sfolla-
gente bianco alla cintura, qualche prete con la veste lunga

fino ai piedi e l'interminabile fila di bottoni, autobus con la piattaforma aperta sul retro dove si poteva fumare, e convogli del metrò con il vagone rosso per la prima classe. Volevo vedere la Bastiglia. Era stato un professore di storia e filosofia filogiacobino che ci aveva convinto della valenza simbolica e politica della conquista di un luogo emblematico del potere assoluto della monarchia. Non ci aveva detto però, l'indimenticabile professore, che al momento dell'assalto i prigionieri erano solo sette, dei quali quattro falsari, un pazzo, un incestuoso, il complice di un regicida. Secondo altre fonti c'era anche un ottavo prigioniero, un napoletano che, viste aperte le porte, prontamente s'era dileguato. Quanto al marchese de Sade era stato a lungo in cella nella fortezza, ma qualche giorno prima era stato trasferito al manicomio di Charenton.

Dalla Concorde camminai per i quasi quattro chilometri di rue de Rivoli, sperando di ritrovarmi davanti a quel monumento che era stato al centro di una delle svolte importanti della storia del mondo. Alla fine di quella lunga marcia trovai, deluso, solo una piazza con una grossa colonna verde al centro, su cui spiccava una data: 1830. Della Bastiglia nulla e la data non era quella che m'aspettavo: 1789. Al diciottenne romano, cresciuto tra le antiche rovine, sembrò incredibile che non fosse stato conservato nulla, nemmeno qualche maceria di quelle mura possenti. A Roma le rovine si vedono dappertutto e non sono un arredo, ma la quintessenza della città eterna. Poi avrei scoperto che anche a Parigi è possibile trovare qualche monumento antico, non molti, per la verità, e comunque non la Bastiglia. Un amico francese me ne ha dato una spiegazione psicoanalitica: i parigini, disse, non si sono mai perdonati il regicidio del 1793, tanto è vero che appena hanno trovato una specie di re come De Gaulle hanno rifatto una monarchia repubblicana, e in ogni caso hanno tolto di mezzo le memorie della Rivoluzione.

Invece è proprio la data 1830 a far scoccare il contatto

tra Parigi e il Friuli, perché nel luglio di quell'anno il popolo della capitale insorse contro re Carlo X, fratello minore del povero Luigi XVI, e in tre giornate di sommossa
(i francesi le chiamano *les Trois Glorieuses*), al prezzo di
un migliaio di morti, lo sbalzò dal trono dopo soli sei anni di regno. Al suo posto salí come «re dei francesi» (non
piú «re di Francia») Luigi Filippo duca d'Orléans il cui
padre, per simpatia o per derisione, era stato chiamato
«Philippe Égalité» – fine della dinastia dei Borboni.

All'ascesa di Carlo X Rossini aveva dedicato la sua lunga e vagamente ironica opera in un atto *Il viaggio a Reims*.
I moti del 1830 sono celebrati invece dal pittore Delacroix
con il suo famoso *La liberté guidant le peuple*, uno dei pochi quadri dichiaratamente politici che abbiano anche un
buon valore artistico. Quel borghese attempato con tanto
di redingote e il cilindro un po' di traverso che imbrac-
cia un fucile avendo accanto un piccolo Gavroche è di per
sé un manifesto.

I moti del luglio 1830 sono anche conosciuti come la
Seconda rivoluzione dopo quella (sempre in luglio) di quarant'anni prima, dunque la colonna verde ha piena legitti-
mità in Place de la Bastille, però bisogna saperlo, mentre
io arrivandovi nella notte di tanti anni fa non ne avevo
idea: al professore filogiacobino piaceva Robespierre; un
re che prende il posto di un altro re con ogni evidenza lo
interessava meno.

Lo smarrito Carlo X, abbandonata Parigi, si rifugia prima
in Scozia, poi su invito dell'imperatore Francesco I d'Austria va a Praga. È inquieto, non sa bene che fare, ha ormai
superato i settant'anni, i viaggi lo affaticano e lo irritano,
smania. A Praga resta quattro anni, soggiorna nel tetro castello di Hradčany che domina la città e ispirerà a Kafka il
romanzo che lo richiama nel titolo: *Il Castello*.

Ancora una volta l'imperatore austriaco gli viene in
soccorso, vede che il clima praghese nuoce alla sua salute

e consiglia all'anziano sovrano di trasferirsi a Gorizia che
è parte dei suoi territori. Il conte di Montbel, segretario e
confidente dell'ex re di Francia, annoterà: «Data la repu-
tazione della zona di Gorizia, la salubrità dell'aria e delle acque, il re si decise a ritirarsi in questo paese, a mezza via tra la Germania e l'Italia, che riunisce i vantaggi di
entrambi i climi».

La sua residenza fu Villa Coronini Cronberg, poi donata
alla città di Gorizia e trasformata in fondazione e luogo di
ricevimento; un edificio che emana una serenità neo-classi-
ca nelle sue linee e nel parco che la circonda. Possiamo immaginare quale sollievo fu per l'ex re, strapazzato dai suoi
sudditi, dalla storia e dagli anni, potersi ritirare in un luogo
di delizie sotto un cielo benevolo che già annunciava l'Italia.

Nicoletta Coronini, erede dei nobili proprietari del palazzo, ha scritto che lí «il re ottuagenario, ossessionato dalla
paura del colera, che lo seguiva di tappa in tappa nelle sue
peregrinazioni attraverso l'Europa, passò gli ultimi giorni
della sua agiata esistenza».

A forza d'inseguirlo, il colera riuscí a raggiungerlo. Sarà proprio il colera a ucciderlo nel novembre 1836, alla vigilia dei suoi ottant'anni. Le peregrinazioni che avevano
afflitto il povero Carlo da vivo continuarono anche per la
sua salma, che solo dopo molte vicissitudini poté finalmente trovare riposo nella chiesa del santuario francescano di
Castagnevizza, oggi nella parte slovena di Gorizia.

Piú giú, in pianura, non lontano dal mare, l'antica città
di Aquileia conserva e offre una doppia toccante memoria,
classica e cristiana. Era nata come colonia romana, porto
fluviale, presidio militare, baluardo, emporio; ancora oggi
è visibile la suddivisione del terreno con i due netti tagli
ortogonali del cardo e del decumano. Lungo un viale fian-
cheggiato da alti cipressi piú neri che verdi si distinguono
ancora i resti dei moli per l'attracco delle navi, i tracciati
lungo i quali s'avviavano le merci verso le destinazioni piú

lontane poiché da Aquileia si partiva verso l'Oriente slavo e balcanico e verso il Nord germanico.

Poi arrivò la religione della croce con i suoi santi e i suoi martiri, vennero i patriarchi e la basilica con il suo grande pavimento a mosaico di immensa bellezza; segni e motivi misteriosi, ricchi di simboli da ricomporre e decifrare. Cristiano? Certo. Gnostico? È possibile. L'intrico delle figure ha dato agli studiosi un affascinante enigma, ha richiesto un lungo paziente lavoro d'interpretazione non del tutto finito.

Per me personalmente il fascino dei luoghi è anche altrove, forse rientra nei fantasmi evocati tanti anni fa nei racconti dello zio accecato dalla guerra.

Finito l'immane carnaio, il colonnello dei bersaglieri Giulio Douhet, teorico della guerra aerea, promosse l'idea di un cenotafio per onorare un «milite ignoto» come simbolo di tutti i caduti. Un'iniziativa che si è poi propagata a livello internazionale: a Parigi sotto l'Arco di Trionfo, a Londra nell'abbazia di Westminster, a Washington nel cimitero nazionale di Arlington, a Mosca sotto le mura del Cremlino. Idea macabra, se la si spoglia del suo significato simbolico, che però si rifà anche al mito laico e religioso della resurrezione come lo ascoltiamo per esempio nel famoso (oggi per la verità un po' meno) *Inno di Garibaldi* di Luigi Mercantini aperto dal distico: «Si scopron le tombe, si levano i morti, | i martiri nostri son tutti risorti».

È nell'agosto del 1921, a pochi anni dalla fine della guerra, che il Parlamento del regno approva all'unanimità la legge «sulla sepoltura della salma di un soldato ignoto». Una commissione composta da ufficiali, sottufficiali e soldati è incaricata di visitare vari cimiteri di guerra ed esumare salme, scartando quelle per un qualunque motivo identificabili. Le prescelte sono sei e vengono chiuse in bare identiche e anonime. Il 28 ottobre, Maria Bergamas, triestina, madre di un soldato disperso, in rappresentanza di tutte le madri che hanno perso un figlio in guerra, deve scegliere una delle bare gettandovi sopra un fiore bianco. Sarà la salma di quel milite ignoto a essere tumulata a Roma; mentre le altre verranno sepolte nella basilica di Aquileia. Durante la cerimonia, però, la donna, turbata, si sbaglia e, anziché il fiore, getta il suo velo di *mater dolorosa* perfezionando senza saperlo la rappresentazione di un lutto inconsolabile.

Da Aquileia, il «milite ignoto» attraversa in treno l'Italia tra folle commosse, spesso in ginocchio, le donne, soprattutto, dolenti protagoniste di una delle piú sentite commemorazioni collettive dell'intera storia italiana. Il convoglio è composto di sedici carri che via via si colmano di corone e di fiori, su quello in cui si trova la bara era stato dipinto il verso dantesco «L'OMBRA SUA TORNA CH'ERA DIPARTITA» e le date «MCMXV-MCMXVIII». Il treno arriva a Roma, la mattina del 4 novembre, la bara viene traslata e tumulata al Vittoriano di piazza Venezia. Da allora l'Altare della Patria è piú del soldato ignoto che del re Vittorio Emanuele II: l'ideale patriottico è rappresentato da quel povero fante contadino venuto chissà da quale angolo della penisola, morto senza volere e senza vedere, accecato dal buio della terra.

Nel 1994, quarant'anni esatti dopo la scoperta della colonna verde di Place de la Bastille, ho cominciato ad abitare per una parte dell'anno a Parigi. Le città, a saperle guardare, si rivelano scrigni pieni di storie, considerazione elementare, alla quale però si pensa di rado. Non parlo di nozioni a uso turistico – un nome, una data, un campanile, un ponte –, servono anche quelle, anzi sono indispensabili; io però mi riferisco alle vere e proprie storie, quindi non solo dove sorge un palazzo, ma perché quel palazzo sta lí, perché quello stemma è stato scalpellato, perché quel monumento equestre è il solo arrivato dall'antichità, informazioni di questo tipo, quelle che hanno fatto la vita di una città. Con l'entusiasmo dell'ultimo arrivato cominciai dunque a percorrere Parigi come, confesso, non avevo mai fatto a Roma – fino a quel momento. È la celebre legge secondo la quale la percezione dello straniero è sempre piú acuta rispetto a quella ottusa dall'abitudine. Da quei mesi di esplorazione è venuto fuori *I segreti di Parigi* che ha avuto finora una trentina di ristampe, ancora in catalogo da Mondadori dopo alcuni decenni. Poi sono arrivate altre città compresa l'amata Roma, la cui esplorazione potrebbe non avere mai fine.

Per Trieste si sarebbe quasi tentati di dire la stessa cosa. Trieste non è Roma ovviamente, è una città piccola con una popolazione che supera di poco i duecentomila abitanti, ma tra le città di dimensioni simili credo che sia quella che comprime nel suo territorio il maggior numero di contrasti, quindi di storie. È stata a lungo il solo porto dell'impero austro-ungarico, una città di mercanti e di assicuratori, di naviganti impavidi e di scrittori.

Ecco: scrittori. Se si calcola, anche solo a mente, il numero di scrittori nati a Trieste o che l'hanno scelta o raccontata, si rimane stupiti perché superano la consueta densità media, per cosí dire. Nelle sue strade deve circolare una malia, un fermento che altrove non c'è. «Circola ad ogni cosa | un'aria strana, un'aria tormentosa, | l'aria natia», ha scritto Umberto Saba, il suo grande poeta, di un suo verso ho fatto il titolo di questo capitolo: *Una scontrosa grazia.* Saba lo riferisce a Trieste, io, piú in generale, all'intero Friuli-Venezia Giulia.

In uno dei suoi componimenti piú noti, *Città vecchia*, Saba descrive nello stesso tempo la città e se stesso: «Qui tra la gente che viene che va | dall'osteria alla casa o al lupanare | dove son merci ed uomini il detrito | di un gran porto di mare, | io ritrovo, passando, l'infinito | nell'umiltà». Ecco uno degli elementi che lo fanno grande, dare ampiezza e senso universale al silenzioso scorrere della vita, aprire le piccole cose quotidiane, le *nugae* avrebbe detto Catullo, a un vasto orizzonte, scorgere «l'infinito nell'umiltà».

Chissà da che dipende il misterioso fascino di questa città, forse dalla collocazione geografica, dal mare, dalle complicate vicende della storia, dalla compresenza di piú culture e di piú lingue, dai loro attriti; resta l'effetto di una «città interiore» come l'ha chiamata Mauro Covacich facendone il titolo di un suo libro. Lo scrittore si riferiva a se stesso dato che il racconto è anche autobiografico; la definizione s'estende però facilmente al carattere d'una città che ha piú volte rivendicato con orgoglio la sua italianità pur essendo cosí poco italiana. Di Trieste ha fatto il cuore della sua narrazione Claudio Magris quando ne ha parlato direttamente o quando l'ha solo richiamata (*Un'identità di frontiera*) come nel suo gran saggio d'esordio *Il mito asburgico nella letteratura austriaca moderna* che uscí all'inizio degli anni Sessanta. È stato uno dei testi che hanno cambiato la mia visione dell'Europa facendomi rimpiangere di non aver studiato il tedesco perché negli anni dell'immediato dopoguerra il semplice suono di quella lingua risultava insopportabile e spaventoso soprattutto per chi aveva dovuto affrontare le traversie e i rischi dell'occupazione: *Raus, Schnell, Kaputt, Jude*!

Ho compensato con la musica austro-tedesca, in particolare quella di fine Ottocento dove già si avvertono i trasalimenti della fine. Il grande Brahms che certe volte cerca di rifare Beethoven e non si accorge che i tempi non permettono piú quelle certezze. Gustav Mahler che è arrivato a ricavare una «marcia funebre» dal motivo infantile dei «san Martino campanaro» sarebbe materia ideale per uno psicanalista. Mahler oggi fa parte del consueto repertorio concertistico, ma negli anni Cinquanta di cui parlo era eseguito di rado. Durante una visita a Dobbiaco (Alto Adige) chiesi a varie persone dove si trovasse la famosa «capanna» nella quale il musicista, anche se infastidito dallo zampettio degli uccelli sul tetto, aveva composto tra l'altro il *Canto della terra, Das Lied von der Erde*. Nessuno seppe o volle dirmelo. Oggi a Dobbiaco c'è un festival dedicato a Mahler e nel bosco è comparsa una capanna riarredata con mobili piú o meno d'epoca. Il turismo di massa fa di questi miracoli.

Lo scrittore istriano Pier Antonio Quarantotti Gambini ha definito i triestini «italiani sbagliati». Sbagliato, in quel senso, è stato per esempio Aron Hector Schmitz, austriaco e italiano, ebreo e, dopo la conversione, cattolico, che mantenne la sua duplicità anche nello pseudonimo con il quale lo conosciamo: Italo Svevo. Violinista mancato e scrittore segreto per anni, è stato come Kafka, per anni, impiegato in un ufficio; ci ha lasciato tre romanzi estranei alla consueta narrativa italiana, storie che sanno di Mitteleuropa, arieggiano, anche se non credo che lui ne fosse molto consapevole, Proust e Musil. Ricorda Proust il senso che Svevo ha della memoria come peso e come aiuto; sono vicini a Ulrich, protagonista del romanzo musiliano *L'uomo senza qualità*, i suoi Alfonso Nitti, Emilio Brentani, Zeno Cosini, tre facce dello stesso personaggio che è sempre lui: Svevo. Uomini inadatti alla vita, capaci di vedersi solo nella loro interiorità, sfiniti dall'autoanalisi, delusi dall'amore e dal mondo. «A differenza delle altre malattie la vita è sempre mortale. Non sopporta cure», constata sconsolato Zeno. Il suo scopritore è stato un altro geniale triestino anch'egli di discendenza ebraica, Roberto, detto Bobi, Bazlen (1902-1965). In vita ha scritto poco e pubblicato niente; però ha fatto conoscere agli italiani il tesoro della letteratura austro-tedesca: Kafka, Musil, Freud. Un bel po' dei cataloghi Einaudi e della Adelphi, arrivano dalle sue letture.

Trieste è una città ebraica per ragioni analoghe a quelle di Livorno: libertà d'iniziativa e vivacità commerciale. La sua sinagoga è tra le piú grandi d'Europa, ricca di storia come il resto della città, anche se poco piú che centenaria. Durante l'occupazione, i nazisti la usarono come deposito per la loro refurtiva. Razziarono molte cose emulando i loro avi lanzichenecchi che scendevano a depredare nel XVI secolo; non riuscirono però a impossessarsi dei sacri arredi in argento nonostante fossero nascosti nel posto piú evidente, all'interno dello stesso tempio, sotto i loro occhi come accade nel racconto di Poe *La lettera trafugata*. Piccola rivincita dell'astuzia contro la brutalità dei carnefici.

La città dove la presenza ebraica è stata cosí importante è anche l'unica in Italia dove sia stato allestito un campo di sterminio.

Il forno crematorio venne inaugurato nell'ex Risiera di San Sabba il 4 aprile 1944 incenerendo settanta cadaveri di fucilati. Ad altri andò peggio, uccisi non con la velocità fulminea d'una palla di moschetto, ma semigassati nei camion o storditi con un colpo di mazza, e poi gettati nel forno, alcuni ancora vivi, con i motori imballati al massimo e i cani tormentati perché urlassero coprendo i rumori e le grida. Tra le vittime ci fu uno studente di 23 anni, Pino Robusti, che prima della fine fece in tempo a scrivere una lettera d'addio alla fidanzata Laura. Toccante, come sono sempre le lettere di chi sa che la propria fine è imminente; dalle sue righe affiora però anche un'altra nota che non è toccante, è amara, riguarda noi posteri, il nostro tempo sessant'anni dopo. L'amarezza trapela nelle righe in cui quel ragazzo confessa il timore di diventare presto «un'unità in piú, in una cifra seguita da molti zeri. Ormai l'umanità si è abituata a vivere nel sangue».

Mi sono chiesto, pensando a quegli anni, quanti dei giovani messi al muro, chiusi vivi in una bara, impiccati col fil di ferro nei loro poveri abiti, le mani legate dietro la schiena, un cartello al collo «TRADITORE», «BANDITO», fossero consapevoli che il ricordo del loro sacrificio sarebbe cosí velocemente impallidito nella società nuova nata anche grazie a loro. Nel lampo di pochi anni, quegli slanci, le parole, l'angoscia, l'ultimo grido – «Viva l'Italia!», «Mamma!» – sarebbe diventato sempre piú fievole, perduto nel frastuono.

I conti della storia bene o male tornano sempre. Grazie a quei ragazzi l'Italia devastata dalla guerra, dalla sconfitta, dall'alleanza con un regime infame ha riconquistato la sua dignità. I conti degli individui, invece, sono molto piú

complicati, tornano di rado, spesso si lasciano dietro un dolore inappagato.

Chissà se il matrimonio con sua cugina Livia Veneziani,
figlia di un commerciante di vernici navali, che lo portò a
convertirsi al cattolicesimo, avrebbe salvato Italo Svevo
dalla carneficina. Domanda solo teorica, negli anni della
ferocia lo scrittore era morto da tempo (1861-1928) por-
tandosi dietro speranze e amarezze, uno scontento appena lenito da un filo di humour – dono dell'ebraismo – lo
stesso con cui ha tessuto i personaggi da lui creati. La frase scelta per la sua tomba è: «LA VITA NON È NÉ BRUTTA NÉ
BELLA, MA È ORIGINALE». Bilancio moderatamente amaro
che però nasconde le delusioni in un ghiribizzo.

A questo punto dovrei ricordare James Joyce, adottato
dalla città al punto da poter scambiare con l'amico Italo
Svevo lettere in un triestino quasi perfetto. L'irlandese
del resto, come tutti sanno, era un funambolo delle lingue,
un manipolatore, un acrobata. Di lui m'attrae soprattutto il periodo che passa al secondo piano di un alloggio in
via Bramante, 4 sul colle di San Giusto. Tra i numerosi
appartamenti che cambiò nel periodo triestino questo può
essere considerato la sua vera «residenza». È lí che comincia a lavorare all'*Ulisse*, da lí scende ogni giorno in Città
vecchia percorrendo via San Michele. Lo vedo, lungo, di-
noccolato, che si guarda intorno curioso con i suoi occhia-
letti tondi cerchiati di ferro, si ferma a bere un goccio di
vino, riprende a scendere mescolando i pensieri del giorno
a quelli sull'opera che va creando, sui personaggi. Leopold
Bloom di cui proprio Svevo fu uno dei modelli, soprattutto sua moglie Molly il cui lungo monologo chiude l'*Ulisse*
con una delle piú penetranti introspezioni sulla psicologia
e l'erotismo femminili mai concepite fino a quel momento, largamente modellato sulle intimità condivise con la
sua amante poi moglie Nora Barnacle.

Mi ha accompagnato a visitare i luoghi joyciani il professor Renzo Crivelli dell'Università di Trieste. Molti lo
ritengono il piú informato biografo dello scrittore. Dall'Irlanda o dagli Stati Uniti, quando c'è qualche dubbio chie-
dono a lui. Nel suo racconto l'arrivo di Joyce a Trieste assomiglia a un possibile capitolo dell'*Ulisse*.

James e Nora arrivano in città il 20 ottobre 1904, non
sono sposati, lei è incinta. Lui non sa dove si trovi la scuola Berlitz che lo ha assunto né dove passeranno la notte.
Deposita Nora su una panchina dei giardini con la valigia
ai piedi e parte avviandosi senza rendersene conto nelle

strade dei bordelli. Passando davanti a un'osteria, sente
vociferare in inglese, entra, comincia a chiedere. Sono ma-
rinai, ubriachi e attaccabrighe, di Trieste non sanno nulla.
In quel momento fa irruzione la polizia (austriaca) che ar-
resta tutti, compreso Joyce che invano grida di essere un
professore d'inglese.

Il console britannico, avvertito, si reca al commissaria-
to, anche se non ha molta voglia d'intervenire in favore
di un irlandese. La disavventura comunque finisce bene,
anche se sono passate alcune ore ed è notte fonda. James
torna al giardinetto davanti alla stazione. Nora è ancora
lí, immobile sulla panchina con la valigia ai piedi.

Il loro rapporto si mantenne per anni a un'altissima temperatura erotica. Scelgo quasi a caso il brano di una lettera
che James le indirizza nel dicembre 1909: «Fosti tu a mettere una mano nei miei pantaloni, mi hai scostato la camicia e toccato il cazzo con quelle tue lunghe dita leggere, poi
lentamente lo hai preso tutto in mano, grande e duro, e mi
hai masturbato piano fino a farmi venire tra le tue dita, intanto eri piegata su di me guardandomi con quegli occhi da
santa». Questo il tono, con ogni immaginabile variante nelle
decine di citazioni che si potrebbero fare; a suo modo bello,
degno di un giocoliere delle fantasie e della lingua.

Mi sono fatto distrarre da Joyce, autore di uno dei grandi romanzi del Novecento, ma anche protagonista di una
vita dove la monotonia di un'esistenza borghese si mescola
a un acceso trasporto erotico. Non avrei dovuto farmi distrarre, volevo approfittare dell'itinerario dello scrittore
lungo il colle di San Giusto per ricordare un'altra curiosità: nella cattedrale di Trieste è stato seppellito uno dei
protagonisti della storia francese tra Rivoluzione e Restaurazione. Se a Gorizia si trova la tomba di Carlo X, a San
Giusto giacciono i resti di colui che viene considerato l'in-
ventore della polizia politica, vale a dire Joseph Fouché,
ministro della Polizia, duca d'Otranto, spietato inquisitore,

abilissimo manovratore d'intrighi, un uomo capace di tradire tutti i regimi restando illeso anche quando bastava una parola sbagliata per perdere – in senso proprio – la testa.

Ho visitato un paio di volte San Giusto, ogni volta m'ha stupito la sua asimmetria, la facciata ricorda piú una fortezza che una cattedrale, tutta solida pietra uniforme appena ingentilita dalla grazia del rosone. Joseph Fouché dopo mille raggiri venne a passare i suoi ultimi giorni a Trieste. Lo storico Emmanuel de Waresquiel, romanzando, lo immagina: «*Sous le ciel de Trieste, en cet automne 1820, Joseph Fouché marche comme un chat de gouttière blessé par les cailloux des enfants*», sotto il cielo di Trieste, in quell'autunno 1820, Joseph Fouché cammina come un gatto da grondaia ferito dalle sassate dei ragazzi. Ferito non lo so, certamente l'uomo che aveva fatto e disfatto troni è povero e solo. Muore il 26 dicembre 1820 poco piú che sessantenne, accompagnato anche lui, come ogni malvagio, da un'ultima leggenda nera. Mentre il magro corteo sale nelle prime luci dell'alba verso il camposanto di San Giusto, una violenta raffica di bora fa ribaltare la bara che nell'urto si apre, sicché il cadavere comincia a rotolare giú per il declivio tra le grida d'orrore dei presenti. Macabra e appropriata apoteosi, degna del Grand Guignol.

Nel bel museo cittadino d'arte moderna Revoltella, lascito di un generoso barone, ho trovato il ritratto di un mio sosia. Il titolo del dipinto è *Ritratto di anziano*, autore Giuseppe Tominz (1790-1866), strano artista, nativo di Gorizia, con un lungo periodo di pratica a Roma, dove lavora soprattutto come copista e restauratore acquisendo un'invidiabile mano di ritrattista.

Siamo nei primi decenni dell'Ottocento, la città è, diciamo, ben frequentata. In cerca delle migliori vedute o di un passato idealizzato s'aggirano per Roma i Nazareni con in testa Overbeck, ma ci sono anche Ingres, Thorwaldsen, Hayez. Canova e Valadier sono impegnati nei lavori di rifacimento del Palazzo del Quirinale di cui Napoleone vuol

fare la sua seconda reggia. Bonaparte non metterà mai piede a Roma, in compenso il suo possibile arrivo ha lasciato un palazzo pieno di meraviglie. A Roma c'è anche il disegnatore Bartolomeo Pinelli di cui Tominz diventa amico. L'uomo venuto dal Nord sa, insomma, dove posare lo sguardo; infatti tornerà a Trieste forte di una preparazione tecnica di tale livello da potersi concedere un'ottima pittura intrisa di un buon realismo e perfino un dipinto decisamente sarcastico e provocatorio: un autoritratto comico, una comicità di tipo plautino, anzi escrementizio. Lo scrittore triestino Silvio Benco cosí lo descrive: «Sciolte le brache, [il soggetto] si libera del pondo d'un desinare in casa d'epicurei; accanto a sé ha posato a terra un compitissimo cappello a cilindro».

Quanto distante la lepida rappresentazione, divertita e complice, di una cosí umile funzione dalla nobile malinconia che si legge nel ritratto del mio sosia.

Lascio a malincuore Trieste e il Friuli, ci sarebbero altri scrittori da citare, altri luoghi anche notevoli da visitare, altre curiosità da segnalare in queste terre che non finiscono di affascinare chiunque le visiti. L'Italia ha molti territori che possono essere definiti di frontiera, si tratti di geopolitica o di confini culturali. Le nostre frontiere, infatti, non si trovano solo lungo le Alpi, anche le due isole maggiori sono frontiere, lo sono perfino certe zone interne dove capita che a distanza di pochi chilometri ci s'imbatta in costumi, cibi e dialetti lontani e diversi. La specialità del Friuli-Venezia Giulia è di aver costruito la propria identità su una straordinaria collocazione voluta dalla geografia e dalla storia, al crocevia di piú lingue e culture. Ne è prova lo stesso fatto che i rapporti tra friulani e giuliani non sono i migliori del mondo, anche all'interno della stessa regione corre una frontiera eretta sulla reciproca insofferenza. A Trieste si sono incontrati a lungo italiani e sloveni, austriaci ed ebrei, greci, croati, i molti popoli dei Balcani. Si lascia la città con la sensazione di una straordinaria ricchezza compressa in pochi chilometri quadrati, accade in pochi altri posti del pianeta.

## 7

# Superba per uomini e per mura

Può sembrare incredibile ma il primo che la descrisse consegnandola in certo modo a un destino è stato in tempi lontani Francesco Petrarca. Durante una sosta, aveva ormai passato i quarant'anni, scrisse parole destinate a incidersi nella vita di Genova: «Vedrai una città regale, addossata ad una collina alpestre, superba per uomini e per mura, il cui solo aspetto la indica Signora del Mare: Genova».

Petrarca aveva un'alta considerazione di sé, era molto consapevole del suo talento. Non tutti i sommi artisti hanno un sentimento cosí sicuro. Beethoven e Wagner per esempio erano consci del loro genio, Mozart invece sapeva solo di essere un buon musicista, Mahler si macerava nel dubbio, oppresso dalle ostilità che lo circondavano. Anche Petrarca era molto sicuro, lo era al punto che, in una delle epistole familiari, arriva a dettare le condizioni che esige dal suo lettore: «Io voglio che il mio lettore, chiunque egli sia, pensi solo a me e non stia a pensare alle nozze della figlia, alla notte che ha passato con l'amante, alle trame dei suoi nemici, alla causa in tribunale, alla terra o ai soldi, e almeno mentre legge voglio che sia solo con me». Le parole su Genova non furono dunque gettate lí, vennero certamente meditate prima di renderle pubbliche, anzi furono concepite perché diventassero pubbliche.

Definita superba, Genova ha continuato a considerarsi tale, aiutata dal carattere guardingo dei suoi abitanti, improntato piú a severità che non a espansiva bonomia. Definire «avari» (vulgo: «tirchi») i genovesi significa ridurre a luogo comune una caratteristica che è invece piú articolata e certo comprende anche l'impiego oculato del denaro ma non si esaurisce in quello, diventa un modo d'intendere le relazioni umane e la vita.

Paragonata alle altre grandi città italiane, Genova appare riservata, aspra, tale da stupire i provinciali che dalla Liguria o dal confinante Piemonte vi arrivano per immergersi in quella sua rete tentacolare di strade, di vicoli e di mare in perpetuo movimento. Come canta Paolo Conte che è quasi genovese essendo astigiano: «Con quella faccia un po' cosí | quell'espressione un po' cosí | che abbiamo noi prima di andare a Genova | che ben sicuri mai non siamo | che quel posto dove andiamo | non c'inghiotte e non torniamo piú».

Genova – «la città ricurva» come la chiama Ernesto Franco – è capitale d'una regione, in senso geografico, aspra. La Liguria è la piú piccola delle regioni italiane; non è solo la piú piccola, è anche quella in cui ogni striscia di terreno percorribile, dalle strade urbane ai terrazzamenti dei coltivi, è stata contesa con grande fatica al mare o all'incombere degli Appennini. È la terra, molto piú degli abitanti, a essere avara, perché è poca, povera di terreno fertile, s'adatta bene agli ulivi e ai fiori, ma dà poco altro.

Per me, quand'ero studente, la Liguria cominciava al castello di Lerici. In autostop si arrivava da Roma in capo a una giornata, massimo una e mezza, di viaggio. All'epoca ospitava uno dei piú rinomati Ostelli della Gioventú. Magnifica costruzione il castello, antico, con uno strano insieme di maestà e armonia, lungamente conteso tra Genova e Pisa. Uscire sulla terrazza dava di colpo l'idea plastica, concreta, in technicolor, della libertà. Questo respiravo appena deposto lo zaino, raggiungevo gli spalti e, se posso osare l'accostamento, «sedendo e mirando» colmavo lo sguardo che, da lassú, poteva spaziare a volontà. Sul fondo, l'ampia baia con il porto di La Spezia, sul fronte opposto Portovenere con le due isolette, le Cinque Terre che non si vedono ma si sa che ci sono. L'ampio cielo, il profondo mare, alle spalle l'ombra dei monti, sulla sinistra le bocche del Magra che segna il confine con la Toscana, nella mia inesperienza avvertivo confusamente di avere di fronte quasi un eccesso di colori e di forme, una declinazione di tipo pubblicitario del paesaggio italiano nella sua capacità di racchiudere in uno spazio limitato una cosí mutevole fisionomia.

L'idea era che la Liguria fosse una regione con due aperture, sotto quella di Sarzana, sopra quella di Ventimiglia al di là della quale cominciava la Francia, piú precisamente la Provenza. Ubbie giovanili, scomparse con l'età.

Genova ha fatto irruzione nella cronaca politica nazionale e nel mio personale immaginario alla fine di giugno del 1960 con la fiammata di rivolta esplosa all'annuncio che il partito neofascista, Msi, avrebbe tenuto in città – medaglia d'oro della Resistenza – il suo sesto congresso. Quella fu l'occasione, o secondo alcuni, il pretesto. Per chi sa davvero le cose, o cosí presume, la realtà è sempre piú complicata. La spiegazione alternativa dice che in città erano sorte tensioni per la crisi produttiva di alcuni cantieri, non tutte le correnti democristiane erano favorevoli a un governo presieduto dal collega di partito Fernando Tambroni, alcuni esponenti comunisti avevano intravisto nella vasta mobilitazione antifascista una doppia occasione: far rientrare il Pci nel gioco politico da cui era stato escluso dopo il 1948, estromettere definitivamente l'Msi da quello che sarà chiamato «arco costituzionale».

Il 28 giugno Sandro Pertini, comandante partigiano e futuro presidente della Repubblica, tenne un appassionato discorso in piazza della Vittoria: «Le autorità romane sono particolarmente interessate e impegnate a trovare coloro che esse ritengono i sobillatori, gli iniziatori, i capi di queste manifestazioni di antifascismo. Ma non fa bisogno che quelle autorità si affannino molto: ve lo dirò io, signori, chi sono i nostri sobillatori: eccoli qui, eccoli accanto alla nostra bandiera: sono i fucilati del Turchino, della Benedicta, dell'Olivetta e di Cravasco, sono i torturati della casa dello Studente che risuona ancora delle urla strazianti delle vittime, delle grida e delle risate sadiche dei torturatori». Parole di alta retorica che di lí a pochi anni non sarebbe piú stato possibile pronunciare. Nel 1960 invece, quindici anni dopo la fine della guerra, suonavano ancora attuali, anzi di piú: suonavano appropriate.

Quel discorso richiama parole analoghe, ormai dimenticate, che dicono quale fosse in quegli anni l'atmosfera del paese. Nel 1947 era stato processato a Venezia, da un tribunale inglese, il feldmaresciallo Albert Kesselring comandante delle truppe germaniche durante l'occupazione. La sentenza fu di morte, subito commutata nell'ergastolo; dopo cinque anni però, 1952, il criminale fu rimesso in libertà per le gravi condizioni di salute. Tornò in Baviera accolto come un trionfatore senza mai rinnegare la sua fedeltà al Führer, anzi rivendicandola con orgoglio anche nel titolo della sua autobiografia: *Soldat bis zum letzten Tag*, «Soldato fino all'ultimo giorno».

Intervistato da giornalisti, Kesselring aveva dichiarato tra l'altro che nulla aveva da rimproverarsi, che anzi gli italiani avrebbero dovuto fargli un monumento per aver saputo salvaguardare città d'arte come Roma e Firenze.

Le repressioni delle truppe del Terzo Reich in realtà erano state feroci per l'intera durata dell'occupazione. In quei mesi (8 settembre 1943 - 25 aprile 1945) vennero sterminate intere popolazioni compresi donne, bambini, preti. Paesi vennero dati alle fiamme, lo stesso Mussolini intervenne, invano, per chiedere piú moderazione, se non clemenza.

All'impudente dichiarazione di Kesselring rispose il

grande intellettuale e giurista Piero Calamandrei dettando una lapide *ad ignominia* affissa nell'atrio del municipio di Cuneo e poi di altri Comuni italiani. Non la trascrivo per intero, ma fin dai primi versi se ne afferra il tono:

> LO AVRAI CAMERATA KESSELRING IL MONUMENTO CHE PRETENDI DA NOI ITALIANI MA CON CHE PIETRA SI COSTRUIRÀ A DECIDERLO TOCCA A NOI. NON COI SASSI AF-FUMICATI DEI BORGHI INERMI STRAZIATI DAL TUO STER-MINIO; NON COLLA TERRA DEI CIMITERI DOVE I NOSTRI COMPAGNI GIOVINETTI RIPOSANO IN SERENITÀ; NON COL-LA NEVE INVIOLATA DELLE MONTAGNE CHE PER DUE IN-VERNI TI SFIDARONO; NON COLLA PRIMAVERA DI QUESTE VALLI CHE TI VIDERO FUGGIRE...

C'è consonanza retorica tra le parole di Calamandrei e quelle pronunciate da Pertini otto anni dopo. Le improntala stessa ispirazione, potrei dire la stessa aria che circola nella Costituzione sulla quale la Repubblica è stata fondata. Parole, idee, sulle quali si contava per una rinnovata identità collettiva, forse per qualche anno ci si è riusciti. Comunque è durato poco. Il mondo si era spaccato in due, non si poteva pretendere che proprio noi, famosi per litigiosità, dessimo prova di particolare coesione.

È giusto che quelle parole, quel clima, scompaiano lentamente dal nostro orizzonte civile? Che la stessa ricorrenza della Shoah sia ormai diventata un'occasione poco piú che rituale perfino in certe comunità ebraiche? Non è giusto, sicuramente non lo è; però è inevitabile. Noi che quelle cose le abbiamo vissute, quelli di noi che a quell'orrore sono scampati, magari per caso – penso a mio padre che se quel giorno fosse arrivato mezz'ora prima sarebbe finito anche lui alle Fosse Ardeatine –, noi certo non possiamo dimenticare. Gli altri però, quelli venuti dopo, che valutano il carico di dolore e di ferocia di quegli anni in termini non di esistenza ma di storia o di giustizia, capisco che tendano a dimenticare, che vogliano farlo, che considerino noi dei sopravvissuti non alla Guerra o allo Sterminio ma allo scorrere del tempo. La valutazione morale sugli avvenimenti non potrà piú cambiare, la guerra europea 1939-45 è stata una delle rare occorrenze nelle quali, al contrario di ciò che pensava Manzoni, il torto e la ragione si possono separare con una certa nettezza. È per l'effusione dei sentimenti, per il pathos della morte e della vita, per la paura, per il filo spinato e le camere a gas, per i rastrellamenti faccia al muro e un colpo alla nuca, che non c'è piú posto nel discorso pubblico.

È passato troppo tempo, ci sono stati troppi cambiamenti. I miei nipoti ventenni hanno una vita completamente diversa da quella che è stata la mia alla loro età.

Per questo è diventato cosí difficile parlare della guerra, dell'occupazione nazista, della Resistenza. Nel migliore dei casi è un po' come rievocare la spedizione dei Mille: sbiadite pagine di storia; nel peggiore significa incontrare contestazioni radicali dove tutto si mescola, sangue contro sangue, ferocia contro ferocia, senza orientamento, senza morale, perdendo di vista quel torto e quella ragione che a noi pareva che sarebbero durati per sempre.

Quando andavo a scuola e studiavo le campagne di Carlo VIII di Valois che aveva inaugurato le guerre d'Italia o dell'imperatore Carlo V che aveva decretato il sacco di Roma o leggevo di quali territori erano stati ceduti a questo o a quel sovrano in cambio di una forza militare che da soli non potevamo garantire, pensavo che anch'io da bambino avevo visto le stesse cose: quattro, cinque eserciti stranieri – uniformi, armi, bandiere – avvicendarsi a Roma, ora ostili ora amichevoli ma tutti stranieri, ripetizione novecentesca di una storia già accaduta cento volte.

Pertini e Calamandrei mi hanno portato ancora una volta fuori strada facendomi abbandonare Genova, mi succede spesso nella stesura di questo libro, d'altra parte i «luoghi del cuore e della memoria» dichiarati nel titolo sembrano fatti apposta per alimentare digressioni. Si sa come funziona la catena della memoria, basta aprire un varco e ci si trova in un labirinto, non devo certo dire ai miei avvertiti lettori a chi dobbiamo questa scoperta. M'affretto a tornare al tema del capitolo.

I fatti accaduti a Genova nel luglio del 1960 sono stati uno degli spartiacque della nostra storia recente. In quei giorni alcune posizioni si rovesciarono in modo decisivo nell'asse parlamentare. I neofascisti uscirono da ogni formula di governo, i comunisti – al contrario – cominciarono la loro lentissima marcia d'avvicinamento spezzata, diciotto anni dopo, dall'assassinio di Aldo Moro.

Il bando nei confronti dei neofascisti è durato per piú di trent'anni. Ci vorrà un uomo privo di scrupoli politici come Silvio Berlusconi per cancellarlo. Nel novembre 1993 dichiarò che non avrebbe esitato a scegliere il missino Gianfranco Fini, nel ballottaggio tra questi e Francesco Rutelli come sindaco di Roma. Un imprenditore sull'orlo del fallimento metteva cosí fine, senza nemmeno esserne del tutto consapevole, a una fase della storia repubblicana. Per chi colse la portata del gesto, l'impressione fu enorme.

Per definire Genova, Petrarca parla di mura ma anche di uomini. È curioso come in una città di medie dimensioni, meno di seicentomila abitanti, siano nati o abbiano vissuto cosí numerosi spiriti illustri. A Trieste abbiamo trovato un'alta concentrazione di scrittori, a Genova troviamo un nutrito manipolo di uomini pubblici. Curioso per esempio che in una città definita severa, sia nato il filone piú bello, piú meritevole di ricordo della canzone italiana. Umberto Bindi, Gino Paoli, Luigi Tenco, per fare nomi celebri. Bindi il piú intimista, Paoli (genovese di fatto anche se nato a Monfalcone) che inventa come raccontare in maniera diversa l'amore, Tenco che porta le sue composizioni verso i temi sociali, con malinconica denuncia. Quello stesso 1960 che vede Genova insorgere, le Olimpiadi a Roma, l'inizio ufficiale del boom (ma questo si capirà solo dopo), è anche l'anno in cui Gino Paoli pubblica *Il cielo in una stanza*: «Quando sei qui con me | questa stanza non ha piú pareti | ma alberi, alberi infiniti | quando sei qui vicino a me | questo soffitto viola | no, non esiste piú. Io vedo il cielo sopra noi». Nessuno prima di lui aveva messo in una canzone da fischiettare sotto la doccia versi di tale dignità espressiva, per di piú in un argomento logoro come l'amore. Saranno affidati alla voce della migliore cantante leggera del Novecento italiano: Mina.

Umberto Bindi nelle sue composizioni mette a frutto buoni studi musicali, compresa la strumentazione, essendogli talvolta d'aiuto i versi del concittadino Giorgio Calabrese. Una delle canzoni piú riuscite: «Arrivederci. | Dammi la mano e sorridi, | senza piangere. | Arrivederci, | per una volta ancora | è bello fingere. Abbiamo sfidato l'amore | quasi per gioco | ed ora fingiam di lasciarci | soltanto per poco». Luigi Tenco muore a nemmeno trent'anni. Un colpo di pistola alla tempia dopo che la sua canzone era stata eliminata dal Festival di Sanremo; della sua morte s'è discusso a lungo, me ne occupai io stesso in una puntata di «Telefono giallo» andata in onda nel febbraio del 1990, ventitre anni dopo la sua morte. Nessuna testimonianza, nessun indizio incontrati nella preparazione del programma dettero sufficiente corpo a un'ipotesi diversa dal suicidio. Una delle piú belle canzoni di Tenco, *Un giorno dopo l'altro*, aveva avuto grande successo come sigla della serie tv dove Gino Cervi era un Maigret al massimo della vicinanza di un interprete con il personaggio: «Un giorno dopo l'altro | il tempo se ne va: | le strade sempre uguali, le stesse case. Un giorno dopo l'altro | e tutto è come prima; | un passo dopo l'altro, | la stessa vita. | E gli occhi intorno cercano | quell'avvenire che avevano sognato, | ma i sogni sono ancora sogni | e l'avvenire è ormai quasi passato».

Lette col senno di poi sono parole che assomigliano molto a un addio, piú che alla musica fanno pensare alla vita.

Poi c'è Fabrizio De André che si distingue dal gruppo degli altri genovesi. Piú degli altri si rifà agli chansonnier francesi, in particolare a Georges Brassens, che ho già ricordato per Paolo Conte e che io cominciai ad amare in anni lontani. Me lo fece conoscere una ragazza appena laureata, provenienza École normale supérieure, arrivata a Roma per perfezionare l'italiano e che a Roma è rimasta. Si chiamava Jacqueline Risset, poetessa, scrittrice, ha tradotto con lavoro di anni la *Divina Commedia*, ha insegnato Letteratura francese all'Università di Roma. Quando la conobbi, negli anni Sessanta, in Italia nessuno sapeva chi fosse Brassens, al di fuori dei professionisti. Jacqueline, che già allora sembrava sapere tutto, lo cantava per gli amici con una piccola voce esile molto intonata, ridendo di quelle storie tra serie e ridicole, sorrette da uno humour un po' sentimentale, un po' ribaldo (*un peu canaille*).

Brassens è stato un poeta vero, musicista copioso, morbida voce baritonale, ottimo interprete alla chitarra. Raccoglieva le sue storie andando a spasso per Parigi, pronto a cogliere il dettaglio: due fidanzati che si baciano su una panchina, il vento che solleva la gonna di una ragazza mentre attraversa il Pont des Arts, uno scambio di ingiurie in un argot ormai fuori moda. Ballate è la parola giusta, per lui e per De André. La canzonetta tradizionale ha un tema, un minuscolo sviluppo, una chiusa. La ballata invece ripete strofa (o «stanza») dopo strofa la stessa melodia, la stessa musica, sono le parole a sviluppare il racconto.

*Bocca di rosa* di De André racconta la storia di una prostituta scacciata dal paese dove faceva il mestiere per la gelosia delle altre donne. La storia non finisce lí, succede che si ferma in un altro paese dove tra un sorriso e una lacrima «persino il parroco che non disprezza | fra un miserere e un'estrema unzione | il bene effimero della bellezza | la vuole accanto in processione. | E con la Vergine in prima fila | e Bocca di rosa poco lontano | si porta a spasso per il paese | l'amore sacro e l'amor profano».

Anche Brassens raccontava fiabe di questo tipo. *Brave Margot*, per esempio. Margot è una ragazza di campagna che un giorno trova un micetto smarrito e lo adotta. La bestiola impara a succhiare il latte dal suo seno. Ingenua com'è, Margot apre la camicetta senza stare a guardare chi c'è intorno: «*Quand Margot dégrafait son corsage* | *pour donner la gougoutte à son chat,* | *tous les gars, tous les gars du village* | *étaient là, la la la la la la…*» Quando Margot slacciava la blusa per dare la tetta al micio, c'erano là tutti i giovanotti del villaggio. «*Margot qu'était simple et très sage* | *présumait qu'c'était pour voir son chat*». Margot che era semplice e molto saggia pensava che fosse per guardare il gatto. Eccetera.

La ballata, in epoche lontane, dava una letteratura a chi non poteva permettersela; immagino che sia per questo che nel 2016 i giurati del Nobel hanno premiato Bob Dylan, uno dei massimi autori di ballate. Nulla da eccepire non fosse che, volendo premiare un americano, i giurati hanno dimenticato Philip Roth, uno dei massimi scrittori del xx secolo.

Aveva ragione Petrarca, di nomi illustri a Genova ce ne sono parecchi. È genovese il grande architetto Renzo Piano, che in un'intervista ha detto di suo padre: «Era un costruttore, di pochissime parole proprio perché genovese». Lo erano il pittore e scenografo Emanuele Luzzati, e l'indomito don Gallo, ex partigiano, prete dei carruggi, delle puttane e dei ladri; Sandro Pertini era di Stella nel savonese, ma possiamo considerarlo cittadino della capitale regionale: la sua spigolosità generosa ne fa un geno-

vese tipico. Può sorprendere (e mi ha sorpreso) scoprire
che Edmondo De Amicis, cosí legato a Torino, era nato
anche lui a Genova; la famiglia si trasferí in Piemonte
quando Edmondo era bambino. Genovese il musicista
Niccolò Paganini, che con il suo smisurato virtuosismo
dette luce al secolo.

Genovese Umberto Terracini, ebreo, comunista, fine
giurista, undici anni di carcere sotto il fascismo, poi presidente dell'Assemblea costituente. C'è la sua firma in calce alla nostra carta fondamentale dei diritti (e dei doveri).
Mi ha sempre dato l'impressione d'un sigillo di garanzia.
Quando la Carta venne promulgata, Terracini la consegnò
con queste parole: «L'Assemblea ha pensato e redatto la
Costituzione come un patto di amicizia e fraternità di tutto il popolo italiano, cui essa la affida perché se ne faccia
custode severo e disciplinato realizzatore». Severo, disciplinato: quale proprietà, quale programma in due aggettivi
cosí poco frequentati.

Nel giugno 1928 Terracini era stato processato davanti
al Tribunale speciale. Nell'ultima udienza, dopo la requisitoria della pubblica accusa, la corte gli aveva permesso di
prendere la parola. Vale la pena di leggere il finale dell'intervento pronunciato anche a nome degli altri imputati:

Qual è il significato politico delle conclusioni del
Pubblico Accusatore? Niente altro che questo: il fatto puro e semplice dell'esistenza del partito comunista
è di per sé sufficiente a porre in pericolo grave e imminente il regime. Eccolo, dunque, lo Stato forte, lo
Stato difeso, lo Stato totalitario, lo Stato armatissimo!
Esso si sente minacciato nella sua solidità, di piú, nella
sua esistenza, solo perché di fronte a lui si leva questo
piccolo partito, disprezzato, colpito e perseguitato, che
ha visto i migliori tra i suoi militanti uccisi o imprigio-
nati, obbligato a sprofondarsi nel segreto per salvare i
suoi legami con la massa lavoratrice per la quale e con

la quale vive e lotta. Vi è da meravigliarsi se io dichiaro di fare mie, integralmente, queste conclusioni del Pubblico Accusatore?

Inaudite parole di sfida, non sono sicuro che i giurati abbiano colto il colpo di frusta nascosto nell'impeccabile costruzione dell'intervento. Immagino quelle parole dette con la sua voce sottile e ferma, pronuncia perfetta, ben sapendo quale prezzo avrebbe pagato; infatti la pena fu durissima: 22 anni e 9 mesi, 11 scontati in cella prima del confino e della fine della guerra.

Viene deprecato spesso, spesso a ragione, il livello scadente dell'attuale classe politica. La differenza con gli uomini e le donne che hanno ricostruito il paese, stilato la carta dei diritti, rimesso in piedi un territorio a pezzi dopo anni di guerra, è evidente ed enorme. La sola – involontaria – eredità positiva del fascismo è stata aver costretto un'intera generazione di uomini politici a tenersi da parte – chiusi in prigione, esiliati al confino, riparati all'estero – preziosa riserva per il futuro. Il dirigente comunista Giancarlo Pajetta (dieci anni di galera anche lui) mi diceva che il carcere era stata la sua vera università. Tra cento impacci burocratici, con grande lentezza, riusciva a farsi arrivare i libri che gli servivano. Il tempo per leggerli, studiarli, era l'unica cosa che avesse in abbondanza.

Comunisti, socialisti, democristiani, azionisti, molti di quelli che avevano rifiutato il regime possiamo considerarli i migliori della loro generazione per il solo fatto di aver scelto il rischio e la lotta quando sarebbe bastato dire «sí» per vivere comodamente. Erano la meglio gioventú, come si usa dire. Chi faceva politica in quel modo non aveva in mente né una carriera né un compenso. A suo modo, nella diversità delle opinioni, pensava di poter giovare al paese quando le condizioni lo avrebbero finalmente permesso.

Tra la politica come mestiere e la politica come vocazione corre un solco non facile da colmare, infatti, oggi
che lo abbiamo sotto gli occhi, si vede benissimo quanto
sia profondo.

Di un altro genovese bisogna parlare. Le sue date dicono
quanto poco abbia vissuto, 1827-1849: Goffredo Mameli.
Nato a Genova da nobile famiglia sarda, non aveva nemmeno ventidue anni quando morí: a Roma. Come mai a
Roma? Se si guarda con attenzione la data di morte, 1849,
la risposta è intuibile. Quello fu l'anno in cui nella capitale del regno pontificio si provò a istaurare una repubblica. Brevissima durata: dal 9 febbraio al 3 luglio, effimero
tentativo di dare realtà istituzionale a sogni e aspirazioni
di un'intera generazione di patrioti. Papa Mastai, Pio IX,
dopo i primi tumulti aveva lasciato la città (novembre 1848)
rifugiandosi a Gaeta, regno delle Due Sicilie; da lí invo-
cherà ripetutamente che le monarchie europee lo aiutino
a riconquistare, con le armi, il trono.
    A Roma, Giuseppe Mazzini, Carlo Armellini e Aurelio
Saffi formano un triumvirato che dovrebbe reggere, in una
situazione economica e sociale difficilissima, il minuscolo
Stato. Il 25 aprile reparti francesi, spediti da Luigi Napoleone e al comando del generale Oudinot, sbarcano a Civitavecchia e si mettono in marcia verso la città per ricon-
segnarla al papato. Il 30 aprile cominciano gli attacchi. A
Roma sono accorsi giovani volontari da molte regioni della
penisola: lombardi, piemontesi, veneti, uomini dalle Romagne e, appunto, da Genova, come il ventenne Mameli.
I francesi s'aspettano una resistenza poco piú che simbolica, sono sorpresi dalla determinazione degli italiani. Nelle
mura gianicolensi la loro artiglieria micidiale apre numerose
brecce; Giuseppe Garibaldi, che comanda la difesa, sembra
essere ovunque; insonne, l'uniforme bianca di polvere, dà
istruzioni, ammonisce, rincuora.
    In uno dei combattimenti, Goffredo Mameli viene col-

pito alla gamba. Sulle prime sembra solo una brutta ferita, invece sopraggiunge la cancrena, nemmeno l'amputazione riesce a salvargli la vita. Quando le truppe raccogliticce di Garibaldi s'incolonnano per abbandonare la città, passando sotto l'ospedale dei Pellegrini dove il poeta è in agonia, intonano a bassa voce l'inno da lui composto, musicato dal maestro Novaro: «Fratelli d'Italia...»

Al ventenne Mameli dedico questi pochi versi sulla giovinezza che prendo da una poesia di un altro genovese di fatto (anche se nato a Livorno): Giorgio Caproni. *Ah, quanto sei lontana*: «Ah, giovinezza | come fu fragile il vento | fra i rami, della tua voce [...] Oh, altezza | mai piú raggiunta | dal fuoco del cuore...»

Quella di Roma fu una tragica vicenda motivata dai contorcimenti della politica, ecco un'altra pagina che dice quanto sia complicata la storia del nostro paese. Nel 1798 era stata la Francia napoleonica a imporre a Roma una repubblica dopo aver scacciato papa Pio VI che morirà in esilio. Mezzo secolo dopo Luigi Napoleone, nipote del Grande corso, l'uomo che Hugo chiamava con sprezzo *Napoléon le Petit*, avendo bisogno dell'appoggio cattolico per le imminenti elezioni, manda le truppe a spegnere un'altra repubblica, nata spontaneamente. Il terzo tempo si avrà nel 1870. La disfatta di Sedan nella guerra franco-prussiana fa cadere Napoleone III, nel frattempo fattosi imperatore, i reggimenti francesi lasciati a difesa di Roma vengono ritirati. È il momento che Cavour aveva auspicato. Il 20 settembre i bersaglieri del generale Cadorna, aperta una breccia nelle mura vicino a Porta Pia, entrano in Roma. Il conte purtroppo non poté assistervi, era morto giovanissimo, 51 anni, nel 1861.

Mi chiedo a volte, quand'ero giovane per la verità piú spesso di ora, che tipo di storia sia la nostra. La prima risposta è semplice: è la storia di un paese non grande, non ricco, con settemila chilometri di coste, obbligato a confrontarsi con paesi piú grandi, piú ricchi, piú compatti anche dal punto di vista geografico. Questa però è la prima parte della risposta, poi ce n'è un'altra meno facile, piú dolorosa. Quel genovese ventenne, morto per difendere la repubblica romana, era talmente consapevole della nostra difficile storia che con parole suggerite dal tempo, dalla giovane età, dal «fuoco del cuore» di cui parla Caproni, ne aveva fatto la seconda strofe del suo inno: «Noi fummo da secoli | calpesti, derisi, | perché non siam popolo, | perché siam divisi. | Raccolgaci un'unica | bandiera, una speme: | di fonderci insieme | già l'ora suonò». Correva il 1847. Ho la dolorosa impressione che quelle parole che pochi conoscono conservino tuttora una loro verità: perché non siam popolo, perché siam divisi.

Era genovese anche la figura centrale dell'effimero triumvirato romano: Giuseppe Mazzini. Le ceneri di Mameli si trovano nell'ossario voluto da Mussolini al Gianicolo, nel cimitero del Verano è rimasta la tomba che inizialmente gli era stata destinata. Bella secondo la retorica funeraria ottocentesca, semiabbandonata secondo l'abituale negligenza della Roma contemporanea. Le spoglie di Mazzini si trovano invece nel cimitero della sua città, Staglieno, il piú bel cimitero monumentale d'Europa. Lo dico da frequentatore abituale di questi luoghi spesso notevoli per tranquillità e bellezza, visitatore interessato in attesa di diventarne residente stabile. Conosco bene il Père-Lachaise a Parigi, il cimitero detto degli inglesi a Roma, tra i piú belli del mondo, forse il piú bello, addossato in parte alla piramide Cestia, sorretto da antiche mura, punteggiato di cipressi «alti e schietti». Conosco Highgate a Londra dove si trova la veneranda tomba di Marx: molto ricco di vegetazione, molto romantico, rami e radici hanno qua e là divelto un cippo, spezzato una lastra, si sono insinuati in una scultura accentuando il connotato «pittoresco» del luogo. Staglieno invece ha una composta bellezza neoclassica, questa è la sua cifra prevalente anche se lo stile delle tombe spazia dal gotico all'art nouveau.

Si capisce bene Genova anche dal suo cimitero, quella dovizia di marmi lascia trapelare il suo animo segreto. C'è stata un'epoca in cui i genovesi, restii in genere a far mostra della loro agiatezza, nella tomba di famiglia si lasciavano andare: composizioni marmoree, busti, quadretti di vita familiare, sensuali figure femminili recline, abbandonate piú al bacio d'un amante che alla lama della grande falciatrice. Staglieno ricorda i palchi d'un teatro d'opera, le gelide figure si guardano e si misurano come dame a una prima, si sporgono dalle tombe come da un palco.

Mazzini a Staglieno ha una specie di basso tempio, angusto e solenne. L'ingresso è segnato da un pesante architrave sorretto da due tozze colonne doriche. Sopra, in lettere di bronzo, il nome: «GIUSEPPE MAZZINI». Nessuna data, nessuna qualifica, né aggettivo, com'è giusto che sia. Come definirlo del resto: patriota? Carbonaro? Esiliato? Rivoluzionario? Apostolo? Tutte queste cose insieme, troppe.

Anche a Roma Mazzini ha un suo monumento, in cima al colle Aventino. Il padre della patria sta con aria piú rabbuiata che pensosa alla sommità di un basamento fitto di allegorie: la Giovine Italia, la liberazione dalla tirannide, il turbine della rivoluzione, la gloria del martirio. Se levasse lo sguardo, il fiero agitatore vedrebbe i resti dei palazzi imperiali, le orbite di antichi edifici che strapiombano sulla valle Murcia, il polveroso deserto dove sorgeva il Circo Massimo. Vedrebbe anche il frenetico via vai di automobili che in pratica fa del suo monumento uno spartitraffico – questo non gli piacerebbe.

Il monumento è negletto anche se di tanto in tanto si vede verdeggiare una corona d'alloro per una qualche ricorrenza. La prima pietra venne posata nel 1922, ma ci vollero quasi trent'anni perché fosse completato. L'autore è Ettore Ferrari (1848-1929), romano, abilissimo tecnico, infatti professore di scultura, ma anche deputato e Gran Maestro della massoneria. Tale il suo impegno repubblicano e risorgimentale che non si perdonò mai d'aver modellato il bellicoso Vittorio Emanuele II a cavallo che sorge a Venezia. Un'altra sua opera, il monumento a Giordano Bruno inaugurato a Roma in Campo de' Fiori (giugno 1888) nel luogo stesso del martirio, fu quasi un atto di espiazione. Il frate ribelle è in piedi, severissimo nel suo abito, il volto nascosto dal cappuccio, le mani strette su un libro, consapevole dell'atroce patibolo al quale la Chiesa, nella persona del cardinal Bellarmino, l'ha destinato.

Ricordo bene l'inaugurazione del monumento a Mazzini. Mi portò, adolescente, mio padre. Ricordo gli inni, le bandiere, il tono acceso dei discorsi; allora esisteva un vero Partito repubblicano, che a giusto titolo si diceva erede dell'apostolo. Almeno una parte della piccola folla plaudente era fatta di militanti, alcuni arrivati in treno dalle Romagne. Molti per la verità mi parvero quasi in costume: barbe brizzolate o bianche, cravatta a fiocco, abiti di tenebroso colore, labari vagamente funerei. Qua e là accendeva la piccola folla il rosso di qualche camicia garibaldina. Ricordo anche un vento fastidioso, tipico della primavera romana, aria già tiepida che manda la polvere negli occhi facendoli lacrimare. Tornai a casa con un sentimento tra malinconia e delusione. Mazzini m'era parso piú isolato che solenne; inattuali le parole pronunciate dagli oratori: patria, risorgimento, ideale, sacrificio, martirio, riferimenti già allora semicancellati dalla sciagura della guerra, dalla disfatta, dall'ansia di ricominciare lasciandosi alle spalle tutto ciò che quelle parole evocavano di memorie infauste e di speranze tradite, di molta concreta miseria. In poche parole mi ero parecchio annoiato.

Solo molto tempo dopo, ho ricostruito che si trattava del 2 giugno 1949, giorno in cui si festeggiava una doppia ricorrenza: la festa della Repubblica scelta per referendum tre anni prima e il centenario della Repubblica romana.

Mazzini la repubblica l'aveva sognata troppo presto. In un'Europa tutta monarchica e spesso imperiale il suo ideale era peggio di un'utopia, era un insulto, un incubo. Una neonata repubblica nella fragile penisola italiana, malcerta nella sua unità, povera, con una popolazione largamente analfabeta, incline a un diffuso ribellismo anarchico, avrebbe suscitato nel continente inquietudini, ostilità, sospetti. Il rischio concreto era che le grandi potenze si sarebbero adoperate per liberarsene, si può immaginare a quale prezzo.

Anche di Mazzini, come di tanta parte del nostro passato, ormai si parla poco, viene citato nelle lezioni di storia per abitudine, per dovere, ma non entra mai nel discorso pubblico, che del resto si eleva raramente a quel livello. Forse è giusto che sia cosí, nessuno ormai fa politica maneggiando dottrine o ideali, per di piú è passato molto tempo, il suo pensiero teorico non è stato molto forte. Forti erano le sue convinzioni. Prima fra tutte il culto della libertà, quindi l'avversione per ogni autoritarismo a cominciare da quello monarchico, poi una concezione quasi religiosa della politica. C'era l'Europa nel suo pensiero e c'erano i giovani, ai diritti anteponeva i doveri, immaginava la politica come educazione dei singoli e delle masse. Ma non era diventato socialista, anzi rifiutava la lotta di classe, il suo orizzonte rimaneva interclassista anche se, considerandolo con l'ottica del nostro presente, alcuni punti di contatto si possono vedere tra il pensiero mazziniano e le idealità socialiste.

Non è piú il suo tempo, questo è il vero punto. Sarebbe bello però vedere qualche scolaresca radunata intorno al suo monumento romano o alla sua tomba genovese, come se ne vedono a Washington nel mausoleo di Lincoln. Forse sbaglio, ma io Mazzini lo vedo un po' come il nostro Lincoln. Del resto Mazzini salutò la vittoria dell'Unione nella Guerra di secessione, l'emancipazione degli schiavi, come l'inizio di una nuova fase storica che avrebbe visto l'espan-

sione mondiale della democrazia, con gli Stati Uniti come
«Nazione-guida». I due uomini erano praticamente coetanei. Mazzini era nato nel 1805, Lincoln nel 1809.

8.

La fosca turrita Bologna

Un giorno che era a Bologna, Johann Wolfgang von Goethe scalò sul far dell'imbrunire i cinquecento gradini della Torre degli Asinelli. Arrivato in cima, cento metri sulla città sottostante, rimase a fissare ammirato il panorama tutt'intorno. Tornato nel suo alloggio annotò:

A nord si vedono i colli di Padova, poi le montagne svizzere, tirolesi, friulane, tutta la catena settentrionale velata di nebbia. A ponente, un orizzonte sconfinato su cui spiccano solo le torri di Modena. A oriente, una pianura ininterrotta fino all'Adriatico che di mattina si riesce a scorgere. A sud, le prime alture degli Appennini coltivate e alberate fino in cima, popolate di chiese, di palazzi, di ville, belle come i colli vicentini. Era un cielo purissimo, senza una nube.

Lo scrittore tedesco copre un angolo piatto, 180 gradi. Solo verso sud la vista è limitata dalle prime balze degli Appennini, per il resto lo sguardo spazia abbracciando un ventaglio che dall'estremo ponente corre lungo le Alpi per toccare l'opposto levante. Basta questa visione a dire la centralità della collocazione di Bologna, punto di snodo dell'intera penisola, potremmo dire suo ombelico. Di questa strategica collocazione geografica si era già reso conto l'imperatore Carlo V che nel 1530 scelse Bologna per la sua incoronazione come re d'Italia e imperatore del Sacro romano impero.

Una descrizione analoga a quella di Goethe la scrisse, qualche decennio dopo, Stendhal nel suo capolavoro *La Certosa di Parma*. L'affascinante protagonista Fabrizio Del Dongo viene imprigionato nella Torre Farnese, costruzione di fantasia; nella strategia dello scrittore ha la funzione di luogo aereo e incantato che consente a Fabrizio, e a noi che leggiamo, di spaziare con lo sguardo sull'intera Italia del Nord. Una volta nella cella, infatti, Fabrizio

corse subito alla finestra, il panorama che si ammirava attraverso le inferriate era davvero splendido [...] c'era la luna quella sera; si alzava maestosa all'orizzonte a destra, sopra le cime delle Alpi, verso Treviso. Erano le otto e mezzo, dall'altra parte, a occidente, un tramonto rosso arancio disegnava nitidamente i contorni del Monviso e delle montagne che salgono da Nizza verso il Moncenisio e Torino [...] rimase lí estasiato davanti a quello spettacolo sublime.

La visione di Goethe è reale, quella di Stendhal immaginaria, entrambe danno conto al lettore di una pianura che non corrisponde a nessun'altra della terra poiché l'ampio spazio racchiuso tra le Alpi e gli Appennini, solcato dal corso sinuoso del grande fiume, è cosparso di meraviglie, in una fusione senza confronti di bellezze naturali e capolavori umani. Parma, un centinaio di chilometri da Bologna, è il vertice nord-occidentale di un triangolo ideale che ha Ferrara all'opposto vertice nord-orientale e Bologna alla base.

La sua popolazione gira intorno ai quattrocentomila abitanti, ma in realtà Bologna è una città-regione un po' come Los Angeles, copre un bacino che va da Piacenza a Cattolica.

Quando nei primi anni Cinquanta Guido Piovene fece il suo famoso *Viaggio in Italia*, arrivato a Bologna preso da entusiasmo scrisse: «Bologna è tra le città piú belle d'Italia e d'Europa». Non sono del tutto d'accordo, nel senso che non so se «bella» sia l'aggettivo adatto. Se parliamo di pura bellezza, cioè quell'unione di grazia, simmetria, garbo, equilibrio che di solito definisce il canone della bellezza, soprattutto italiana, non stiamo descrivendo Bologna, che ha altre caratteristiche e appare a chi la visita una città aspra, fosca, cupa nel dedalo delle sue stradine medievali ombreggiate da portici, nella nudità scabra che presenta la stessa facciata della sua cattedrale. Nella mia percezione, proprio qui sta il fascino perché il suo gotico non è acuminato, ferrigno, al contrario è un gotico già amichevole, e l'aspetto severo viene subito contraddetto da una città che è invece gioviale, aperta, di vitale sensualità, come dimostra anche la sua cucina, la parlata anch'essa aperta, con una musicale cadenza nel fraseggio. Se n'era accorto anche Dante che nel *De vulgari eloquentia* (I, xv, 2) scrive: «Forse non sbaglia chi sostiene che i bolognesi parlano la parlata piú bella».

Esistono per la verità altre idee della bellezza. C'è per esempio quella di Simone Weil secondo la quale sarebbe la manifestazione della verità nel mondo; poiché la verità è fatta di elementi inconciliabili, la bellezza sarebbe la forma che tiene insieme le diversità. Se adottiamo questa possibile definizione, allora Bologna ridiventa bella. La città e la sua regione hanno conosciuto in vari periodi della loro storia scontri duri, battaglie sanguinose agli albori del fascismo, durante la Resistenza, nelle manifestazioni operaie del 1960, negli anni Settanta della contestazione, qui continuati piú a lungo che altrove. Corre anche qui quel filo d'anarchia e d'insofferenza tipico degli italiani, molti dei quali considerano le regole della convivenza un inutile fastidio. Amo Bologna anche perché la vedo come un equilibrato punto di mediazione dove l'efficienza dei settentrionali incontra e si fonde con la cordialità meridionale, il che mi sembra il meglio che l'Italia possa offrire. Edmondo Berselli la descriveva in termini analoghi arricchiti dal suo humour: «C'è una terra dai confini indefiniti che è il Sud del Nord e il Nord del Sud: qualcuno la chiama Emilia [...] Forse è un laboratorio politico, dove si aggirano ancora vecchi comunisti, insieme a mortadelle dal volto umano».

Ricordo certe feste dell'«Unità», decenni fa, dove centinaia di volontari sorridenti, veloci, allegri, un'impeccabile bustina bianca in testa, tra un dibattito e l'altro, servivano del buon cibo appena cucinato. A chi obietta che tutto quel dibattere non è poi stato di grande utilità (il cibo resta comunque indiscutibile) si può rispondere che non è vero: anche dai dibattiti piú noiosi, lunghi a volte fino allo sfinimento, trapelava l'accorata ricerca di ragioni che davano un certo respiro all'azione politica. Illusoria che fosse, offrivano la sensazione che si stesse partecipando, tutti insieme, a un progetto. Meglio un'illusione del nulla, considerato ciò che è venuto dopo.

Tra i caratteri della «bolognesità» possiamo richiamare una certa *joie de vivre* mantenuta spesso anche nel litigio, un connotato che in ogni epoca ha colpito i visitatori e che trova conferma in una serie di racconti che hanno avuto immensa popolarità. Alludo agli eterni contrasti aspri e insieme affettuosi tra don Camillo, focoso prete di Brescello, e Peppone, altrettanto focoso sindaco comunista della Bassa. Non saprei dire se quella straordinaria qualità dell'animo che consente a due fedi diverse di coesistere ci sia ancora. Una volta sicuramente c'era, il che non vuol dire che gli italiani fossero piú «buoni», ma solo che in qualche modo riuscivano a tenere insieme la bonomia e la rivalità con una notevole capacità di accomodamento. Per mezzo secolo nel Novecento siamo andati avanti con due partiti rivali, uno al governo e uno all'opposizione, che litigavano su tutto senza mai farsi davvero male, proprio come Peppone e don Camillo. Forse è una dote non saper portare fino in fondo le rivalità e io questo penso, al contrario di altri che invece lo ritengono un segno di incostanza, debolezza di fibra, mancanza di energia, in casi estremi viltà.

I racconti della serie *Mondo piccolo*, che hanno i due personaggi come protagonisti, vennero scritti da Giovannino Guareschi negli anni Cinquanta e diventarono poi cinema con l'interpretazione magistrale di Fernandel e Gino Cervi.

Ho rivisto di recente l'episodio *Don Camillo e l'onorevole Peppone* (regia di Carmine Gallone) girato nel remoto 1955. A distanza di oltre mezzo secolo conserva intatta la freschezza che hanno i sentimenti dettati da una realtà profondamente sentita. Quello è stato il comunismo bolognese ed emiliano, fin quando è durato. Lo è stato al punto da suscitare la diffidenza dei «compagni» di altre regioni verso quel modello di socialdemocrazia realizzata quando il termine «socialdemocratico» era considerato un insulto dei piú gravi. Socialdemocrazia emiliana voleva dire asili nido, cooperative dai prezzi calmierati, piani urbanistici ordinati, case popolari. Naturalmente anche quel modello aveva un prezzo. L'assegnazione della casa popolare diventava piú facile se eri vicino al partito, la cooperativa doveva versare le sue quote per finanziare la propaganda, la presenza e gli applausi al comizio del sindaco erano gesti notati e graditi. Però arrivavano dai paesi scandinavi per vedere il funzionamento perfetto degli asili nido di Reggio o di Modena.

C'erano dei rischi in quel tentativo di società totale, ma si sentiva una schietta tensione morale nel modo d'intendere la solidarietà e il bene comune, la possibilità di migliorare un po' le cose, un sentimento vitale capace di creare un livello di riconoscimento reciproco, di convivenza civile quasi senza confronti nella storia italiana. Infatti nemmeno quella è durata.

Ho un ricordo vivo e sgradevole delle assemblee all'università di Roma nel periodo genericamente definito «il Sessantotto». Il nemico era lo Stato borghese e nel concetto

di Stato borghese rientrava anche il modello socialdemocratico. I «liberali» che intestavano i loro manifesti con
lo slogan «case-scuole-ospedali» venivano derisi in nome
d'una rivoluzione che avrebbe cambiato i destini dell'u-
manità e la sua stessa natura, altro che case.

Stiamo parlando di un morto, quindi *parce sepulto*; il
modello socialdemocratico non esiste piú in Italia e nemmeno nel paese dove era davvero nato, cioè in Germania, piú esattamente a Bad Godesberg (che poi sarebbe
Bonn) nel novembre 1959, quando per la prima volta la
Spd rinunciò a cambiare la società per via rivoluzionaria
come dettato dai testi fondativi. Nelle assemblee stu-
dentesche piene di fumo e di grida anche Bad Godesberg era citata con un sorriso di scherno. Credo che il
fumo e le grida piú ancora delle idee che venivano agi-
tate mi abbiano allontanato da quei fervori. Vedere gli
arredi dell'università cosí maltrattati, le bruciature delle
sigarette sui tavoli, il tappeto di cicche sul pavimento, le
scritte sui muri suscitava la domanda se il mondo nuovo di cui si parlava potesse davvero cominciare in modo
cosí brutto. Va bene la libertà, ancora meglio la giustizia, ma non avrebbe dovuto esserci anche un po' di bellezza nell'alba radiosa evocata con cosí tanta passione?
La rivoluzione non è un pranzo di gala, come insegnava
il compagno Mao, ma se invece di una rivoluzione si fa
solo un po' di casino, non è un brutto segno scassare arredi non spregevoli disegnati negli anni Trenta e sopravvissuti ai bombardamenti?

Una volta che confessai questi dubbi a un amico ne
ebbi in cambio un'occhiata perplessa e le parole: «Rischi
di diventare un esteta piccolo-borghese, sta' attento».
Colpo diretto, anche se il tono era gentile. Fui tentato di
replicare che la bellezza poteva salvare il mondo. Avevo
letto da poco *L'idiota* di Dostoevskij dove la frase compare; ebbi paura di aggravare la mia posizione passando
per pedante e lasciai perdere. Su due piedi non ebbi la

presenza di spirito di fare un'altra obiezione: esteta e piccolo-borghese non vanno insieme. L'estetica piccolo-borghese è una povera cosa, non la stessa cui pensa e di cui vive l'esteta, il mio amico-nemico avrebbe dovuto riconoscere questa diversità.

Da quelle infuocate assemblee, comunque, vennero fuori numerose conseguenze, una delle quali è stata una specie di furia democratica degenerata nel «democraticismo», poi diventato una specie di ideologia di fondo dell'intero sistema scolastico. Applicato alla scuola media e universitaria – l'ho già detto nella presentazione ma *repetita iuvant* – questo ha voluto dire «6 politico», esami di gruppo, disprezzo del nozionismo, rifiuto della memoria. In una parola la contestazione e il rigetto di quella fatica dell'apprendere senza la quale l'apprendimento semplicemente scompare, sostituito da un balbettamento infantile. Tanti anni dopo la scuola italiana paga le conseguenze dell'ubriacatura, dell'estremismo che ha caratterizzato alcuni momenti della nostra vita pubblica.

Il Pci è morto a Bologna, com'era giusto che fosse. Il segretario Achille Occhetto ne dette il triste annuncio con il viso rigato di lacrime, e anche questo era giusto: le lacrime devono accompagnare la scomparsa di ogni cosa cara, a cominciare dalle illusioni.

Anche il titolo di questo capitolo è rubato a un poeta: Giosue Carducci, è stato lui a definire la città «fosca e turrita». Un tempo Bologna «turrita» lo era davvero. Si calcola che tra l'XI e il XIII secolo di torri gentilizie ce ne fossero addirittura centottanta. Ne sono rimaste due, celebri, piú qualche resto sparso qua e là. Abbastanza perché il poeta riesca a ricrearsi nella fantasia la selva di edifici quale doveva apparire nel Medioevo. Con la sua capacità visionaria, Giosue si raffigurava un monumento, un rudere romano, una basilica, una tomba e, quasi facendosi cronista, lo restituiva in versi. Quand'era sui quarant'anni e insegnava (già dal 1860) a Bologna, s'immaginò *Nella piazza di San Petronio* e scrisse:

> Surge nel chiaro inverno la fósca turrita Bologna,
> e il colle sopra bianco di neve ride.
> [...]
> Su gli alti fastigi s'indugia il sole guardando
> con un sorriso languido di vïola,
> che ne la bigia pietra nel fósco vermiglio mattone
> par che risvegli l'anima de i secoli.

Conosco le critiche e le ironie sul suo conto, non sempre a torto anche se alcune ingenerose. Del resto certe critiche lo hanno accompagnato fin da vivo, appena attenuate dopo il premio Nobel (1906), ma solo momentaneamente. Qualche anno fa la sua opera è stata tolta dai programmi ministeriali. Benedetto Croce al contrario lo difese con convinzione contrastando «il vulgato giudizio che ancora lo considera poco piú che un rispettabile letterato e patriota italiano [...] spirito non geniale, poeta di scarsa ispirazione». A me Carducci piace molto, quando mi piace; lo trovo italiano, lo considero il nostro fragoroso bardo nazionale, lo avvicino a Garibaldi: entrambi generosi, irruenti, accesi nelle passioni, con un forte senso della terra e della patria, senza cautele nelle intemperanze.

«Mossi, e me ne onoro, dall'Alfieri, dal Parini, dal Monti, dal Foscolo, dal Leopardi; con essi e per essi risalii agli antichi, m'intrattenni con Dante e col Petrarca; e a questi e a quelli, pur nelle scorse per le letterature straniere, ebbi l'occhio sempre». Questo suo orgoglioso richiamarsi alle radici della tradizione e della lingua è patriottismo, ma ancora di piú coscienza critica. Il poeta sa che la poesia – almeno la sua poesia – sarebbe stenta o inutilmente chiassosa se non s'alimentasse a quel solido retroterra. Talvolta esagera nei richiami, ma preferisce correre questo rischio piuttosto che galleggiare nel vuoto.

Da quella tradizione, oltre che dall'aria del tempo, discende anche il suo sanguigno anticlericalismo. Ne abbiamo un esempio nell'inno *A Satana* dove la sua ostilità nei confronti dei preti esplode: «A te disfrenasi | il verso ardito, | te invoco, o Satana, | re del convito. | Via l'aspersorio, | prete, e il tuo metro! | No, prete, Satana | non torna in dietro!» Cosí incalzando per duecento (!) galoppanti quinari. Non si risparmiava, il poeta.

S'avverte nel suo verso il largo respiro di un petto possente, scrive Croce e scrive bene: «La battaglia, la gloria, il canto, l'amore, la gioia, la malinconia, la morte, tutte le fondamentali corde umane risuonano nella sua poesia».

Quando muore il figlioletto Dante scrive i versi toccanti di *Pianto antico* («L'albero a cui tendevi | la pargoletta mano»); quando s'accende di una passione forsennata per Annie Vivanti scrive altri versi memorabili: «Batto a la chiusa imposta con un ramicello di fiori | glauchi ed azzurri, come i tuoi occhi, o Annie». Ma quando rievoca la leggenda di Teodorico viene fuori: «Su 'l castello di Verona | batte il sole a mezzogiorno, | da la Chiusa al pian rintrona | solitario un suon di corno». Un finto gotico, piú finto che gotico, che fa sorridere anche se in quegli anni il gotico di cartone andava di moda, lo si trovava seminato nelle illustrazioni, nell'architettura, nelle commedie. Ancora nel 1909 – Carducci è ormai morto da due anni – Sem Benelli manda in scena il dramma *La cena delle beffe* che gronda di un gotico da figurine Perugina: castelli e veleni, tradimenti e pugnali, risa beffarde e lacrime accorate. Tale la popolarità che in piena guerra, 1942, Alessandro Blasetti ne ricavò un film dove l'affascinante Clara Calamai mostra il primo seno nudo del cinema italiano attirandosi i fulmini e le saette della Chiesa. Il suo coprotagonista, Amedeo Nazzari, pronuncia con pesante accento sardo la battuta «Chi non beve con me, peste lo colga!» sulla quale, credo di ricordare, si cominciò a ridere da subito. Mettere in scena il Medioevo è rischioso. C'è riuscito Umberto Eco con *Il nome della rosa* per la geniale serie di rimandi colti e ironici del racconto. *La cena delle beffe* andò meglio quando Carmelo Bene la rimise in scena nel 1974, ma talmente a modo suo che di Sem Benelli era rimasto ben poco.

Carducci era insegnante per natura e per vocazione, l'università di Bologna è stata per poco meno di mezzo secolo la sua sede naturale. Era uno di quegli uomini che sentono il bisogno di donare la loro erudizione. Credo di poter dire che volesse addirittura «generare amore, transfert erotico sul sapere, piú che distribuire sapere» che è poi il vero lavoro di un insegnante, come scrive Massimo Recalcati nel suo bel saggio *L'ora di lezione. Per un'erotica dell'insegnamento*. È quello che faceva anche Socrate. Nel *Simposio* si legge che il filosofo si svuotava di sapere perché fosse l'allievo a sentirsi trasportato verso il sapere.

Senza ovviamente arrivare a quei livelli, ho vissuto anch'io un'esperienza del genere. Credo di ricordare il momento esatto in cui avvenne, quando cioè un mediocre studente qual ero capí, quasi di colpo, che la poesia poteva essere una faccenda capace di accendere un interesse vero, intendo nella vita, non per prendere un buon voto. Successe quando il professore prese a spiegare i *Sepolcri* del Foscolo cominciando dal decreto di Saint Cloud con il quale Napoleone proibiva la sepoltura nelle chiese. Le lastre piene di scritte e di simboli sui pavimenti delle cappelle, che tante volte avevo visto senza capire, erano dunque delle vere tombe, c'erano dei morti là sotto, c'era stato un periodo in cui i riti religiosi erano celebrati su un tappeto di cadaveri. I romani no, diceva il professore, i romani seppellivano i morti fuori delle città, lungo le vie consolari – quanto meno quelli che potevano pagarsi un tale trattamento. I miasmi cadaverici non dovevano inquinare il respiro dei viventi. Napoleone voleva i cimiteri e le chiese di Parigi svuotati delle salme: nasceva il giardino dei morti. Nacque cosí anche il cimitero del Verano, neoclassico nella parte piú antica, voluto infatti dai francesi durante la breve occupazione di Roma.

«All'ombra dei cipressi e dentro l'urne | confortate di pianto»: dai versi iniziali del poema discendevano a grappolo una quantità di notizie di un tale interesse che a distanza di molti decenni le ricordo una per una. Fu una lezione nel senso socratico di cui dicevo: l'allievo scopriva che imparare a memoria una poesia (come usava allora) non significava solo cantilenare la metrica dei versi, ma immergersi in una realtà ignorata poiché la poesia poteva avere sorprendenti punti di contatto con la vita, anche se bisognava passare attraverso la morte per trovarli.

Sono andato a visitare l'aula nella quale Carducci teneva lezione nella sede di via Zamboni. È stata meritoriamente conservata tale e quale, anzi preceduta da un'antisala con documenti, fotografie, stampe, modellini. È un'aula piccola, una cattedra minuscola ha davanti dei poveri banchi, neri, scomodi. Gli allievi di Letteratura erano pochi, mi ha spiegato il professor Ivano Dionigi, che dell'Alma Mater Studiorum è stato rettore.

Il ministro Terenzio Mamiani lo aveva messo con scelta felice in cattedra nel 1860. Si trattava di fondare l'università del nuovo Regno d'Italia, laica e aperta alle scienze, sottraendo l'istruzione all'esclusivo regime pontificio. A questo si applicarono Mamiani e i suoi successori, tra i quali Francesco De Sanctis. Bisognava – niente meno! – costruire uno Stato, cioè una collettività di cittadini (o sudditi che fossero) che in qualche modo si riconoscessero tra di loro. Non c'era praticamente nulla su cui fondarla, a parte la lingua, anche quella dominio di pochi, poiché alla nascita la percentuale di analfabeti in questo paese sfiorava l'ottanta per cento della popolazione con punte del novanta nel Mezzogiorno e tra le donne. Fatta o in via di farsi l'Italia, si trattava di far parlare e scrivere gli italiani in modo

che s'intendessero tra di loro. Applicare all'immane compito la dicitura «Pubblica Istruzione» rappresentava una speranza quasi utopica in una situazione cosí drammatica; istruzione per tutti a cura dello Stato, libera, laica, aperta, tollerante delle diversità. Ancora oggi sento quella nobile dicitura come un auspicio, una preghiera laica, se penso a come molti giovani parlano, e scrivono. Una improvvida ministra anni fa abolí l'aggettivo «pubblica» che alle sue orecchie suonava troppo «di sinistra», da allora nessuno l'ha piú ripristinato.

In piazza Galvani, dove sorge il venerando edificio cinquecentesco dell'Archiginnasio, c'è sotto i portici una bella libreria (ex Zanichelli, oggi Coop) diretta da Romano Montroni, principe dei librai. Vi si conserva la saletta dove Carducci terminate le lezioni andava a sedersi. Alla parete è appesa una sua caricatura. Il disegno lo ritrae corrucciato e altero al centro di una cerchia di amici. Si ha l'impressione di sentir tuonare la sua voce, il suo ruggito. Annie Vivanti lo chiamava l'Orco.

Tra i suoi successori alla cattedra di Letteratura italiana c'è Pascoli, che fu suo allievo e ci ha lasciato viva memoria di un esame passato con l'irsuto professore: «A un tratto un gran fremito, un gran bisbiglio: poi silenzio. Egli era in mezzo alla sala, passeggiando irrequieto [...]. "L'opera di Alessandro Manzoni", dettò. Poi aggiunse con parole rapide, staccate, punteggiate: "Ordine, chiarezza, semplicità! Non mi facciano un trattato di estetica. [...] Già che non lo saprebbero nemmeno fare"». I modi burberi, l'atteggiamento ringhioso, il commento sferzante dal quale però si sente trapelare teatralità, forse affetto.

Poi c'è stato Ezio Raimondi. I due non hanno molto in comune a parte competenza e amore per la loro materia. Carducci era anche poeta, Raimondi critico e storico della letteratura, versiliano il primo, bolognese il secondo. Un elemento però li unisce: essere riusciti entrambi a sottrarsi a un destino. Carducci, cresciuto nella piccola e chiusa vita della provincia toscana, fu capace di aprirsi al mondo; Raimondi, nato in una famiglia umile, è riuscito a salire fino a una delle cattedre piú prestigiose.

La sua era stata un'infanzia povera, il padre era ciabattino, la madre andava in giro a lavare i panni. A Ezio, ragazzetto, toccava consegnare le ceste con la biancheria pulita. Modesta abitazione come si può immaginare. Illuminata però dall'amore di sua madre che forse aveva intuito le capacità di quel figliolo. Faceva ore di lavoro in piú per consentirgli di studiare – perché una madre fa questo anche solo per istinto, mentre il padre avrebbe preferito avviarlo a un mestiere, che portasse qualche soldo a casa. C'era anche un'altra illuminazione, forse ancora piú importante, quella dei libri che a mano a mano scopriva: «Ricordo la prima volta in cui mia madre mi accompagnò in una libreria usata ad acquistare un libro» ha scritto Raimondi. Per la cronaca acquistò la storia di Napoleone di Abel Hugo, ma non è tanto il titolo a contare. Conta, allora e per le migliaia di altri libri che sarebbero seguiti, la scoperta ogni volta rinnovata di cominciare a sfogliare un volume per «precipitare in una relazione straordinaria, mai pacifica, mista di inquietudine e di ebbrezza».

Nelle *Voci dei libri*, Raimondi ha raccontato la sua scoperta della lettura vista quasi come l'ingresso nel mondo parallelo che i libri amati riescono a suscitare in chi vi si dedica: «Il libro allora diventa una creatura che hai sempre a fianco e che porta nella tua vita i suoi affetti, le sue ragioni a interpellare i tuoi affetti, le tue ragioni».

L'ho definito poc'anzi storico e critico, ma avrei dovuto essere meno pigro, Raimondi è stato un umanista, ha fatto suo quel modo d'appagare un'esistenza con la curiosità del conoscere (*Rerum cognoscere causas…*), un continuo interrogarsi sulle attività umane viste come un *unicum* dal quale niente di ciò che accade viene escluso: *Homo sum…* E qui si potrebbe perfino citare il motto del logo Einaudi: *Spiritus durissima coquit*.

È questo il connotato di fondo dell'Umanesimo, un movimento, un sommovimento, che ha reso memorabili il xv secolo e il nostro paese, cominciato però molto prima, già con Petrarca. È la famosa *Eccezione italiana* titolo di un saggio dello studioso americano Ronald G. Witt di cui credo di poter riassumere la tesi con queste parole: l'Umanesimo nacque in Italia e non altrove perché nella penisola l'insegnamento non è stato sempre monopolio degli uomini di Chiesa. Fu la laicità delle scuole a permettere di guardare il mondo con occhi nuovi.

Questa peculiarità rimase vera fino al concilio di Trento, scomparve con la Controriforma, venne ripristinata dopo l'unità.

Nel suo saggio *Un'etica del lettore* Raimondi ha scritto che la lettura («un incontro tra due solitudini») educa, tra l'altro «a riconoscere la compresenza di verità differenti nella pluralità delle coscienze». Chi legge «finisce per calare la molteplicità sconfinata dei casi umani nel proprio ambito di moralità». L'etica della lettura diventa cosí una «esperienza di libertà» che presuppone «il pieno riconoscimento dell'altro». Pochi hanno dato piú di lui alla reciproca comprensione tra gli esseri umani attraverso la conoscenza. Che cos'altro è stato l'Umanesimo se non questo?

Raimondi è stato pubblicato da una casa editrice che fa parte dei connotati di Bologna: il Mulino di cui, del resto, ha presieduto per oltre trent'anni il consiglio editoriale. Seimila titoli in catalogo, scienze umane soprattutto, analisi politica e sociologica, con volumi specializzati ma anche di ampia divulgazione e circa settanta riviste che aggiornano nei piú vari campi della ricerca. L'attività editoriale, alla quale si pensa di rado, è uno dei settori in cui l'iniziativa italiana tocca i piú avanzati livelli europei.

Del concilio di Trento, appena citato, dobbiamo parlare perché ha investito anche Bologna. Durò, con varie interruzioni, diciott'anni, dal 1545 al 1563. Trento la sede, ma nella primavera 1547 papa Paolo III Farnese dispose che venisse trasferito a Bologna. Trento era territorio imperiale, c'era il pericolo che le discussioni dei padri conciliari prendessero una piega sgradita a Roma: meglio che l'assemblea risiedesse negli Stati della Chiesa. D'altra parte sembra che i partecipanti si trovassero a loro agio in una città bella e vivace, nella quale tra l'altro erano appena arrivati i gesuiti. Ci sarà stato parecchio da discutere, immagino.

Il concilio era stato convocato a seguito della Riforma proclamata (1517) da Martin Lutero. Per la prima volta la cristianità si spaccava in modo cosí profondo, Roma perdeva gran parte dell'Europa del Nord, nel 1534 il papa aveva perso anche l'Inghilterra dopo che re Enrico VIII aveva proclamato lo scisma facendosi capo della sua chiesa: *Anglicana Ecclesia*.

Il concilio era la risposta che si tentava di dare, nuove regole per arginare il disastro. Per l'Italia si trattò di una tragedia che spezzò la vita culturale, pose gravi ostacoli alla ricerca scientifica, chiese agli artisti di adoperarsi per accrescere il sentimento religioso degli incolti. La politica culturale applicata sotto Stalin da Andrej Aleksandrovič Ždanov sarà la ripetizione in chiave sovietica dello stesso principio; tutti i regimi assoluti sempre e dovunque sono retti dagli stessi metodi.

Tutto quel gran discutere comunque non serví a molto, il che dispiacque all'imperatore Carlo V che, nel febbraio 1548, ordinò che il concilio tornasse nella Trento dov'era cominciato.

Sono costate care all'Italia le lotte tra il papa e l'imperatore; come scrive Carducci: «Quando stringe la man Cesare a Piero | da quella stretta sangue umano stilla».

Anni fa è uscito un mio colloquio con il professor Mauro Pesce, cattedra di Storia del cristianesimo a Bologna, dal titolo *Inchiesta su Gesú*. L'intenzione era di raccontare, nei limiti del possibile, la figura di quella grande anima dal punto di vista esclusivamente storico, prescindendo cioè dalla teologia. Quindi non il Cristo della fede bensí Gesú figlio di Giuseppe, Yehoshua ben Yosef, l'uomo che predicò, patí e fu ucciso in quella terra d'Israele al tempo occupata dalle truppe romane. Il libro ebbe vastissima diffusione e provocò aspri interventi contrari da parte di numerose pubblicazioni cattoliche. Un pomeriggio si tenne un confronto tra noi due autori e un dotto padre domenicano che qui indicherò come padre G. Il luogo prescelto era la grande aula del convento bolognese di San

Domenico, affollata da almeno cinquecento persone. La tensione era fortissima, padre G. aveva fama di grande sapienza dottrinale e di notevole capacità dialettica. Il professor Pesce non era da meno.

L'andamento della discussione confermò le aspettative. I toni si accesero quasi subito. Padre G., che aveva affondato qualche buon colpo, a un certo punto attaccò il professor Pesce con tale vivacità che questi, uomo mitissimo, balzò in piedi e con voce alterata e vibrante esclamò: «Padre G., non posso dimenticare che in questo luogo alcuni secoli fa lei mi avrebbe fatto bruciare vivo per le mie idee!» Scoppiò nella sala un tale applauso che da quel momento il dotto padre domenicano dovette moderare notevolmente il tono degli interventi. Ricordo l'episodio perché nel convento di San Domenico si conservano ancora e si visitano l'appartamento dell'inquisitore, l'aula delle udienze, la cappella dove si diceva messa prima del-

le sentenze, nei sotterranei le terribili celle. Alle pareti alcuni affreschi ritraggono i volti dei padri inquisitori.

Sul vasto piazzale sghembo antistante il convento e la magnifica basilica, il 14 luglio 1498 venne bruciata sul rogo Gentile Budrioli, accusata di maleficio e ancora oggi ricordata come «strega enormissima di Bologna». Era una bella donna, agiata per censo e curiosa, aveva sposato un notaio, ma pare che avesse studiato medicina e astrologia e che, richiesta, desse aiuto psicologico ad altre donne in difficoltà. Ci volle poco con questi requisiti perché finisse accusata di stregoneria; sotto tortura confessò tutte le colpe di cui veniva accusata. Sulle fiamme del rogo vennero gettate manciate di polvere da sparo perché, esplodendo, disperdessero piú facilmente nel vento le sue ceneri.

L'ultimo episodio di quella cruda stagione si può vedere nella triste vicenda criminale del bambino Edgardo Mortara, di famiglia ebraica, che nel 1858 Pier Gaetano Feletti – inquisitore di Bologna – fece sottrarre con la forza ai genitori e chiudere nella Casa dei catecumeni avendolo una domestica cristiana battezzato di nascosto mentre, malato, pareva in pericolo di vita. Secondo le leggi della Chiesa il bambino era diventato automaticamente cattolico e non poteva piú essere cresciuto come ebreo.

Devo lasciare Bologna, la prossima tappa sarà Recanati. Piccolo borgo, anche se non piú selvaggio, luogo natale di uno dei nostri geni di cui è inutile perfino ricordare il nome. Lascio la città con il rimpianto dei molti altri luoghi che avrebbero meritato d'essere narrati. La casa-studio di Giorgio Morandi in via Fondazza, il pittore delle piccole cose piene di significato; la cattedrale dedicata a san Petronio, sant'uomo che aveva dato inizio alla sua vita ascetica meditando nel deserto egiziano; il cimitero della Certosa dove giacciono Carducci e Bacchelli, Ottorino Respighi e Lucio Dalla; il complesso detto delle Sette Chiese, di cui l'edificio iniziale, Santo Stefano, intendeva riprodurre il

Santo Sepolcro di Gerusalemme. Le sue sette colonne, in cipollino nero, sono quelle originali di un preesistente tempio di Iside; l'accademia Filarmonica con le testimonianze del soggiorno di Mozart nel 1770; le Porte delle antiche mura; i 666 archi del portico che sale alla basilica di San Luca, luogo venerato dai cittadini di ogni fede o di nessuna; le piccole strade del vecchio ghetto degli ebrei.

Roma, Firenze, Venezia, Napoli sono piú celebri di Bologna, le loro attrattive vengono citate piú spesso. Forse Bologna ne è meno ricca, certo ha conservato con piú gelosia i suoi tesori facendo di se stessa tutta intera un monumento, come facilmente si vede ripercorrendone la storia.

C'è un luogo dove questo si può vedere, si chiama Genus Bononiae, la sua sede è in Palazzo Pepoli: belle istallazioni, quadri, modelli, diorami, spazio, luce, efficaci pannelli, personale cortese, un ottimo caffè al bar.

Mi chiedevo, dopo averlo visitato, perché a Bologna s'è riusciti a fare quello che a Roma, con la storia che ha, non è mai stato possibile. Incapacità? Negligenza? Stupidità? Disinteresse? Non conosco la risposta, so che s'è trattato d'un delitto.

9.
Il natio borgo del genio

Bisogna vederlo Palazzo Leopardi a Recanati, aiuta a capire. La cittadina è come poggiata sull'alto d'una collina, ha il suo corso, le chiese, le piazze, i locali per la sosta e il divertimento, ma il suo vero baricentro – psicologico, non topografico – è il bel palazzo avito dei conti Leopardi, nobiltà di provincia, di terra e di Chiesa, che racchiude la biblioteca di trentamila volumi del conte Monaldo, per l'epoca un prodigio. Anche la biblioteca, insieme all'epoca e al carattere dei genitori, ha segnato il destino di Giacomo, stimolandone un'immaginazione già naturalmente febbrile; quello sterminato sapere a portata di mano rappresentò un tale stimolo che non si sarebbe piú smorzato per l'intera durata della sua breve vita: 29 giugno 1798 - 14 giugno 1837. Pochi giorni ancora e avrebbe completato il suo trentanovesimo anno.

Dicevo che aiuta vedere il palazzo, perché la piazzetta antistante, le viuzze intorno mostrano da quali esiguità e banalità di spazi il poeta seppe cavare significati che superano la dimensione fisica per farsi archetipi del sentire umano. Una notte d'estate bastò la finestra che affaccia sul giardino per dargli spunto alle *Ricordanze*, a quel verso iniziale che è già canto: «Vaghe stelle dell'Orsa».

Da quella stessa finestra si scorgono i monti fatti azzurri dalla distanza, «quei monti azzurri | che di qua scopro, e che varcare un giorno | io mi pensava, arcani mondi, arcana | felicità fingendo al viver mio!» Gran parte della sua vita fu «finzione» cioè fantasia, sogno.

Dalla finestra della biblioteca vedeva, dall'altro lato della strada, Silvia nella sua stanza «all'opre femminili intenta». Chi era Silvia, fanciulla a noi piú vicina di Laura o di Beatrice, eroina d'ogni incantamento amoroso? Finzioni anche qui, fantasie. Suo fratello Carlo svela in una lettera la sua identità, potrei dire il suo nome al secolo: «Molto piú romanzeschi che veri gli amori con Nerina (Maria Belardinelli) e Silvia (Teresa Fattorini). Sí, vedevamo dalle nostre finestre queste due ragazze e talvolta parlavamo a segni. Amori, se tali potessero dirsi, lontani e prigionieri. Le dolorose condizioni di quelle due povere diavole, morte nel fiore degli anni, furono incentivo alla fantasia di Giacomo a creare due de' piú bei tratti delle sue poesie. Una era la figlia del cocchiere, l'altra era tessitora». Solo un'immaginazione smisurata poteva sublimare una povera ragazza, morta di tisi a vent'anni, nell'icona d'una lieta femminilità in boccio.

A Recanati la «stanza di Silvia», restaurata, è visitabile.

Questa famiglia di modesti nobili marchigiani nutriva radicati sentimenti cattolici, gli stessi che Giacomo contesterà per ansia di libertà, certo non per inclinazione «progressista». Al contrario, i suoi sentimenti furono cosí sinceramente reazionari da spingerlo a dichiararsi addirittura antiromantico, anche se romantico finirà per esserlo *malgré soi*, spinto dallo spirito del tempo al quale nemmeno lui poteva sottrarsi. Sulla religione però non ebbe cedimenti, la sua visione del mondo andava da un'altra parte.

Di suo padre Monaldo esiste un verosimile ritratto. Alfredo Panzini nel suo *Casa Leopardi. La giovinezza di Giacomo* lo descrive cosí:

> Gentiluomo singolare, la Chiesa e la Spada cioè il trono e l'altare, ebbero pochi difensori piú strenui e convinti di lui [...] Né alto né basso era il signor Conte; né bello né brutto. Vestí sempre di nero alla manie-

ra dell'*Ancien Régime*, calzoni al ginocchio, calze nere, scarpe basse con fibbie d'argento [...] si vantava di
aver portato la spada ogni giorno, come i cavalieri antichi [...] Dall'alto palazzo nella sua Recanati guardava
il mondo. Era in corrispondenza coi piú famosi reazionari, gesuiti, legittimisti del tempo.

Anche di sua madre abbiamo un ritratto, è Giacomo
stesso a parlarne anche se non in modo esplicito. Apre
con le parole: «Io ho conosciuto intimamente una madre
di famiglia...» È lei, Adelaide, figlia del marchese Filippo Antici, donna rigorosissima, rese infelici i suoi figli
essendo certamente infelice lei stessa. Aveva sposato il
conte Monaldo a vent'anni. Nove mesi dopo le nozze,
giugno 1798, ebbe Giacomo primogenito, l'anno dopo
Carlo, nel 1800 Paolina. La sua vita fu un susseguirsi di
gravidanze, piú di dieci dicono le fonti, costellate di morti premature e aborti spontanei.

Adelaide covava una religiosità funerea. Allevò la figlia
Paolina, nata settimina, non bella, mai sposata, morta vergine, come in una prigione. Parlando di sua madre, l'infelice
scrisse a un'amica: «Gravida di sette mesi, cadde dalle scale,
ed io mi affrettai tosto di uscire fuori per godere di questo
bel mondo, di cui ora mi affretterei di uscire, se potessi».

Giacomo ha per sua madre parole che sarebbero crudeli se non dipingessero una realtà ancora piú crudele. Due
pagine dello *Zibaldone* (nn. 353-54) che andrebbero lette
intere, fanno luce su quale clima ci fosse in casa Leopardi,
piú in generale negli Stati della Chiesa dopo la Restaurazione. Un breve stralcio ne rende l'idea:

> Non compiangeva i genitori che perdevano i loro
> figli bambini ma gl'invidiava intimamente perché era-
> no volati in paradiso senza pericoli, e avean liberato i
> genitori dall'incomodo di mantenerli. Trovandosi piú
> volte in pericolo di perdere i suoi figli nella stessa età,
> non pregava Dio che li facesse morire, perché la reli-

gione non lo permette, ma gioiva cordialmente e vedendo piangere e affliggersi il marito, si rannicchiava in se stessa, e provava un vero e sensibile dispetto [...] Questa donna aveva sortito dalla natura un carattere sensibilissimo ed era stata cosí ridotta dalla sola religione. Ora questo che altro è se non barbarie?

Nota un biografo che in Adelaide «il viso, soprattutto gli occhi e la fronte, restavano severamente assorti, come in un mesto pensiero». Era lei la vera padrona della casa, lo era al punto che per diciassette anni, tra il 1803 e il 1820, il conte Monaldo venne interdetto dall'amministrazione dei beni di famiglia. Agli occhi della moglie non era abbastanza severo né oculato. Vicende familiari infelici, certamente di peso sulla psicologia di Giacomo insieme ai primi segni d'una fragilità fisica che s'aggraverà via via fino alle aspre pene quotidiane dell'età matura.

Quell'immaginazione già di suo eccezionalmente vibrante trova nella malinconica atmosfera domestica altro stimolo per evadere nel mondo parallelo della poesia e della riflessione. Lo confessa nello *Zibaldone*, lo sterminato diario della sua anima. Scrive (n. 4418): «All'uomo sensibile e immaginoso, che viva, come io sono vissuto gran tempo, sentendo di continuo ed immaginando, il mondo e gli oggetti sono in certo modo doppi. Egli vedrà cogli occhi una torre, una campagna; udrà cogli orecchi un suono d'una campana; e nel tempo stesso coll'immaginazione vedrà un'altra torre, un'altra campagna, udrà un altro suono. In questo secondo genere di obbietti sta tutto il bello e il piacevole delle cose». Le fantasie, i ricordi, i fantasmi, quello è il mondo nel quale vive, il suo piú vero, il piú «piacevole». La scrivania, la penna, una finestra alla quale di tanto in tanto leva gli occhi scorgendo, all'esterno, ombre della realtà; il suo sguardo piú intenso è quello rivolto verso l'interno. Annota (ancora 4418): «Felicità da me provata nel tempo del comporre, il miglior tempo ch'io abbia passato in mia vita, e nel quale mi contenterei di durare finch'io vivo. Passar le giornate senza accorgermene; parermi le ore cortissime, e maravigliarmi sovente io medesimo di tanta facilità di passarle».

Cosí la derelitta Silvia diventa l'incarnazione d'una virginale, lieta bellezza, la sagoma solitaria d'un passero gli ispira una toccante vicinanza di destino, con un colle, una siepe, una bava di vento è capace di comporre un'allegoria dell'infinito.

Quando ha vent'anni, siamo nel settembre 1818, arriva a Recanati l'amico scrittore Pietro Giordani, molto piú «anziano» di lui, Giacomo gli è legato in un rapporto cosí forte da sconfinare nell'amore, hanno da mesi una fitta corrispondenza. Dico amore, ma non intendo nulla di fisico, piuttosto quell'attrazione, quello slancio d'affetti, tipico dell'adolescenza che fa desiderare la compagnia di quell'amico (o amica) piú d'ogni altra possibile. Giacomo nel 1818 non era piú un adolescente, ma la sua reclusione nel palazzo avito, i sette anni in solitudine sui libri, la scarsità di compagnie e di passatempi, la malinconica presenza della madre gli fanno vedere nella visita dell'amico una festa. Giordani, di venticinque anni piú vecchio, aveva idee liberali e filonapoleoniche. Dopo la Restaurazione era stato allontanato dall'incarico di segretario all'Accademia di Belle Arti di Bologna. A vent'anni Giacomo esce, per la prima volta, senza tutori o genitori, con la sola compagnia di Pietro – fanno addirittura una gita insieme fino a Macerata.

Non offro curiosità biografiche, cerco di vedere meglio il miracolo di un'intelligenza che, chiusa in un orizzonte tanto angusto, ha spaziato nella storia, nella filosofia, nelle lingue, nella filologia, perfino nell'astronomia, accumulando un sapere mostruoso, con una capacità di percezione cosí acuta da farsi dolorosa.

Influenzato dagli eventi del tempo, dai tentativi di rivolta a opera dei «carbonari» nelle Marche, in Romagna, in altre zone degli Stati pontifici, scrive un'eccitata canzone *All'Italia*: «O patria mia, vedo le mura e gli archi | e le colonne e i simulacri e l'erme | torri degli avi nostri | ma la gloria non vedo».

Si sente l'artificio, la maniera, Giacomo qui ha nell'orecchio altri canti. Poco sotto arriva a gridare: «L'armi, qua l'armi: | io solo | combatterò, procomberò sol io. | Dammi, o ciel, che sia foco | agl'italici petti il sangue mio». Probabilmente non crede nemmeno lui, gracile com'è, di poter brandire una spada, all'Italia e a noi italiani dedicherà pochi anni dopo riflessioni di ben altra pertinenza.

Giacomo Leopardi è profondamente italiano, lo è, per esempio, quando nella *Sera del dí di festa* tratteggia in quattro versi questo delicato notturno: «Dolce e chiara è la notte e senza vento | E queta sovra i tetti e in mezzo agli orti | Posa la luna, e di lontan rivela | Serena ogni montagna». Dove altro potrebbe trovarsi se non qui quel borgo illuminato dalla luna, con gli orti che s'alternano alle case, chiuso tutt'intorno dai profili delle montagne?

È italiano quando interviene nella polemica allora vivacissima tra classici e romantici schierandosi dalla parte dei primi, una poesia vicina alla natura, capace di evocare le «illusioni», di esprimersi con la «celeste naturalezza» degli antichi.

Su quella polemica interviene con un saggio scritto anch'esso nei suoi miracolosi vent'anni: *Discorso di un Italiano intorno alla poesia romantica*. Riporto poche righe che duecento anni dopo suonano ancora come fosse oggi. Con uno stile spoglio, immediato, quasi oratorio, si rivolge ai suoi coetanei: «Questa patria, o Giovani italiani, considerate se vada sprezzata e rifiutata, vedete se sia tale da vergognarsene quando non accatti maniere e costumi e lettere e gusto e linguaggio dagli stranieri [ ...] Io non vi parlo da maestro ma da compagno [...] non v'esorto da capitano, ma v'invito da soldato. Sono coetaneo vostro e condiscepolo vostro, ed esco dalle stesse scuole con voi, cresciuto fra gli studi e gli esercizi vostri, partecipe de' vostri desideri e delle speranze e de' timori. [S]ovvenite alla madre vostra [...] avendo pietà di questa bellissima terra, e de' monumenti e delle ceneri de' nostri padri; e finalmente non volendo che la povera patria nostra in tanta miseria perciò si rimanga senz'aiuto, perché non può essere aiutata fuorché da voi».

Scritto nel 1818, questo *Discorso* non venne mai pubblicato, per quasi un secolo restò inedito e solo nel 1906 vide la luce.

Non voglio raccontare la vita di Leopardi; questo è un libro sull'Italia e sugli italiani. Se ho riferito qualche momento della sua esistenza è solo per ricordare, a me per primo e a chi legge, quali fattori contribuirono al suo immenso ingegno.

Come gesto d'amore per l'ombra del poeta volli ripetere tempo fa il percorso da Recanati a Roma seguendo fin dov'è stato possibile le strade esistenti ai suoi tempi, i paesaggi che lui vide dall'interno della traballante carrozza degli Antici (parenti di sua madre) di cui era ospite. Nel saliscendi degli Appennini, la via corre al fondo di strette valli sovrastate da alture coperte di boschi, qua e là un romitorio, a una svolta una croce in memoria di un fatto luttuoso o brigantesco, i cavalli schiumanti al passo su per le salite: Camerino, Muccia, Serravalle, la piana di Colfiorito, il suo valico a ottocento metri poi la discesa verso Foligno, l'antica nebbiosa *Fuliginum* che una escursionista inglese nel suo *journal de voyage* ha descritto «triste, dimessa, desolata». Da qui, con una strada divenuta pianeggiante in un panorama piú ampio, si sfiorano le fonti del Clitunno, si procede verso Spoleto dove la comitiva prende alloggio all'albergo della Posta – lo ricorda una targa nell'attuale corso Garibaldi.

Quelle poche decine di chilometri, a cavallo tra Marche e Umbria, mostrano un'umile Italia qual era, bella nell'esiguità dei suoi orizzonti, nei piccoli borghi abitati (allora) da povere genti attaccate a un pezzo di terra, docili, ignare, riunite attorno a un campanile o davanti a un'osteria, uniche occasioni concesse di socialità e di svago. Ero in auto, ovviamente, non in carrozza, procedevo però con relativa lentezza sforzandomi di guardare e vedere come doveva aver fatto lui, tentando di evocare le sue emozioni. Non credo di esserci riuscito, l'occhio però ha colto le sinuosità del paesaggio, quegli alberi, quel precipitare di acque, i raggi traversi del sole al tramonto, almeno quello l'ho condiviso.

Abbandono brevemente Leopardi per raccontare un episodio che a suo tempo mi incuriosí molto. Nel museo di Villa Colloredo a Recanati mi trovai davanti all'affresco di una Annunciazione. L'opera (fine XIV secolo) è di un pittore della scuola di Ancona, Olivuccio da Ciccarello, ed è stata trasportata lí dalla sua collocazione originaria, nella chiesa di Sant'Agostino. La curiosità sta nel fatto che raffigura Maria che viene fecondata dallo Spirito Santo attraverso l'orecchio. Si tratta di un tentativo, originale, ma non isolato – ci sono altre opere del genere, per esempio una, piú grande, nella Marienkapelle, Duomo di Würzburg – per spiegare razionalmente il dogma della verginità: sostituire l'orecchio alla via naturale. Nel nostro dialogo *Inchiesta su Maria*, Marco Vannini mi ha spiegato che l'idea fu teorizzata da un importante padre della Chiesa, Efrem il Siro, e gioca sul fatto che, come insegna l'apostolo Paolo, la fede viene dall'ascolto (*fides ex auditu*). Quindi Maria presta ascolto alla parola dell'angelo e grazie a questo si trova incinta.

Sull'idea di Maria vergine in senso anatomico non si insiste piú molto nella dottrina ufficiale. Il dogma crea piú imbarazzi di quanto non completi la figura di per sé toccante della madre di Gesú. Lo stratagemma medievale dell'orecchio permetteva di raffigurare il concepimento verginale rispettando sia un'ombra di verosimiglianza, sia il dettato teologico. Creava però altri problemi. Ad esempio: se Giuseppe è il «padre putativo», cioè adottivo, di Gesú, dato il vincolo che unisce le tre persone della Trinità, dobbiamo considerarlo anche padre adottivo di Dio Padre, nonché dello Spirito artefice «materiale» della fecondazione di sua moglie?

Ho ricevuto un'approssimativa educazione religiosa, il periodo piú intenso, quello da «convittore» in collegio cattolico durante l'occupazione, non è servito a molto. Ero probabilmente un terreno troppo arido perché la fede attecchisse. O forse la pazienza degli insegnanti non combaciava con la mia riluttanza ad apprendere. O forse prendevo troppo sul serio i rudimenti della dottrina, mi ponevo e ponevo domande alle quali non era facile dare risposte plausibili; sbagliavo io a farle o sbagliavano i sacerdoti a cercare di rispondervi. La fede non tollera troppe domande. Come scrive Agostino: «*Nullus quippe credit aliquid, nisi prius cogitaverit esse credendum*», nessuno senza dubbio crede in qualcosa se prima non ha pensato che bisognava credervi.

La vita, per tutti un po' incerta negli anni giovanili, mi

ha poi preso e non c'è stato molto tempo per coltivare il tema religioso. Si è ripresentato da solo in anni già avanzati. Ancora una volta in forma di domande, una soprattutto: ma chi è davvero stato Gesú? Non il personaggio dolente e un po' spento della teologia, ma l'uomo, il profeta che batteva come tanti altri profeti le strade piene di sole e di polvere della Palestina contestando le autorità del tempio e quelle romane, una doppia sfida dalla quale verrà schiacciato. M'incuriosiva il Gesú uomo, il taumaturgo amato dagli umili, non il Cristo della fede.

Purtroppo di quell'uomo, Yehoshua ben Yosef, Gesú figlio di Giuseppe, non sappiamo molto, e dal dialogo con il professor Pesce, cui ho accennato nel capitolo su Bologna, è emerso quasi tutto quello che storicamente può emergere. I testi che ne parlano, i Vangeli, non sono biografie, le loro parole sono dettate dalla fede. Per quel tanto di storico che se ne può ricavare raccontano di un uomo che ha messo a repentaglio la vita, e l'ha persa, per rinnovare la religione d'Israele: «Non crediate che io sia venuto ad abolire la Legge o i Profeti; non sono venuto ad abolire, ma a dare pieno compimento» (*Mt* 5,17). Gesú è un ebreo che muore da ebreo, cosí lo vedo e lo amo. Dubita di essere riuscito nel suo compito, se dobbiamo credere a Marco che lo fa spirare con le parole del Salmo 22: «Dio mio, Dio mio, perché mi hai abbandonato?» Dal grido disperato di un uomo che si torce su un patibolo infame si sprigiona un'attrazione alla quale è difficile sfuggire.

Riprendiamo il viaggio con Leopardi che a Roma è stato due volte. La prima tra novembre 1822 e aprile 1823; la seconda tra l'ottobre 1831 e il marzo 1832, una decina di mesi in tutto. Di una terza brevissima visita non importa dar conto. Nel 1822 alloggia a Palazzo Antici Mattei che fa angolo con via Caetani, la strada dove nel 1978 è stata trovata la R4 con il corpo di Aldo Moro. Un soggiorno infelicissimo di cui Giacomo racconta nelle lettere al fratello

Carlo. Visto che sto raccontando l'Italia, un paio di stralci
servono a vedere qual era il livello intellettuale in una città dove lavoravano o avevano lavorato artisti del livello di
Canova, Valadier, Rossini. E naturalmente Giuseppe Gioachino Belli.

Sugli «intellettuali» romani scrive (al padre Monaldo,
9 dicembre 1822): «Non ho ancora potuto conoscere un
letterato romano che intenda sotto il nome di letteratura
altro che l'Archeologia. Filosofia, morale, politica, scienza
del cuore umano, eloquenza, poesia, filologia, tutto ciò è
straniero in Roma e pare un giuoco da fanciulli a paragone-
ne del trovare se quel pezzo di rame o di sasso appartenne
a Marcantonio o a Marcagrippa».

Qui arriva la notazione fondamentale: «La bella è che
non si trova un romano il quale realmente possieda il latino o
il greco; senza la perfetta cognizione delle quali lingue, Ella
ben vede che cosa mai possa essere lo studio dell'antichità».

Fatui, vanagloriosi, ciarlieri, dei veri «coglioni» (sic), li
descrive cosí. Il solo luogo in cui abbia provato sollievo è
quello dove meno ci si aspetterebbe di trovarlo, la chiesa
di Sant'Onofrio al Gianicolo (al fratello Carlo, 20 febbraio
1823): «Venerdí 15 febbraio 1823 fui a visitare il sepolcro
del Tasso e ci piansi. Questo è il primo e l'unico piacere che
ho provato in Roma [...] Tu comprendi la gran folla di affetti che nasce dal considerare il contrasto tra la grandezza del
Tasso e l'umiltà della sua sepoltura [...] Anche la strada che
conduce a quel luogo prepara lo spirito alle impressioni del
sentimento. È tutta costeggiata di case destinate alle mani-
fatture e risuona dello strepito de' telai e d'altri istrumenti
e del canto degli operai e delle donne occupati al lavoro».

S'affaccia in queste righe una Roma che al poeta finalmente piace, come scrive nelle righe seguenti che pure
vanno lette. «Anche le fisionomie e le maniere della gente
che s'incontra per quella via, hanno un non so che di piú
semplice e di piú umano che quelle degli altri; dimostrano i costumi e il carattere di persone la cui vita si fonda

sul vero e non sul falso, cioè che vivono di travaglio e non d'intrigo, d'impostura e d'inganno come la massima parte di questa popolazione».

M'ero ripromesso di non esagerare con le citazioni, ma non riesco a trattenermi dal farne un'ultima. Si parla spesso di Roma, del suo declino, delle malefatte che vi si compiono, qualcuno può pensare che si tratti d'una decadenza portata dagli attuali costumi. Non è cosí, regnando Pio VII, papa Chiaramonti, le cose non erano migliori (al fratello Carlo, 16 dicembre 1822): «Papa Pio VII deve il cardinalato e il papato a una civetta di Roma [...] si diverte presentemente a discorrere degli amori e lascivie de' suoi cardinali e de' suoi prelati, e ci ride, e dice loro de' *bons-mots* e delle galanterie [...] Una figlia di non so quale artista, già favorita di Lebzeltern, ottenne per mezzo di costui e gode presentemente una pensione di settecento scudi l'anno [...] La Magatti, quella famosa puttana [...], ha 700 scudi di pensione dal governo».

Non credo di dover commentare.

C'è un suo scritto nel quale il carattere degli italiani viene analizzato con una precisione degna della piú alta sociologia, senza confronto con i saggi di quegli anni e con molti altri che sarebbero seguiti. Il titolo è *Discorso sopra lo stato presente dei costumi degl'Italiani*. Ne citerò solo poche righe, consiglio però di leggerlo per intero, si trova anche in rete basta digitarne il titolo in un motore di ricerca.

Il lamento sulle tristi condizioni dell'Italia, sulle perenni divisioni che ne fanno facile preda per chiunque, ha accompagnato da sempre la nostra letteratura: Dante («Ahi serva Italia, di dolore ostello»), Petrarca («Italia mia, benché 'l parlar sia indarno»), gli umanisti, Guicciardini e Machiavelli, diventa motivo ricorrente nei romantici, dilaga nella letteratura patriottica ottocentesca. Anche Leopardi a vent'anni comincia come abbiamo visto compiangendo la perduta gloria patria. Quando però di anni ne ha ventisei e cioè nel 1824, scrive un saggio nel quale non parla piú di un'astratta Italia, ma di noi, degli italiani che erano e che siamo, descrive il nostro carattere, spiega perché individui spesso brillanti e inventivi non riescano a dar vita a una società che abbia una qualche coesione, un livello adeguato di convivenza. Annota (*Zibaldone*, n. 2923): «Gl'italiani non hanno costumi: essi hanno delle usanze. Cosí tutti i popoli civili che non sono nazioni». Il concetto di nazione oggi ha perso parte della sua importanza, in qualche caso ha addirittura assunto una connotazione negativa dopo le degenerazioni nazionalistiche poi imperialistiche del xx secolo, pervertite fino al razzismo nazista. Negli anni di Leopardi invece il concetto di «nazione» rappresentava una conquista fatta o una meta da raggiungere; un ideale nato con le rivoluzioni di fine Settecento attraverso le quali s'era affermato il principio della sovranità popolare. Nazione voleva dire una comunità di popolo tenuta insieme da un legame che non era piú né il sovrano, né la religione né la condizione sociale, ma un'identità nutrita di storia e memorie comuni, lingua, territorio, costumi, cibo perfino.

La passione che immette in questo saggio è cosí lucida da farlo andare oltre la semplice osservazione sociologica: l'orazione si fa discorso politico, tocca la radice del problema italiano. Egli chiede perché gli italiani non siano riusciti ad avere una «società stretta» come l'hanno altri popoli; scrive società stretta, intende ciò che nel tardo Ottocento sarebbe diventato «amor di patria», che oggi potremmo tradurre con «senso dello Stato». Chiede e dà la sua risposta.

Il clima che gl'inclina naturalmente a vivere gran parte del dí allo scoperto, e quindi a' passeggi e cose tali, la vivacità del carattere italiano che fa loro preferire i piaceri degli spettacoli e gli altri diletti de' sensi a quelli piú particolarmente propri dello spirito e che gli spinge all'assoluto divertimento scompagnato da ogni fatica dell'animo e alla negligenza e pigrizia [...] Certo è che il passeggio, gli spettacoli, e le Chiese non hanno che fare con quella società di cui parlavamo e che hanno le altre nazioni. Ora il passeggio, gli spettacoli e le Chiese sono le principali occasioni di società che hanno gl'italiani, e in essi consiste, si può dir, tutta la loro società [...] perché gl'italiani non amano la vita domestica, né gustano la conversazione o certo non l'hanno. Essi dunque passeggiano, vanno agli spettacoli e divertimenti, alla messa e alla predica, alle feste sacre e profane. Ecco tutta la vita e le occupazioni di tutte le classi non bisognose in Italia.

È un colpo durissimo attribuire alla religione una tale fatuità da poterne affiancare i riti al passeggio o a un altro qualunque passatempo. Un giudizio peggiore di quello di Machiavelli che parlando del cristianesimo aveva osservato come questo avesse reso gli italiani «sanza religione e cattivi». Meglio cattivi, si potrebbe dire, che frivoli osservanti delle forme. C'è nella cattiveria un sentimento attivo capace forse di rovesciarsi nel suo contrario, mentre la frivolezza è il sintomo del nulla.

L'Italia, scrive ancora Leopardi, è un paese dove invece di discutere si schernisce l'interlocutore; dove la convivenza non è civile ma forzata; dove ci si sbrana anziché collaborare al bene comune; dove le leggi risultano spesso inutili perché: «Le leggi senza i costumi non bastano e d'altra parte i costumi dipendono e sono determinati e fondati principalmente e garantiti dalle opinioni».

Un paese infine al quale fanno difetto quei legami capaci di trasformare un insieme di individui in un popolo di «fratelli». Usa proprio e ripete questa parola: «Se io dirò alcune cose circa questi presenti costumi [...] colla sincerità e libertà con cui ne potrebbe scrivere uno straniero, non dovrò esserne ripreso dagli italiani [...] perché dovrò io parlare in cerimonia alla mia propria nazione, cioè quasi alla mia famiglia e a' miei fratelli?»

Nello stesso anno 1824 in cui Leopardi scrive il suo *Di*-

*scorso*, Beethoven scrive la Nona sinfonia chiusa dall'*Inno alla Gioia*. In uno dei versi troviamo la stessa parola: «*Alle Menschen werden Brüder*», tutti gli uomini saranno fratelli. Coincidenza certo, che mostra però quale circolazione avessero quelle speranze in un continente che stava per diventare l'Europa delle patrie.

Per chi considera e ama soprattutto il grande lirico dei *Canti* può essere una sorpresa trovarsi davanti un Leopardi cosí acutamente «politico». La mia opinione è che piú egli s'allontana nel tempo piú diventa significativa la sua figura di pensatore e di filosofo. Il primo a rendersi conto di questa sua dimensione extrapoetica è stato Francesco De Sanctis. In un lavoro del 1858 dedicato a Leopardi e Schopenhauer, scrive: «Quasi nello stesso tempo l'uno creava la metafisica e l'altro la poesia del dolore. Leopardi vedeva il mondo cosí, e non sapeva il perché. [...] *Arcano è tutto fuorché il nostro dolor*. Il perché l'ha trovato Schopenhauer con la scoperta del "Wille"». Su questo *Wille*, cioè la Volontà che secondo il filosofo tedesco regge il mondo, De Sanctis ironizza parecchio, la volontà di vita può superare se stessa, diventare capace di oltrepassare il proprio destino. Leopardi questa «uscita di sicurezza» la nega, è piú acutamente consapevole che siamo trastulli nelle mani della natura, materia eterna dotata di una forza misteriosa, sia la natura che abitiamo sia quella di cui geneticamente siamo fatti, che alcuni salva altri prematuramente sommerge. Questi versi della *Ginestra* sono inconfutabili e decisivi, dopo aver descritto la desolata distesa del Vesuvio reso dalla lava sterile pietra, commenta: «A queste piagge | venga colui che d'esaltar con lode | il nostro stato ha in uso, e vegga quanto | è il gener nostro in cura | all'amante natura».

Negli anni in cui io andavo a scuola alcuni suoi canti bisognava impararli a memoria, pratica benefica in seguito scioccamente abbandonata, ripeto. Ai canti bisognava

però affiancare le *Operette morali* e una parte dello sterminato labirinto dello *Zibaldone*.

Come pochi altri geni Leopardi ha la capacità di racchiudere nella forma poetica la dimensione conoscitiva e,
viceversa, di cogliere la presenza del poetico nelle forme
naturali e delle attività umane.

C'è un'intima e solida ragione in questa sua visione intellettuale. Il poeta ha intuito che le società moderne sono
segnate da un aumento senza precedenti della conoscenza
che però, presa da sola, serve a poco. La scienza tende a
produrre un mondo in cui non c'è più posto per le «illusioni». Il cristianesimo per primo, imposto come sola verità
possibile, aveva liquidato le illusioni che lo avevano preceduto, quelle del mondo greco-romano, senza considerare
che così facendo preparava anche la sua stessa crisi. Al posto delle antiche illusioni il mondo moderno – il suo mondo, che è anche il nostro – s'è creato altre illusioni, quelle
scientifiche. È quindi per riparare ai guasti della modernità, nel rimpianto di una sua immaginaria età dell'oro,
che egli va disegnando una mappa della conoscenza che sia
insieme fisica e poetica.

Leopardi è ostile alla religione cristiana per ragioni soprattutto morali. Più volte denuncia il cristianesimo come
«contrario alla natura», sola religione che «faccia considerare e consideri come male quello che naturalmente è, fu, e
sarà sempre bene (anche negli animali), e male il suo contrario; come la bellezza, la giovinezza, la ricchezza ecc.».
Nello *Zibaldone* (n. 1686) annota: «La vita viene ad essere
come un male, una colpa, una cosa dannosa, di cui bisogna usare il meno che si possa, compiangendo la necessità
di usarne, e desiderando di esserne presto sgravato. Non
è questa una specie di egoismo?»

Si riferiva al lugubre cristianesimo dei suoi anni, quello che aveva respirato fanciullo, che aveva scorto in sua
madre spingendolo alle crudeli parole che abbiamo letto,

che aveva visto nell'arida esistenza della povera sorella Paolina. Forse il cristianesimo di un papa come Francesco, che ha intitolato un suo saggio *Evangelii gaudium*, *La gioia del Vangelo*, gli sarebbe piaciuto di piú.

Se volessimo inserire il poeta in una matrice filosofica, nessun dubbio che la piú vicina sarebbe lo stoicismo, la grande corrente di pensiero che improntò il mondo classico. Stoico certamente è stato nell'affrontare le infinite pene del suo corpo malato, nel contestare sdegnato chi faceva risalire il suo pessimismo cosmico a una vita infelice. Nel *Dialogo di Tristano e di un amico* lo scrive a chiare lettere: «Vi dico francamente che io non mi sottometto alla mia infelicità, né piego il capo al destino o vengo seco a patti come fanno gli altri uomini. Ardisco desiderare la morte e desiderarla sopra ogni altra cosa». Se non è stoicismo questo. Francesco De Sanctis andrà ancora piú in là attribuendo al suo scetticismo «un'impronta religiosa».

L'ammirazione che il grande critico ha avuto per il grande poeta merita qualche parola, a costo di rompere il ritmo della narrazione. Il primo incontro tra i due avvenne quando De Sanctis aveva 19 anni e frequentava a Napoli i corsi tenuti da Basilio Puoti. Leopardi visitò la scuola nel 1836, scriverà anni dopo De Sanctis: «Quel colosso della nostra immaginazione ci sembrò, a primo sguardo, una meschinità. Non solo pareva un uomo come gli altri, ma al di sotto degli altri. In quella faccia emaciata e senza espressione tutta la vita s'era concentrata nella dolcezza del suo sorriso». Leopardi ascoltò il giovane De Sanctis leggere un suo scritto, poi: «Quando ebbi finito il conte mi volle a sé vicino, e si rallegrò meco, e disse che io avevo molta disposizione alla critica». L'anno seguente Giacomo moriva.

Di De Sanctis si può dire, e si dice, di tutto, che è superato, che la sua visione progressiva del mondo s'è dimostrata sbagliata. Sarà anche vero. Ma è indiscutibile che – tra molte altre cose – abbia capito Leopardi prima e meglio di tanti.

Questo soprattutto ha colto: che il poeta di Recanati aveva saputo inserire la filosofia e la scienza dentro la poesia. La letteratura e la poesia, pensava De Sanctis, vivono nella storia e quando la storia cambia deve cambiare di conseguenza anche tutto il resto. Componimenti quali il *Canto notturno di un pastore errante dell'Asia* o *La Ginestra* sono una perfetta fusione di filosofia e poesia, conoscenza ed emozione, acuta percezione del reale e calore del sentimento. «Scintilla della meditazione» definirà De Sanctis questa poesia.

La lucidità dei giudizi leopardiani non sfuggí alla Chiesa. Nel giugno 1850, tredici anni dopo la sua morte, le *Operette morali* vennero condannate dal Sant'Uffizio. Si accusavano quegli scritti di essere «improntati in piú luoghi di funesto scetticismo, e fatalismo il piú desolato». Lo si definiva un autore «imbevuto fin dagli anni piú teneri dei principî dello stoicismo» (su questo si può essere d'accordo) ovvero delle piú pericolose massime del pensiero classico per cui «non può riuscirne che di grave pericolo la lettura, massimamente per la celebrità dello scrivente». Particolare curioso: relatore presso il tribunale ecclesiastico che emise la condanna nei confronti di Leopardi fu monsignor Vincenzo Tizzani, lo stesso al quale un altro poeta, Giuseppe Gioachino Belli, parecchi anni dopo affiderà lo scartafaccio dei suoi sonetti osceni e blasfemi perché li faccia bruciare. Il monsignore con gesto benemerito non obbedí, affrettandosi anzi a consegnare il prezioso legato al figlio del poeta. Da che dipese il suo comportamento? Il «pericolo» che aveva visto nelle opere di Leopardi, non lo vide nei sonetti del Belli? O tollerava la vena beffarda dei sonetti piú della critica acuminata che intride le *Operette morali*?

Leopardi passa gli ultimi anni a Napoli. Vi arriva nell'ottobre 1833 in compagnia e con l'assistenza dell'amico Antonio Ranieri. In città infuria una devastante epidemia di colera con migliaia di vittime. I due prendono alloggio in una villa di proprietà di Giuseppe Ferrigni, cognato del Ranieri (oggi Villa la Ginestra), nella campagna di Torre del Greco, alle pendici del Vesuvio.

Alla fine di maggio del 1837 scrive a suo padre: «Se scamperò dal cholera e subito che la mia salute lo permetterà, farò ogni possibile per rivederla, [...] persuaso oramai che il termine prescritto da Dio alla mia vita non sia lontano. I miei patimenti fisici giornalieri e incurabili sono arrivati ad un grado tale che non possono piú crescere: spero che superata finalmente la piccola resistenza che oppone il moribondo mio corpo, mi condurranno all'eterno riposo che invoco ogni giorno non per eroismo, ma per il rigore delle pene che provo».

Le sue condizioni invece si aggravano. Antonio Ranieri descrive cosí gli ultimi istanti. Il medico curante, dottor Mannella, «tiratomi da parte, mi ammoní di mandare subito per un prete; che d'altro non v'era tempo. [...] In questo mezzo, il Leopardi, mentre tutti i miei gli erano intorno, Paolina gli sosteneva il capo e gli asciugava il sudore che veniva giú a goccioli da quell'amplissima fronte, ed io, veggendolo in preda a un certo infausto e tenebroso stupore tentavo di ridestarlo con gli aliti eccitanti di alcune essenze; aperti gli occhi, mi guardò piú fisso che mai. Poscia: "Io non ti veggo piú", mi disse come sospirando. E cessò di respirare; e il polso né il cuore battevano piú...»

Muore alle cinque del pomeriggio per collasso cardiaco. La sua salma, sottratta alla fossa comune dei morti per colera, viene seppellita nella chiesa di San Vitale (oggi è nel Parco Vergiliano a Piedigrotta). La sorella Paolina scrive nel registro di casa a Recanati: «A dí 14 giugno 1837 morí nella città di Napoli questo mio diletto fratello divenuto uno dei primi letterati di Europa. Fu tumulato nella Chiesa di San Vitale, sulla via di Pozzuoli. Addio caro Giacomo: quando ci rivedremo in paradiso?»

## 10

Le stagioni del cambiamento

La fortuna mi ha permesso di partecipare alla nascita di due tra i piú importanti eventi editoriali italiani del Novecento: «la Repubblica» (1976), RaiTre (1987). Oggi che il giornalismo su carta ha difficoltà nella diffusione, è difficile immaginare quale novità rappresentò l'uscita del nuovo quotidiano ideato e diretto da Eugenio Scalfari. I giornali fino a quel momento erano stati dei fogli di notizie rigidi, cauti, poco piú che freddi registri degli eventi. Rispecchiavano una vita che nel *ron ron* degli eterni governi democristiani ci si sforzava di avvicinare il piú possibile, compresa la televisione, al famoso «sopire, troncare» del Conte zio nei *Promessi sposi*.

C'erano anche allora – come sempre – lotte spietate, ipocrisie, fiammate di violenza, c'era soprattutto il terrorismo che aveva insanguinato il paese e stava per attuare il clamoroso rapimento di Aldo Moro, e i giornali non potevano certo ignorarlo, era quella però l'impostazione di fondo, il tono. In questo panorama irruppe «la Repubblica». Proprio avendo in mente la violenza terroristica, ci si dedicò con particolare attenzione a gruppi e movimenti giovanili, dando spazio all'ampio ventaglio delle formazioni extraparlamentari, raccogliendone la voce per attenuare il rischio che la spinta della lotta armata li contagiasse.

Nelle riunioni preparatorie Scalfari diceva che lui un quotidiano doveva imparare a farlo. Era in parte la verità, in parte una civetteria. Diceva di saper fare i settimanali e che «la Repubblica» sarebbe stato un settimanale che

usciva tutti i giorni. Tradotta in pratica questa formula comportò una quantità di cambiamenti – molti positivi, alcuni negativi – che avrebbero segnato l'intero giornalismo quotidiano. Anche Indro Montanelli, un altro tra i massimi del Novecento, ha fondato un suo quotidiano, un buon giornale conservatore; il maggior numero di novità però l'ha introdotto (inoculato) «la Repubblica», anche l'austero «Corriere della Sera» fu costretto ad adeguarsi.

L'esempio piú evidente fu la sceneggiatura, spesso drammatizzata, della vita politica. Non piú uno stringato resoconto degli avvenimenti conosciuto in gergo come «pastone» (da cui «pastonista» il redattore incaricato di scriverlo). A ognuno dei partiti o leader piú in vista «la Repubblica» cominciò a dedicare un particolare spazio, frammentando gli eventi che cosí ne uscivano contrapposti, dialogati, resi in qualche caso «divertenti», insomma teatralizzati. Fu un bene? Probabilmente sí; molte persone normali cominciarono a capire come realmente funziona la vita politica. Però fu anche un piano inclinato sul quale sarebbero via via scivolati retroscena, dettagli gustosi, pettegolezzi. La vita politica ridusse il tono generale della sua rappresentazione, con il tempo l'intera vita pubblica s'avvicinò quasi per imitazione a quel tono. «La Repubblica» fu il primo giornale a cogliere l'incipiente novità dandole nelle sue pagine una riconoscibile fisionomia. Nessuno fino a quel momento aveva avuto sufficiente intuizione, o coraggio, per farlo.

Un'altra grande innovazione della «Repubblica» fu lo spazio dato ai temi culturali. Fino al 1976 esisteva ancora nei quotidiani la famosa «Terza pagina» d'origine ottocentesca. Rigida la sua impaginazione: un «elzeviro» su due colonne in apertura, un grande titolo a centro pagina, un «fogliettone» in basso pagina. Quella era la cultura. «La Repubblica» riservò invece a quei temi le due pagine centrali del giornale, il famoso «paginone», invenzione felicissima che rompeva il piccolo formato per dare alla cultura l'evidenza doppia di due intere pagine.

Altra importante novità tra le tante: lo spazio e il rilievo delle firme femminili. Per la prima volta redattrici e inviate cominciarono abitualmente a firmare articoli di politica estera o di economia in prima pagina, con un effetto sbalorditivo sulle consuetudini che volevano le redattrici relegate piú o meno nelle rubriche di giardinaggio o di allattamento. Altro tema forte: i giovani, anche al di fuori dei movimenti politici, quindi ampio spazio per le cronache dei loro spettacoli, della loro musica, dei gruppi di tendenza.

Di colpo molti si resero conto che di un giornale cosí c'era un gran bisogno. Se ne accorsero anche le Brigate Rosse che mandarono alla «Repubblica» la foto di Aldo Moro prigioniero con una copia del giornale tra le mani. L'intento era di datare l'immagine, dimostrando che quel certo giorno lo statista era in vita; il risultato fu di consacrare tragicamente l'esistenza d'un quotidiano uscito pochi mesi prima.

«La Repubblica» andò in edicola per la prima volta mercoledí 14 gennaio 1976. Nel novembre precedente ero

partito per New York per aprirvi l'ufficio di corrispondenza dagli Stati Uniti. I giornali italiani hanno la curiosa abitudine di mandare i loro corrispondenti non nella capitale
politica (Washington D.C.) ma nella città piú famosa – e anche molto piú divertente. Fondatore involontario di questa
tradizione è stato Ugo Stille (Mikhail Kamenetzky) storico
corrispondente del «Corriere della Sera». Di origine rus-
sa, aveva studiato in Italia, poi, emigrato negli Usa dopo le
leggi razziali, naturalizzato americano era tornato in Italia
con la V Armata addetto ai servizi d'informazione. Finita la
guerra era tornato a New York e lí aveva chiesto di restare

quando il quotidiano milanese l'aveva nominato corrispondente. Quelli venuti dopo, me compreso, seguirono – con la sola eccezione del torinese «La Stampa», che per molti anni ha avuto il suo ufficio a Washington.

Il 1976, a ripensarci oggi, fu un anno che avrebbe potuto essere importante, una volta tanto sembrava di sentirne nell'aria i sintomi. Alle elezioni politiche di giugno il Partito comunista aveva sfiorato il 35 per cento dei voti, a soli quattro punti dalla Democrazia cristiana e con il segretario Enrico Berlinguer in ascesa nell'opinione pubblica. Era cominciata la stagione dell'eurocomunismo, progetto condiviso con i comunisti francesi (Georges Marchais) e spagnoli (Santiago Carrillo). Alla Casa Bianca era stato eletto il candidato democratico Jimmy Carter. Quando lo incontrai per un'intervista nel 1977, la prima domanda fu se il progetto eurocomunista avrebbe cambiato l'atteggiamento del suo paese verso quei partiti. La risposta fu molto concisa: «No».

Quelli che per noi vecchi europei erano segni evidenti di un lento distacco dall'Unione Sovietica, per un presidente americano nato a Plains, Georgia, ex produttore di *peanuts*, «noccioline», non meritavano di essere presi in considerazione. Sbagliava lui, naturalmente, ma per gli americani non è facile capire certi segnali, infatti li hanno mancati sia con Tito sia con Mao. Il loro anticomunismo è (era?) piú simile a un credo religioso che a un atteggiamento politico.

Per quanto riguarda l'Italia, la loro principale preoccupazione in quegli anni era il progressivo avvicinamento dei comunisti al governo. Si vide bene nel marzo 1978 con le reazioni al rapimento di Aldo Moro. La mattina in cui venne rapito, lo statista stava andando alla Camera. Giulio Andreotti avrebbe presentato il nuovo governo aperto ai comunisti che proprio Moro aveva lungamente preparato. Le voci insistenti di un coinvolgimento dei servizi segreti americani nell'attentato nacquero da lí. Non sono mai state provate, né mai lo saranno.

Eugenio Scalfari mi aveva inviato a New York perché
negli Stati Uniti ero già stato dal 1965 alla fine del 1967.
Anni di vero cambiamento per numerosi aspetti ma soprattutto perché nei Sessanta il mondo occidentale scoprí
una nuova dimensione: la giovinezza. Quella che era stata l'età del disagio, dell'immaturità, della preparazione alla vita, diventò di colpo l'età che dettava le nuove regole
nella moda, nella musica, negli abiti, nei confini tra lecito e illecito. Una quantità di segnali sparsi si coagularono
e divennero di colpo leggibili: la giovinezza era diventato
il parametro con il quale interpretare il mondo. Una delle spillette da appuntare sulla maglietta dettava «DON'T
TRUST ANYONE OVER 30», non dare fiducia a nessuno sopra
i trent'anni. Il cambiamento non investiva solo il costume,
né solo i suoi protagonisti, cioè i giovani, era destinato a
diventare globale. Quei ragazzi che si definivano *flower
children*, «figli dei fiori», e che in seguito sarebbero stati
chiamati *hippies*, davano vita per la prima volta a un inedito tentativo mondiale di rivoluzione fatta non da uno
strato sociale, ma da una classe d'età: i giovani facevano
irruzione non in quanto autori o protagonisti di qualcosa,
ma per la sola virtú dei loro anni. Chitarre, nudità, aci-
do lisergico (Lsd), *Make Love Not War* provocarono una
mutazione di portata planetaria che superò il costume per
diventare politica, oltre ad aprire l'era delle droghe di va-
ria intensità che avrebbero invaso il mondo giovanile – e
arricchito quello criminale.

Mi imbattei in quel movimento per caso, a San Fran-
cisco. Qualcuno mi portò in una specie di accampamento
dove ragazzi e ragazze, per lo piú nudi, si aggiravano spen-
sierati, innocenti, mezzi sballati dalle droghe. Sembravano
voler passare il tempo cantando e facendo l'amore, sorri-
devano amichevoli ai visitatori offrendogli subito una pa-
sticca o uno spinello, una comunità rustica dove abbonda-

vano cani, caprette, asinelli, in un'atmosfera stravagante, allegra, impensabile in Europa.

Segnali difficili da interpretare per chi come me arrivava da Roma dove all'università bisognava ancora portare la cravatta. Dov'ero capitato? Che volevano quelli? Era evidente solo l'intenzione di una gioiosa protesta, il rifiuto dell'ufficialità in una rigida società capitalistica, bianca, anglosassone e protestante, triade portante dell'*American way of living*. Su questo non c'erano dubbi. E dopo? Nessuno previde l'ampiezza che il movimento avrebbe assunto, la sua portata, l'entità di cambiamenti destinati a restare. Come si dice nei film: nulla sarebbe rimasto com'era prima.

A distanza di mezzo secolo tutto è chiaro: intenzioni, fatti, risultati. Molto probabilmente gli eventi non avrebbero avuto quella dimensione, né provocato conseguenze di tale scala se non si fossero casualmente sommati a una serie di altri fattori. All'inizio del 1965 i marine erano sbarcati a Da Nang, dando inizio al diretto coinvolgimento sul terreno degli Stati Uniti nella guerra del Vietnam. Anche lí ci fu una prima volta: buona parte dei giovani americani rifiutò pubblicamente, con clamore, di partecipare a quella guerra – «DRAFT BEER NOT STUDENTS», diceva una delle famose spillette, giocando sul doppio significato di *to draft*, «spillare», «reclutare».

Il leggendario pugile Muhammad Alí, campione del mondo dei pesi massimi, rifiutò l'arruolamento lanciando lo slogan «*No Viet Cong ever called me nigger*», nessun Viet Cong mi ha mai dato del negro. Nacquero le Black Panther, una delle correnti del movimento nero di liberazione. Nacque il Gay Liberation Movement, e quello per la liberazione delle donne. Il saggio di Germaine Greer *The Female Eunuch* (1970), *L'eunuco femmina* favorí un nuovo modello di femminismo che reclamava anche per le donne la libertà sessuale: «*Women have somehow been separated from their libido, from their faculty of desire, from their sexuality*», in qualche modo le donne sono state separate dalla loro libido, dalla possibilità del desiderio, dalla loro sessualità. Due episodi presi dalle cronache, tra i cento possibili, diventano nell'atmosfera di quegli anni significativi della riaffermata libertà delle donne. Un'attrice di livello come Catherine Deneuve accetta di girare lo scabroso ruolo protagonista nel film *Belle de jour* del regista Luis Buñuel. Il romanzo da cui la storia è tratta (l'autore è Joseph Kessel) è del 1928. Non è un caso che il regista spagnolo abbia riproposto la vicenda proprio nel 1967. Si racconta della moglie di un medico, insoddisfatta del rapporto con il marito, che cerca di risolvere il problema prostituendosi nel pomeriggio in una casa d'appuntamenti. L'attrice Brigitte Bardot, trentenne, afferma vistosamente la sua libertà di giovane donna percorrendo le strade della Costa Azzurra alla guida d'una potente Harley Davidson, biondi capelli al vento.

Nelle arti figurative nasceva un nuovo movimento, la pop art, il suo levatore era stato, a New York, il gallerista Leo Castelli, triestino, nato Leo Krausz, emigrato come tanti in America dopo le leggi razziali.

Anche la musica pop fece subito sue le novità, grandi masse di giovani rilanciarono motivi e parole di Bob Dylan, che cominciava a dare voce all'America profonda, mentre i Beatles s'imponevano come fenomeno mondiale con la loro genialità di giovani belli, sfacciati, liberi, dotati di uno straordinario talento musicale.

Nel giro di un paio d'anni tutto parve rimettersi in movimento. Non so se posso dire che anche il Muro di Berlino cominciò a crollare in quegli anni, forse è troppo, sicuramente le novità continuarono ad arrivare una dopo l'altra. Tale il bisogno di liberazione che, quando il presidente cinese Mao lanciò (maggio 1966) la Rivoluzione culturale, i cui precetti erano chiusi nel famoso *Libretto rosso*, anche quella venne presa come una liberazione. Un grossolano errore di giudizio, le epurazioni e i processi pubblici organizzati in Cina dalle Guardie rosse furono terrificanti.

Sempre in quegli anni si cominciò per la prima volta a parlare d'inquinamento. Ricordo benissimo la copertina di un settimanale («Time» o «Newsweek») con la foto di una baia dalle acque marroni e sotto la didascalia *Our polluted seas*, «I nostri mari inquinati», era la prima volta che se ne parlava. Ricordo anche d'aver pensato: ecco una cosa che da noi non potrà mai accadere. Sembrava assurdo, mezzo secolo e passa fa, che la bella distesa blu del Mediterraneo potesse essere avvelenata. Invece è successo anche questo.

Nella primavera del 1968, a distanza di poche settimane l'uno dall'altro, vennero assassinati il leader nero Martin

Luther King a Memphis (Tennessee), poi Robert Kennedy a Los Angeles (California). Avevo seguito insieme ad Andrea Barbato e a Furio Colombo una parte della campagna elettorale del giovane Kennedy. A Omaha (Nebraska) avevamo condiviso insieme ad altri giornalisti lo stesso albergo, una familiarità poco dopo diventata impensabile. Salire nell'ascensore di un albergo insieme al candidato alla presidenza degli Stati Uniti, senza guardie del corpo, è un'esperienza che nessun piccolo giornalista – tanto piú straniero – avrà mai piú modo di fare. Una settimana dopo Robert Kennedy sarebbe stato ucciso a Los Angeles, nella hall di un albergo.

Molti ghetti neri vennero dati alle fiamme, a Newark, Detroit, Los Angeles, la Guardia nazionale impose l'ordine sparando ad altezza d'uomo. Nel novembre di quello stesso anno, anche come conseguenza di quei tumulti, Richard Nixon divenne il trentasettesimo presidente; aveva promesso *Law and Order*, legge e ordine, finí costretto alle dimissioni – caso unico nella storia americana – per la vergogna dello scandalo Watergate.

Il 1967 è stato un anno fondamentale anche per un altro aspetto, la guerra detta dei Sei giorni (5-11 giugno) che vide lo Stato d'Israele, nato da nemmeno vent'anni, combattere contro una coalizione formata da tutti gli Stati arabi. La vittoria fu rapida, sei giorni appunto, per una serie concomitante di fattori: superiorità nell'armamento, nell'iniziativa militare, nella determinazione, nella guida tattica del comandante israeliano Moshe Dayan. Un mio amico che prese parte al conflitto mi raccontava che, quando le avanguardie d'Israele arrivarono alle batterie egiziane sulla riva del Canale, si resero conto che quei missili che apparivano cosí minacciosi nelle foto erano in realtà dei blocchi di ferro praticamente inservibili, le batterie operative erano sí e no un paio.

A New York la breve guerra venne seguita con trepidazione. Ricordo grandi bandiere bianco-azzurre con la stella di David stese sui marciapiedi di Fifth Avenue colme di offerte dei passanti, banconote da uno o due dollari; ricordo gli annunci truculenti delle radio arabe ritrasmessi dagli altoparlanti intervallati dalla traduzione in inglese, promettevano di gettare gli ebrei a mare o di annegarli nel loro sangue.

La vittoria del '67 ha cambiato la storia del Medio Oriente e quella stessa d'Israele. Sono stato un sionista convinto, il famoso saggio del fondatore del sionismo Theodor Herzl, *Lo Stato ebraico* (*Der Judenstaat*, 1896), fu una lettura appassionante, tanto piú che Herzl aveva ricavato l'idea originaria proprio dal movimento risorgimentale italiano. Molti si rallegrarono o provarono sollievo per la vittoria del '67, sul momento non era facile proiettarne le conseguenze sul lungo periodo, c'era solo il sollievo d'aver rintuzzato le sanguinose minacce dalle quali il conflitto era stato preceduto.

Nel 2017 è stato pubblicato in Italia un saggio di Ahron Bregman, che insegna storia al King's College di Londra ma è cresciuto in Israele, dove ha anche combattuto nel 1982 in Libano. Un giorno mentre era all'estero ha visto su un giornale la foto di un soldato israeliano che colpiva un dimostrante palestinese con il calcio del fucile. La brutalità del gesto lo indusse a rompere il patto di fedeltà con il suo paese, poco dopo emigrava in Inghilterra. Il saggio s'intitola *La vittoria maledetta* – è il suo titolo anche in originale, *Cursed Victory* –, perché, scrive Bregman, da quella guerra la natura del paese è cambiata e un popolo di perseguitati ha cominciato ad attirarsi la fama di essere diventato un popolo di persecutori. Conosco le tesi di questo dibattito senza fine, so benissimo che succede nel mondo quando Israele dispiega la sua superiorità militare, so anche che cosa voglia dire vivere in un paese accerchiato, senza confini sicuri e riconosciuti, so infine con quale ostinazione una parte degli israeliani e degli ebrei della diaspora resistano a rendere concreta la famosa formula «due popoli, due Stati».

La posizione di Bregman non è isolata, al contrario è sostenuta da molti israeliani compresi alcuni grandi intellettuali come Amos Oz o David Grossman; in Italia ne ha scritto Bruno Segre nel suo saggio *Che razza di ebreo sono io*. Al termine di quel conflitto, c'era l'idea che la Cisgiordania sarebbe stata tenuta in ostaggio fino a quando gli arabi non avessero riconosciuto il diritto d'Israele ad esistere in pace. Si parlava di «occupazione illuminata» (*Kibush Naor*, in ebraico). In realtà, osserva Bregman, un'occupazione di questo tipo non esiste perché «i rapporti tra occupante e occupato sono sempre basati su paura e violenza». Si può solo continuare a sperare, a dare una mano perché la speranza si realizzi.

Mettendo da parte la dolorosa vicenda mediorientale, che cosa è rimasto di quella stagione? Chiederselo oggi è quasi inutile, troppi elementi di fondo sono cambiati nella politica e nell'economia mondiali. Una risposta istintiva potrebbe essere che è rimasto poco. Quell'immenso movimento cominciato con alcune innocenti ragazze nude che intrecciavano coroncine di fiori sui prati della California, in una specie di Eden artificiosamente ricreato, investí gli Stati Uniti, poi l'Europa, dove sarebbe diventato, in Francia, in Germania, in Italia, il famoso Sessantotto. Si potrebbe dire che politicamente si chiuse in deficit dopo la grande svolta restauratrice di Ronald Reagan e di Margaret Thatcher. Questa però è solo una parte della realtà. Alcune delle libertà che allora vennero reclamate e imposte nel mondo occidentale, compresa la vecchia Europa, vennero acquisite per sempre. Non credo che in Italia ci sarebbero stati cambiamenti radicali come lo Statuto dei lavoratori, il divorzio, l'aborto, il Sistema sanitario nazionale senza quella stagione rivoluzionaria. Ci furono anche cambiamenti negativi, a dirla tutta, che demolirono per esempio il sistema scolastico e dell'istruzione superiore con dissennati cedimenti alla demagogia.

L'altra mia fortunata esperienza è stata RaiTre, ottobre 1987. In apparenza nulla lega «la Repubblica» e RaiTre, a parte il fatto di essere state entrambe imprese molto innovative. Invece c'è anche un legame di fondo. «La Repubblica» nacque anche per introdurre nel dibattito politico quel punto di vista liberal-democratico sempre soffocato dalle due grandi chiese, cattolica e comunista. RaiTre nacque per rompere l'isolamento della tv tradizionale, mettendo uno studio televisivo in diretto contatto con l'opinione pubblica. Non a caso due dei piú riusciti programmi iniziali della rete furono «Telefono giallo» e «Linea Rovente», che si avvalevano entrambi di un telefono aperto in diretta con gli ascoltatori. Eugenio Scalfari da una parte, Angelo Guglielmi dall'altra sono stati i due artefici, ma i due tentativi riuscirono anche perché tutti coloro che parteciparono ai progetti erano consapevoli di quale fosse la posta in gioco. Si fosse trattato di un'armata potremmo dire che la truppa era fortemente motivata, è sempre una delle premesse per il successo.

«Telefono Giallo» introduceva nella prima serata te-
levisiva la cronaca nera, esperienza inaudita in senso let-
terale: non s'era mai vista né sentita prima. Ideatore del
programma è stato Lio Beghin, strano personaggio, padovano anarco-cattolico, riservato, inquietante, una risor-
sa che la Rai per anni non era riuscita e valorizzare e che
emerse con RaiTre. Ce n'erano parecchi in azienda di uomini cosí, mi limito a un paio di nomi: Andrea Camilleri,
per esempio, faceva il regista di studio, Raffaele La Capria era un funzionario ai programmi, e lo era stato anche
Carlo Emilio Gadda. La Rai è stata davvero, per anni, la
piú grande azienda culturale del paese.

Fu di Beghin anche l'idea di «Linea Rovente» (affidata a Giuliano Ferrara). L'ingresso di RaiTre nella prima serata delle grandi reti tv portò tali novità che dopo pochi mesi quasi non si parlava d'altro. La definirono «tv realtà» o «tv verità», e come slogan andava benissimo, bastano gli innumerevoli tentativi d'imitarla a dimostrarlo. In pochi anni la cronaca nera avrebbe proliferato su tutte le reti, perché, come spesso accade per le scoperte geniali, anche quella in fondo era semplicissima. Sul racconto di un delitto insoluto si fonda da quasi due secoli uno dei filoni narrativi più fecondi. Come ha detto lo scrittore inglese Edward Morgan Forster (l'autore di *Passaggio in India*): «In un'epoca dominata dalle immagini la suspense è uno dei pochi strumenti narrativi che ancora funzionino». Infatti funzionò anche «Telefono Giallo». A distanza di trent'anni dal suo inizio incontro ancora persone che mi raccontano quanto fossero spaventati (che vuol dire affascinati) dalle ricostruzioni filmate. E dire che erano fatte con quattro soldi: RaiTre è sempre stata la più povera delle reti. In compenso erano lavorate con molto scrupolo, come tutto il programma. Trattavamo solo «casi freddi», come si dice oggi, cioè vecchi omicidi irrisolti e dimenticati. Gli atti dell'inchiesta di polizia e del processo venivano letti con attenzione cercandovi, spesso invano, due cose: eventuali spiragli per poter riaprire la questione, ogni risvolto narrativo suscettibile di essere sceneggiato.

Nulla a che vedere con i salottini dove un giornalista, uno psicologo, una casalinga, all'occasione un prete discutono di un delitto a poche ore dai fatti avendo spesso dato solo un'occhiata ai giornali.

Ecco un altro possibile punto di contatto tra «la Repubblica» e RaiTre. Il nuovo modo di trattare i fatti inaugurato dalla «Repubblica» avvicinò molti lettori alla politica, ma aprí anche la strada alla successiva invasione di retroscena e pettegolezzi. L'invenzione della cronaca nera in prima serata favorí una conoscenza migliore della vita italiana, ma anche la nascita di molti altri programmi non tutti condotti – diciamo – con uguale scrupolo.

Un tema sul quale Angelo Guglielmi e io non trovammo mai un vero accordo fu sulla divulgazione culturale, in particolare dei libri. L'idea di Guglielmi, che difendeva le sue radicate convinzioni di critico d'avanguardia, era che tv e narrativa scritta fossero linguaggi incompatibili. Con piú modestia io difendevo l'idea pragmatica che la televisione rappresenta non un linguaggio ma uno strumento di comunicazione. Noi diamo, dicevo, le previsioni del tempo e le crisi di governo, le ricette di cucina e l'uscita di un film, perché non possiamo informare anche sull'uscita di un libro? Non ci fu verso, la sua tenacia contro la mia. Alla fine mi venne concesso di fare un programma di libri («Babele»), un po' come premio per l'ottimo andamento di «Telefono Giallo».

La fortuna di quella RaiTre furono anche dissidi di questa natura; scontri non di appartenenza ma di idee, i programmi si creavano in casa, seduti intorno a un tavolo. Tale la profusione di idee nuove di quella stagione che alcuni dei programmi ideati allora continuano, trent'anni dopo, ad andare in onda con successo.

## 11

## Il mio bel Santa Croce

Per cinque anni, tra il 1865 e il 1870, Firenze è stata capitale del Regno d'Italia. Non le ha giovato. In quei pochi anni, in modo particolare nei primi mesi dopo l'investitura, ma poi a lungo negli anni seguenti, la città cambiò aspetto a cominciare dall'abbattimento delle antiche mura che per secoli avevano cinto e protetto l'abitato. Come Bologna, anche Firenze si trovò d'improvviso con i fianchi scoperti, di quei venerandi manufatti rimasero, isolate e patetiche, solo le porte – nemmeno tutte. Si trattava niente meno che di trasferire da Torino la corte, gli organi legislativi, la burocrazia, l'intero caravanserraglio che accompagna l'amministrazione centrale dello Stato, in quel caso d'una monarchia tendente come tutte le altre a una certa pompa. La trasformazione di Firenze investiva in questo modo un problema vasto che s'è presentato piú d'una volta nella storia della penisola, compresa Roma. Bisognava adeguare alla modernità dei centri abitati diventati città in epoche remote dunque con la forma e gli spazi richiesti e sufficienti in anni lontani. Poi tutto è cambiato. Popolazione accresciuta, veicoli ingombranti, centri commerciali, presidi sanitari, di sicurezza, tutte strutture che vogliono spazio. Non esiste una risposta sola a queste innovazioni e non esiste nemmeno una sola domanda. Infatti in Italia, ma anche altrove in Europa, ogni città ha reagito alla spinta sgarbata dei tempi come ha potuto e saputo. In qualche caso s'è trattato di rifondare da capo la città, in altri s'è fatto scempio della vecchia, in altri ancora c'è stata una ferita che il tempo ha bene o male cicatrizzato fin quasi a nasconderla.

Firenze, per chi oggi la visita ignorando i precedenti, sembra rientrare in quest'ultima categoria. Vedremo poi che non è proprio cosí, al contrario, che la sua trasformazione è stata accompagnata da violente polemiche e che solo lentamente la nuova Firenze è riuscita a convivere con le memorie dell'antica.

Quello che certamente la città del fiore è riuscita a conservare è il carattere marcato dei suoi abitanti. «Acerbi» chiamava Petrarca i fiorentini, per la loro tendenza alla beffa e al motteggio. *Maledetti toscani* (1956) ha intitolato il suo pamphlet lo scrittore pratese Curzio Malaparte. Pamphlet affettuoso poiché il suo vero bersaglio sono gli italiani, i toscani semmai meno degli altri, lo scrittore li considera quanto meno capaci di «sputare in bocca ai potenti».

Certe asperità del carattere si rispecchiano nella città che è di pietra, dura, spigolosa, strade strette, spazi angusti, botteghe dove ancora si pratica quel piccolo artigianato che è stata una delle sue fortune, un insieme medievale come altri borghi in Toscana, però scrigno di una quantità di tesori come pochi altri luoghi al mondo, nessuno di dimensioni cosí ridotte.

Poco piú di cento chilometri separano Bologna da Firenze. Però di mezzo ci sono gli Appennini e tutto cambia: lingua, costumi, cucina, paesaggio, spirito. L'Italia nel suo complesso è un paese di dimensioni esigue, poco piú di trecentomila chilometri quadrati, smisurato è solo il suo sviluppo costiero. Vista dal satellite la penisola appare come un'esile fettuccia gettata di sbieco in mezzo al Mediterraneo. La geografia è stato uno dei fattori che hanno condizionato in modo negativo la nostra storia, perché quando gli spazi anche piccoli sono difficili da superare, il territorio resta frammentato, le diversità a distanza di pochi chilometri si accentuano, è facile che tra piccoli dominî contigui scoppino attriti, rivalità, guerre. Quando si legge che il ventenne Francesco d'Assisi parte dal suo borgo per andare a combattere i perugini, una trentina di chilometri piú in là, o quando si pensa agli eter-

ni contrasti tra Firenze e Pisa, questione anche in quel caso
di poche decine di chilometri, si ha un'idea di che cosa sia
stata, per secoli, la storia di questo paese e da quale passato
sia derivata la nostra famosa litigiosità.

Firenze, dunque. Sono tra coloro che pensano a Firenze come alla culla della nostra cultura, intesa come lingua,
come civiltà. Elenco a memoria una decina di nomi che
non sono soltanto illustri, fiorentini o comunque toscani,
ma che ci rendono riconoscibili nel mondo: Boccaccio, Petrarca, Dante, Poliziano, Machiavelli, Guicciardini, Michelangelo, Leonardo, Leon Battista Alberti, Galilei. Si
potrebbe continuare ma già qui è compreso tutto: lingua,
arti, scienze; ardimento filologico e acume politico, analisi
dei caratteri e natura dei fenomeni; in poche parole, sono
uomini con i quali comincia l'invenzione della modernità.
Alcuni di loro sono sepolti nella basilica di Santa Croce
insieme ad altri artisti come Gioacchino Rossini, morto
a Parigi, o Ugo Foscolo, che per primo aveva parlato di
quella chiesa come di un tempio laico per «l'itale glorie».
      Appena fuori, sulla piazza, sorge il monumento a Dan-
te che ha la sua tomba a Ravenna, la città dov'è morto
perché la vita può finire dove ci porta il caso. Per Dante
il «caso» fu l'esilio che l'aveva tenuto lontano da Firenze,
di cui c'è traccia nell'iscrizione funebre dettata nel 1366
da Bernardo Canaccio; tra l'altro si legge: «HIC CLAUDOR
DANTES PATRIIS EXTORRIS AB ORIS | QUEM GENUIT PARVI
FLORENTIA MATER AMORIS», sto qui racchiuso, Dante,
esule dalla patria terra che Firenze, madre di poco amore, ha generato.
      La statua eretta a Firenze raffigura non soltanto il mas-
simo poeta italiano, ma anche un simbolo. L'immaginario
risorgimentale aveva fatto di lui un riferimento ideale certo per il suo essere «padre della lingua» ma anche perché
le vicende biografiche e alcuni versi della *Commedia* portavano a vederlo come il profeta dell'Italia unita.

A Santa Croce il richiamo simbolico della figura è forte, ma voglio raccontare la storia di un altro suo monumento di simbolicità ancora maggiore, si trova a Trento. La prima pietra venne posta il 20 aprile 1893 con un'iscrizione quasi provocatoria per la regnante dinastia austro-ungarica: «PIETRA FONDAMENTALE DEL MONUMENTO DEI TRIDENTINI A DANTE ALIGHIERI – MOSTRÒ CIÒ CHE POTEA LA LINGUA NOSTRA». Trento e Bolzano sono oggi le due province autonome della regione Trentino-Alto Adige. Diversità netta. A Bolzano, la maggioranza si sente piú austriaca che italiana. A Trento, è l'inverso: i trentini hanno difeso la loro italianità anche quando, con il Congresso di Vienna del 1815, la città era stata assegnata a Vienna. Lo conferma quella scritta, deposta ripeto nel 1893, cosí come il fatto che alle spese per il monumento contribuirono non solo numerose località del Trentino, ma anche 61 consigli comunali della penisola.

Il concorso lo vinse l'artista fiorentino Cesare Zocchi (1851-1922) con una statua alta 18 metri su base ottagonale a tre ripiani come le cantiche della *Commedia*. Nella piú alta, il *Paradiso*, compare Beatrice vista come una raffigurazione dell'Italia. Il poeta stringe al petto con la mano sinistra il volume della *Commedia*, il destro è levato verso il Brennero come se ordinasse a qualcuno di fermarsi perché lí, a Trento, ha inizio un'altra cultura. In anni come quelli non si poteva osare di piú.

Sopra ho nominato Michelangelo. Ho avuto il privilegio di salire sui ponteggi della Sistina mentre erano in corso i restauri. Giovanni Urbani, che aveva diretto fino a poco prima l'Istituto centrale per il restauro, mi portò un giorno con sé. I lavori erano cominciati con alcune porzioni sperimentali già nel 1979, sarebbero proseguiti (volta e parete del *Giudizio*) fino al 1994. Ci accompagnava il caporestauratore Gianluigi Colalucci. Vedevo i due che accarezzavano con trepidazione la parete, parlando fitto tra loro, illuminando ora un dettaglio ora un altro. C'erano state delle critiche, uno storico americano aveva scritto avventatamente che gli affreschi erano stati «scorticati». Urbani mi spiegò che in realtà il lavoro si stava facendo nel modo migliore, che bastava quella accorta pulitura per far riemergere le incredibili sfumature di colore usate dall'artista. Secoli di fumo di candele, polvere, umidità emanata dai visitatori, li avevano resi uniformi e cupi. Confesso di essermi interessato soprattutto ai dettagli tecnici, all'emozione di vedere da pochi centimetri i segni materiali della fatica: la traccia dei buchi ai quali l'artista aveva assicurato i ponteggi, l'intonaco inciso seguendo i contorni del cartone preparatorio. Mi affascina l'aspetto fisico della fatica artistica: un accordo cancellato e riscritto su una partitura, le pagine tormentate di Flaubert zeppe di cancellature, i minuti ripensamenti di Leopardi, ma anche – al contrario – la nitidezza senza esitazioni di una pagina di Mozart, la fluidità di un pensiero gettato sulla carta già compiuto. L'opera d'arte non nasce disincarnata, viene dalla fatica che non è meno pesante per il fatto che può consumarsi seduti a un tavolino, invece che ritti davanti a una catena di montaggio o chini su di un solco. Nel caso di Michelangelo comunque le condizioni pratiche del lavoro nella Sistina sono state disumane. Si trattava di restare per ore inerpicato sui ponteggi, col braccio levato, il naso a pochi centimetri dalla volta, sul viso le inevitabili colature di colore. Descrisse in un sonetto la tortura di quegli anni – ne trascrivo la prima parte:

> I'o gia facto un gozo in questo stento
> chome fa l'acqua a' gacti in Lombardia
> o ver d'altro paese che si sia
> ch'a forza 'l ventre apicha socto 'l mento.
> La barba al cielo ella memoria sento
> in sullo scrignio e'l pecto fo d'arpia.
> e'l pennel sopra'l uiso tuctavia
> mel fa gocciando un ricco pauimento.

Mi commuove la capacità umana di lavorare sopportando fatiche cosí penose. Ho pensato spesso a Beethoven che compone l'*Inno alla Gioia* torturato dal mal di ventre, obbligato a interrompere la composizione per accucciarsi nella piú umile funzione umana, tuttavia lasciando erompere note luminose, capace di cantare, pieno di fiducia, la gioia. Idealizzare l'arte allontanandola dalla realtà equivale a svalutarla, si perde la dimensione del gesto capace di portare a un esito sublime l'umana fragilità.

Di Michelangelo Buonarroti tutto mi piace. La concentrazione nel lavoro e l'allegria con gli amici, l'oculata amministrazione delle sue sostanze e la saggia sobrietà della sua vita, l'aver tenuto lo spirito desto come un arco teso (Cicerone) in modo da arrivare a una vecchiaia lucida e operosa, lui che, a 89 anni, vigilia della morte, ancora batte il mazzuolo sulla pietra per dare forma alla sua ultima, incompiuta *Pietà*. Da giovane aveva sezionato cadaveri all'ospedale di Santo Spirito per padroneggiare pienamente l'anatomia umana. Definirlo titano non è enfatico, lo rispecchia. Si può dire lo stesso di Beethoven, titano anche lui e per piú d'un aspetto simile. Geni entrambi di tale potenza da sacrificare ogni regola all'urgenza dell'ispirazione. Il musicista viola le leggi dell'armonia, non ha una ricca vena melodica e la sostituisce con il ritmo, l'ostinata reiterazione degli accordi, introduce note dissonanti, non potrebbe farlo e invece lo fa spezzando in gola il fiato di chi l'ascolta e di chi vorrebbe criticare quelle impertinenze. L'artefice toscano, a poco piú di vent'anni, scolpisce la *Pietà* vaticana con una tale armonia di volumi e di forme da anticipare di due secoli il neoclassicismo. Poi però cambia, diventa l'immane artefice della Sistina, la maggior impresa pittorica della storia umana. Per quattro anni, sdraiato sui ponteggi, «la barba al cielo», dipinge figure che non sono armoniose, sono potenti, piene di colore e di forza. Raffaello va a spiarle di notte e non sa se deve invidiare quell'impeto senza grazia o godere di un possibile fallimento in un affresco di tale dimensione. Af-

fresca la volta e le regole se le fa da solo, quelle delle figure
e quelle della teologia. Fa questo nella cappella del papa, di
quel papa, Giulio II, un guerriero.

Un giorno che papa Della Rovere era sceso in cappella a controllare i lavori, dopo aver scrutato a lungo il suo
soffitto osservò: «Maestro, ho l'impressione che lassú ci

sia poco oro». Il papa era vicino ai settanta, Michelangelo poco piú che trentenne. Il papa era il papa, lui un giovane artista sorretto da una buona fama. La risposta fu ironica: «Santità, disse, quegli che son quivi dipinti furon poveri anch'essi». Parole da burla che rivelano però il carattere. Non c'erano molte persone al mondo che potessero permettersi una tale insolenza. Lui non si chiese se poteva o no dirla, la disse e basta.

Un tale temperamento non è molto italiano. Lo stereotipo che prevale nel mondo vuole gli italiani di fibra non solida, infatti cedevoli, inadatti alla disciplina e alla guerra, inclini piú al compromesso che non al contrasto netto, piú agli armistizi che al sacrificio. Anche ammesso che non fosse italiano il suo temperamento, italiani erano di sicuro il clima e l'ambiente nel quale era cresciuto dopo che suo padre Ludovico l'aveva ceduto al Magnifico Lorenzo «perché lo tenesse in casa sua come un figliolo». Messer Ludovico ne ebbe, come compenso, un ufficio in dogana, il Grande Lorenzo però lo tenne davvero come un figlio. Era il 1490 e il ragazzo aveva quindici anni, timido, di non ottima salute, «ammalaticcio e cagionevole» dice il Condivi. Quella corte, la migliore che ci fosse in Europa, era una fucina dove si andava riscoprendo il mondo antico per fondare quello nuovo.

Avrebbe confidato alle *Rime* il suo manifesto di scultore: «Non ha l'ottimo artista alcun concetto | Ch'un marmo solo in sé non circonscriva | Col suo soverchio, e solo a quello arriva | La man che ubbidisce all'intelletto». Quattro versi e dice tutto: l'artista «vede» la figura dentro il marmo, deve solo togliere il superfluo perché si riveli. La sua mano però obbedisce all'intelletto e qui c'è la lezione di quella scuola neoplatonica guidata da una figura di filosofo ingiustamente oscurato dal tempo: Marsilio Ficino (1433-1499). Molti lo considerano solo un retore, un erudito, debole come filosofo. Lo psicanalista americano James Hillman, al contrario, lo giudica addirittura un precursore della psicoanalisi junghiana. A noi basta sapere che alla sua scuola Michelangelo imparò a guardare al mondo con occhi nuovi, sotto la guida o con la compagnia di uomini d'intelletto eccezionale.

Il prodigioso giovane Pico della Mirandola muore a trentun anni ma dà straordinarie prove di sapienza. Nel saggio *De hominis dignitate* sostiene che gli esseri umani trovano la loro libertà nell'esercizio della conoscenza. Pare di ascoltare l'Ulisse di Dante: «Fatti non foste a viver come bruti», o il motto di Kant «*Sapere aude*», cioè abbi il coraggio di usare l'intelletto, è lo statuto di quel movimento che chiamiamo Umanesimo, torno a menzionarlo perché se questo paese ha un merito indiscutibile, concepito per di più in condizioni politiche molto difficili, è aver dato vita a quella nuova visione del mondo.

Un altro genio fiorentino sorse non da una corte ma da una repubblica ed è il già ricordato Machiavelli. È incredibile quante volte e quanto profondamente quest'uomo sia stato frainteso, deprecato, dipinto come un emissario di Satana, messo all'indice dalla Chiesa, cacciato all'inferno dagli spiriti timorati. Machiavelli è il fondatore della scienza politica e di questo nessuno dubita. C'è però un altro aspetto notevole nella sua vasta produzione di storico e di scrittore, forse meno evidente. Parlo del suo amor di patria, se posso applicare a un uomo del Cinquecento un sentimento che viene definito solo più tardi.

Introduco il suo ritratto con un brano curioso, una specie di autodifesa, appassionata e dolente, nella quale Machiavelli espone le sue ragioni. Sono parole non sue, immaginate molti anni dopo, da Vincenzo Cuoco (1770-1823), scrittore e storico, autore del celebre saggio sulla rivoluzione napoletana del 1799.

Cuoco lo pubblicò nel 1804 sul «Giornale italiano». Parole d'invenzione, però ricavate dal *Principe* e dai *Discorsi sopra la prima deca di Tito Livio*. Dunque attendibili, anzi decisamente verosimili.

Il maggior numero è ingiusto, perché pieno di passioni e servo dei partiti. Io ho voluto scrivere senza passione: non ho seguito nessun partito, e li ho offesi tutti. Ho scritto per gli uomini ragionevoli, e questo è stato il mio torto: gli uomini ragionevoli sono pochi. [...] Tutto il mio torto viene dall'aver amata la mia patria. Se mi fossi contentato di esporre le mie verità, senza applicarle ai fatti de' miei contemporanei, non avrei destato né odio né sospetti. [...] Avrei fatto cosí un libro molto ammirato e poco utile. Ho tentato renderlo piú utile, applicando i principî ai fatti; e le mie verità sono diventate rimproveri.

Che ho detto io? Ho visti i costumi e gli ordini dei miei tempi e li ho descritti. Ho detto ai principi: – Che fate? Voi non sapete esser né buoni né tristi; voi finirete con l'esser nulla, voi vi perderete. [...] Ho tentato di parlare anche ai popoli, ma mi sono avveduto che avrei parlato invano. I popoli si muovono ed operano per la loro virtú, i principi per il loro potere. Tu conosci i popoli tra i quali viviamo. Io non poteva dir loro: – Fate uso della vostra virtú, – essi piú non ne avevano.

«Quei popoli non avevano piú virtú», un giudizio terribile, quello di Cuoco, sul quale certamente pesa l'amarezza per l'esito fallimentare della rivoluzione napoletana. Era stato però proprio il segretario fiorentino a denunciare il male di una comunità quando viene meno ogni virtú civile. Machiavelli scrive che ogni scopo richiede mezzi adeguati, cioè disegna un programma politico, dimostra profonda fiducia nella propria logica. Anche per questo s'indirizza spesso ai giovani, destinatari insoliti per i suoi tempi. Ancora una volta anticipa i tempi perché i giovani in quanto tali entreranno solo piú tardi nel discorso pubblico. Cosí scrive nell'*Introduzione* al libro II dei *Discorsi*:

Se la virtú che allora regnava, ed il vizio che ora regna, non fussino piú chiari che il sole andrei col parlare piú rattenuto, dubitando non incorrere in questo inganno di che io accuso alcuni. Ma essendo la cosa sí manifesta che ciascuno la vede, sarò animoso in dire manifestamente quello che io intenderò di quelli e di questi tempi; acciocché gli animi de' giovani che questi mia scritti leggeranno, possino fuggire questi, e prepararsi ad imitar quegli, qualunque volta la fortuna ne dessi loro occasione. Perché gli è offizio di uomo buono, quel bene che per la malignità de' tempi e della fortuna tu non hai potuto operare, insegnarlo ad altri, acciocché, sendone molti capaci, alcuno di quelli, piú amato dal Cielo, possa operarlo.

Non so se devo ricondurre queste parole all'italiano contemporaneo. Sarebbe preferibile fermarle nell'originale, cosí efficace. Provo comunque a riassumerne il senso: se il decadimento e la corruzione non fossero cosí evidenti, il mio discorso sarebbe piú prudente, scrive. Considerato però che cosí stanno le cose, parlo senza peli sulla lingua rivolgendomi soprattutto ai giovani che mi leggeranno affinché, ogni volta che ne avranno la possibilità, fuggano i cattivi esempi e seguano quelli virtuosi eccetera.

Roberto Ridolfi, nella sua *Vita di Niccolò Machiavelli*, lo descrive cosí: «Della persona fu ben proporzionato, di mezzana statura, di corporatura magro, eretto nel portamento con piglio ardito. I capelli ebbe neri, la carnagione bianca ma pendente all'ulivigno; piccolo il capo, il volto ossuto, la fronte alta. Gli occhi vividissimi e la bocca sottile, serrata, parevano sempre un poco ghignare. Di lui piú ritratti ci rimangono, di buona fattura, ma soltanto Leonardo, col quale ebbe pur che fare ai suoi prosperi giorni, avrebbe potuto ritradurre in pensiero, col disegno e i colori, quel fine ambiguo sorriso».

La sua fu una vita agitata e altalenante, piena di soddisfazioni, di amarezze e di rischi. Ora tenuto in gran conto, incaricato di compiti delicatissimi, ora incarcerato, torturato ed esule. Di nascita non ricco, in una lettera all'ambasciatore Francesco Vettori, suo amico, scrive:

«Nacqui povero, ed imparai prima a stentare che a godere». Se l'inizio fu difficile, gli ultimi anni non furono da meno. Amava ripetere: «Della fede e della bontà mia ne è testimonio la povertà mia».

Convinto repubblicano, nemico d'ogni tirannia, è stato il primo uomo a smontare i meccanismi dell'azione politica, da lui considerata come arte del governo, ma anche come attività fondata su una propria logica e moralità.

La descrive nel capitolo XVIII del *Principe* osservando che il reggitore di Stati «non può osservare tutte quelle cose per le quali gli uomini sono tenuti buoni, sendo spesso necessitato, per mantenere lo stato, operare contro alla fede, contro alla carità, contro alla umanità, contro alla religione. E però bisogna che egli abbia uno animo disposto a volgersi secondo ch'e' venti della fortuna e le variazioni delle cose li comandano, e [...] non partirsi dal bene, potendo, ma sapere intrare nel male, [se] necessitato».

Il principe, cioè il responsabile di uno Stato, non è un uomo malvagio, è solo un uomo che può essere costretto dalla necessità a violare fede, carità, parola data, amicizie, affetti. È un uomo solo, non può dare a nessuno piena fiducia, guardingo e benevolo con chiunque, di chiunque può doversi disfare se le circostanze lo rendono opportuno. In quegli anni «doversi disfare» voleva dire spesso mandare a morte, oggi non è piú cosí, solo ufficialmente però, perché omicidi politici ci saranno sempre, anche se vengono camuffati da incidenti o da suicidi. È terribile? Sí, lo è. Ma è la condizione umana a essere terribile, non il quadro che Machiavelli ne fa. Questo aveva visto, di questo aveva letto, lui si limita a darne conto, lo rende razionale, sistematico, cerca di fare della crudeltà necessaria al governo un'arma che giovi al mantenimento delle repubbliche. *E malo bonum*, come dicevano gli antichi.

Il segretario fiorentino scrisse la sua opera piú nota nel 1513 mentre era in esilio in una modesta tenuta di famiglia, detta L'Albergaccio, a Sant'Andrea in Percussina, sette miglia fuori Firenze, «ridutto in villa e discosto da ogni viso umano». Tre anni piú tardi il grande umanista olandese Erasmo da Rotterdam scrisse un'altra opera sull'arte di reggere gli Stati, *Institutio principis christiani, L'educazione del principe cristiano*. Per Erasmo, forse il maggior rappresentante dell'Umanesimo cristiano, il precetto base di un principe è non dimenticare di essere prima di tutto un seguace di Cristo, solo dopo un uomo politico. Erasmo è una grande anima, nel suo trattatello non descrive la situazione di fatto, indica la strada, la contrassegna con una placata visione religiosa capace di guidare la vita degli individui. Erasmo delinea un dover essere, Machiavelli mette a nudo i meccanismi dell'esistente.

Quelli di Erasmo sono precetti ideali mai davvero applicati, anzi smentiti dal suo stesso ex allievo Carlo V, mandante di uno dei piú crudeli castighi della storia. Quando l'imperatore si rese conto che papa Clemente VII si stava prendendo troppe libertà, scatenò contro Roma dodicimila lanzichenecchi luterani in una delle peggiori devastazioni che la città abbia patito. Carlo era stato allievo di Erasmo, ma si comportò piuttosto come un seguace di Machiavelli.

Il segretario riteneva la religione uno strumento utile a temperare le cattive inclinazioni degli esseri umani. Era però contrario al potere temporale della Chiesa, in una visione laica che si vede già in Dante. Prende atto che dal potere della Chiesa sono derivati grandi danni sia all'Italia sia alla coscienza degli italiani.

Nel libro I dei *Discorsi*, il capitolo XII ha questo titolo: *Di quanta importanza sia tenere conto della religione, e come la Italia, per esserne mancata mediante la Chiesa romana, è rovinata*. Una lucida requisitoria.

La cagione che la Italia [non] abbia anch'ella o una republica o uno principe che la governi, è solamente la Chiesa: perché, avendovi quella abitato e tenuto imperio temporale, non è stata sí potente né di tanta virtú che l'abbia potuto occupare la tirannide d'Italia e farsene principe; e non è stata, dall'altra parte, sí debole, che, per paura di non perdere il dominio delle sue cose temporali, la non abbia potuto convocare uno potente che la difenda contro a quello che in Italia fusse diventato troppo potente.

Non cosí forte da unire l'Italia ma forte abbastanza per impedire che altri lo facciano. Questa è la sua sentenza sulla Chiesa di Roma. Una situazione che sarebbe durata fino alle soglie della nostra epoca.

Se Michelangelo e Machiavelli smentiscono i pregiudizi sugli italiani, un altro fiorentino di genio sembra a suo modo assecondarli: Francesco Guicciardini, gigante della storiografia, tra i primi a scrivere di vicende storiche basandole su documenti oltre che su una personale valutazione dei fatti. Nei *Ricordi* è compreso un celebre paragrafo (n. 28) dove affiora la famosissima questione di quale sia e quanto conti il proprio particolare interesse nel disbrigo degli affari pubblici:

> Io non so a chi dispiaccia piú che a me la ambizione, la avarizia e la mollizie de' preti: sí perché ognuno di questi vizi in sé è odioso, sí perché ciascuno e tutti insieme si convengono poco a chi fa professione di vita dependente da Dio, e ancora perché sono vizî sí contrarî che non possono stare insieme se non in uno subietto molto strano. Nondimeno el grado che ho avuto con piú pontefici m'ha necessitato a amare per el particulare mio la grandezza loro; e se non fussi questo rispetto, arei amato Martino Luther quanto me medesimo: non per liberarmi dalle legge indotte dalla religione cristiana nel modo che è interpretata e intesa communemente, ma per vedere ridurre questa caterva di scelerati a' termini debiti, cioè a restare o sanza vizî o sanza autorità.

Dunque Guicciardini, uomo di Stato, incaricato di questioni delicatissime avrebbe aderito volentieri alla Riforma, disgustato dalle malefatte della corte pontificia, se non lo avessero trattenuto i propri interessi e la prudenza.

Su quel «particulare» c'è stato un gran dibattere e ancora si torna di tanto in tanto a discuterne. Esistono almeno due interpretazioni della parola. La prima, piú benevola, sostiene che va intesa non come il prevalere degli interessi personali ma come l'invito a considerare le circostanze di ogni situazione per poterne ricavare il massimo utile. Un Guicciardini vicino a Machiavelli, si potrebbe dire. Un'altra piú radicale fa invece dello storico fiorentino quasi il teorizzatore della «doppia morale». Con l'abituale fervore civile Francesco De Sanctis nella sua *Storia della letteratura italiana* (capitolo XV) afferma senza mezzi termini: «Francesco Guicciardini, ancorché di pochi anni piú giovane di Machiavelli e di Michelangiolo, già non sembra della stessa generazione. Senti in lui il precursore di una generazione piú fiacca e piú corrotta, della quale egli ha scritto il vangelo nei suoi *Ricordi*». E ancora: «Il dio del Guicciardini è il suo particolare. Ed è un dio non meno assorbente che il Dio degli ascetici, o lo stato del Machiavelli. Tutti gli ideali scompaiono. Ogni vincolo religioso, morale, politico, che tiene insieme un popolo, è spezzato».

Intorno alla metà dell'Ottocento, Firenze era la meta preferita per un gran numero di viaggiatori cosmopoliti. Arrivavano in città desiderosi di cogliere le testimonianze di un passato straordinario, alcuni – in specie tra gli inglesi – decidevano di fissarvi la loro residenza definitiva.

Anche per Firenze, come accadeva a Milano con il Duomo e a Roma con la cupola di San Pietro, il primo avvistamento era una cupola, quella di Santa Maria del Fiore, alta su un mare di basse casupole malsane pigiate sui lati di strade molto strette, che digradavano verso il fiume arri-

vando a lambirne i mutevoli argini naturali, le acque. Una
città quasi totalmente diversa dall'attuale, se si escludono
i monumenti civili e religiosi, che era rimasta fino al 1861
praticamente immutata.

Posso dire, appena esagerando, di averla un po' conosciuta anch'io la Firenze d'un tempo. Nei tardi anni Cinquanta vi ho trascorso qualche mese di servizio militare.
Ricordo le vecchie botteghe odorose di cuoio, le osterie a
buon mercato dai saporosi menu, i viali alberati di quieto passeggio. Un'importante compagnia aerea aveva messo a Firenze la sua scuola d'addestramento per le hostess,
il che aggiungeva una supplementare nota d'impazienza
all'attesa della libera uscita. Ricordo anche interminabili
giri intorno a piazza della Repubblica dibattendo con inutile fervore i destini del mondo con qualche volenteroso
commilitone. Lo storico caffè delle Giubbe Rosse di Pa-
pini e Prezzolini non era piú da tempo il quartier generale
dei «vociani», però credevamo di scorgere ancora qualche
traccia di quegli anni, soprattutto negli arredi del locale,
nell'età media dei camerieri.

Un giovane rabbino molto simpatico che frequentavo mi
spiegò un giorno che al posto di quella grande piazza c'era
un tempo il ghetto degli ebrei, ridotto negli ultimi anni a
un intrico di viuzze luride invase da un soffocante fetore.
Quasi tutti i vecchi israeliti avevano già abbandonato i luoghi, quando sul finire dell'Ottocento vennero sgomberati
gli ultimi abitanti per procedere alle demolizioni, si vide
che si trattava per lo piú di ladri e prostitute in disarmo,
piccoli avventurieri rintanati dentro stamberghe infette.
Quei sordidi vicoli divennero subito meta di gite turisti-
che per i soliti appassionati del «pittoresco».

Si è calcolato che, quando la corte sabauda abban-
donò Firenze per trasferirsi a Roma, la città perse circa
cinquantamila abitanti con le immaginabili ricadute sui
consumi e sui commerci. Non per questo cessarono gli

ammodernamenti urbanistici cominciati con l'abbattimento delle mura. Per anni il fitto tessuto reticolare della Firenze del Medioevo venne progressivamente demolito o «corretto» avendo come modello i grandi boulevard che il barone Haussmann aveva aperto a Parigi. Proprio quel possibile paragone suscitò la reazione dello scrittore Henry James che nell'*Autunno a Firenze* scrisse: «Oggi Firenze perde se stessa in polverosi boulevard, in eleganti *beaux quartiers* alla moda, come quelli che Napoleone III e il barone Haussmann dovevano imporre a un'Europa ancora troppo medievale, con un risultato paragonabile a quello delle preziose pagine di un testo antico fagocitate da un commento a margine di stile giornalistico».

Un'associazione fondata dall'ex sindaco principe Tommaso Corsini, ma di cui facevano parte numerosi artisti e intellettuali anglo-americani, lanciò un appello internazionale in difesa della città antica invitando le autorità a far cessare quello «scempio». Leggo in un saggio del grande scrittore di viaggio Attilio Brilli che «The Florentine Illustrated Gazette» uscí con questo veemente editoriale: «Una delle città piú incantevoli e ricche di testimonianze del passato, qual è Firenze, viene smantellata volutamente, in maniera capricciosa, pezzo per pezzo, e ridotta in uno stato di insensata, brutale desolazione. La perdita per il futuro sarà incommensurabile».

Non si negavano le ragioni degli interventi: interi quartieri centrali si trovavano in uno stato di gravissimo degrado, era evidente che bisognava rimediare; quello che l'opinione internazionale rimproverava alle autorità cittadine era d'aver scelto la via spiccia delle demolizioni invece di «diradare, arieggiare, prosciugare dall'umidità, rendere salubre». La scrittrice anglo-fiorentina Vernon Lee scrisse che le frettolose demolizioni obbedivano evidentemente a forti interessi speculativi ma rispecchiavano anche un popolo «consapevole di avere indugiato a lungo nella retroguardia della civiltà».

Giudizi severi di cui si trova traccia anche in un commento di Marcel Proust, che dopo un viaggio in Italia scrisse: «*La véritable terre inesthétique n'est pas celle que l'art n'ensemença pas, mais celle qui, couverte de chefs-d'œuvre, ne sait ni les aimer, ni même les conserver*», la vera terra dei barbari non è quella che non ha mai conosciuto l'arte, ma quella che, disseminata di capolavori, non sa né apprezzarli, né conservarli.

Ho indugiato sui giudizi aspri che negli anni di fine Ottocento si sono concentrati su Firenze, ma in altre occasioni, con molta frequenza, anche di recente, si sono estesi all'Italia intera, dalla laguna di Venezia alla Valle dei Templi ad Agrigento. È come se gli stranieri riuscissero in ciò che per noi è cosí difficile: vedere gli italiani come un popolo unito quanto meno dai suoi difetti.

Gli italiani spesso non si riconoscono tra di loro, si rimbalzano colpe e omissioni, rivendicano primati locali a danno di altre città o regioni. Quando invece li si guarda da fuori, il quadro diventa subito piú chiaro, condensato nel lamentoso slogan che ho già ricordato: «*Oh, you Italians!*», ma anche «*Ah, les italiens…*», cioè i soliti italiani. Molti nel mondo li considerano eredi immeritevoli di un passato troppo importante per il loro attuale livello di consapevolezza. Si potrà obiettare che questo genere di sintesi è resa possibile dai pregiudizi. È sicuramente vero: gli inglesi sono spocchiosi, i tedeschi non sanno vestire, gli americani sono ignoranti. I pregiudizi aiutano a orientarsi, spesso a sbagliare. C'è però anche un uso mite del pregiudizio che non implica categorie definitive, conserva anzi una lieve sfumatura benevola, o ironica, in qualche caso affettuosa. In altre parole ha un carattere di provvisorietà sospesa, quasi si aspettasse una conferma, una definitiva verifica. Nei confronti degli italiani questa verifica è stata fatta moltissime volte, la piccola coloritura ironica, benevola, perfino affettuosa, è rimasta. Ma è rimasto anche il pregiudizio, diventato un giudizio.

## 12

Di boschi e di colline

Penso di non aver mai creduto in una religione intesa come organizzazione canonica, rituale, di una fede, in
nessuna di quelle a me piú vicine, cioè l'ebraismo e il cristianesimo. Sulle altre, lontane, ho avuto e continuo purtroppo ad avere idee frammentarie. Cento volte mi sono
ripromesso di approfondire, varie circostanze me lo hanno impedito, anche perché un vero interesse, confesso,
non c'è mai stato. Ho frequentato con una certa assiduità
la Bibbia (*Tanàkh*, in ebraico), un libro magnifico e contraddittorio, magnifico proprio perché contraddittorio,
un insieme di trentanove libri suddivisi in varie sezioni. I
sadducei, che erano la casta (o setta o corrente) che nella
vecchia Israele esprimeva i sacerdoti del Tempio (finché
c'è stato un Tempio), ritenevano che la *Torah*, vale a dire la Legge, fosse tutta racchiusa nei primi cinque libri, il
cosiddetto Pentateuco: *Genesi, Esodo, Levitico, Numeri* e
*Deuteronomio*. Ma se apro il *Levitico* e comincio a leggere
le prescrizioni che il buon ebreo deve rispettare mi chiedo
se davvero certi precetti dettati da Mosè o da chi per lui
piú di tremila anni fa abbiano ancora oggi un senso. Mi-
nuziose istruzioni sovrintendono alla *Kasherút*, ovvero la
purità alimentare; per esempio: «Fra gli animali che stri-
sciano per terra riterrete impuro: la talpa, il topo e ogni
specie di sauri, il toporagno, la lucertola, il geco, il ramarro,
il camaleonte» (*Lv* 11,29-30), forse un elenco cosí pedante
non è piú necessario. Oppure: «Se una donna sarà rimasta
incinta e darà alla luce un maschio, sarà impura per sette

giorni; sarà impura come nel tempo delle sue mestruazio-
ni» (*Lv* 12,2); dovremmo davvero rispettare oggi questo
precetto, prima ancora, dovremmo crederci? L'elenco delle
prescrizioni comprende per la verità anche ordini ispira-
ti a fraternità universale, valida sempre, per esempio: «Il
forestiero dimorante fra voi lo tratterete come colui che è
nato fra voi; tu l'amerai come te stesso, perché anche voi
siete stati forestieri in terra d'Egitto» (*Lv* 19,34).

Per contro, in *Genesi* troviamo un comandamento diventato ormai incomprensibile: «Questa è la mia alleanza che
dovete osservare [...] sia circonciso tra voi ogni maschio.
Vi lascerete circoncidere la carne del vostro prepuzio e ciò
sarà il segno dell'alleanza tra me e voi. Quando avrà otto
giorni, sarà circonciso tra voi ogni maschio» (*Gn* 17,10-12).
Ho chiesto piú volte a dotti rabbini la ragione ancestrale
di una tale prescrizione senza mai ottenere una spiegazione davvero convincente. Le prescrizioni dei testi ritenuti
sacri sono sempre una curiosa miscela di regole igieniche,
cautele sociali, norme di convivenza a suo tempo diviniz-
zate per renderle piú stringenti.

Anche Gesú venne circonciso, secondo il precetto, otto
giorni dopo la nascita. Il giorno che nel mondo cristiano si
celebra come Capodanno è anche quello in cui la lancetta
del rabbino recise la tenera pelle del prepuzio di un neo-
nato ebreo destinato a cambiare la percezione del mondo.

Il profeta e taumaturgo Yehoshua ben Yosef, che ho
già evocato, quel Gesú figlio di Giuseppe vissuto in Palestina ai tempi dell'imperatore Tiberio, è la persona santa
che mette in contatto le due religioni, le unisce nel suo
insegnamento, ma nello stesso tempo le separa. La chiesa che porta il nome del suo attributo divino – *Kristòs*,
l'Unto – ne ha attenuato il forte e drammatico messaggio per rendere coerente la sua figura con la teologia progressivamente costruita su di lui. Gesú è diventato cosí
figlio di una famiglia anomala e molto complicata, metà

terrena metà celeste, composta tutta di vergini, dove ogni rapporto sessuale è scansato compresi quelli tra coniugi, dove il padre secondo la carne è in realtà solo un genitore adottivo perché il vero padre sarebbe Dio sceso sulla terra a fecondare una donna, l'abbiamo visto, come nelle mitologie piú antiche – calco un po' troppo evidente per essere credibile.

Vero peraltro che una fede non dovrebbe mai essere completamente retta dalla «logica», dovrebbe anzi essere misteriosa e alta, vicina e remota, comprensiva e severa. Il cristianesimo, in particolare la confessione cattolica, ha voluto farsi «umano troppo umano». Fin dalle origini presenta una prospettiva diversa. Come disse anni fa lo storico delle religioni Remo Cacitti in un nostro dialogo sul cristianesimo, poi pubblicato, la sua fortuna sta nel concetto fondamentale che Dio, rivestendosi della nostra stessa carne, diventa come noi. L'incarnazione è la sua carta vincente rispetto ai miti e alle divinità precedenti. Non c'è piú un Dio che può nascere e morire in eterno, che nutre le nostre speranze di poter fare come gli alberi che reiterano vita e morte attraverso le stagioni. No, questo è un Dio che «si fece carne e venne ad abitare in mezzo a noi» (*Gv* 1,14). Aggiungerei un altro elemento che a me pare decisivo: aver creato una figura divina soccombente, vinta, addirittura uccisa, ma che poi risorge. Nessuno aveva mai osato immaginare un dio che viene ucciso per poi diventare, nella sconfitta, un vincitore, trionfatore della morte. Questo doppio aspetto, di sconfitto e di vincente, rende Gesú prodigiosamente vicino alle necessità umane, per chi chiede consolazione, per chi vuole condividere una sofferenza, per chi cerca un solido sostegno sul quale poggiare la propria fragilità.

L'ebraismo, al contrario, conserva in misura maggiore la sua arcaica rigidità originaria. Costruire una religione, ovvero una teologia, è un compito immane. Si tratta di dare ai viventi una fonte di fiducia e di consolazione, di metterli al riparo dal terrore della morte, di erigere un edificio divino che abbia sufficienti caratteri di riconoscibilità per poter essere amato, temuto certo, ma anche amato. *Rex tremendae majestatis* è chiamato Dio nel *Requiem*. Un re ma anche un padre (Padre nostro), severo e giusto come un padre, pronto al rimprovero e all'abbraccio, a infligge- re una punizione, ad asciugare una lacrima.

Ma credere in un Dio, e in tutto l'edificio che lo ac- compagna e lo sorregge, è solo una delle possibili decli- nazioni del bisogno umano di spiritualità. Certamente per un mio difetto, per mal posto spirito critico, mi pare di vedere con troppa nettezza gli aggiustamenti di que- ste costruzioni. Preferisco coltivare in silenzio, libero da ogni giurisdizione divina, una mia propria spiritualità senza vincoli di obbedienza, senza speranza di premio, consapevole che la fine sarà davvero la fine. Amen. Al- bert Einstein era un ebreo ateo dotato di una forte spi- ritualità. Mi colpirono le parole con le quali un giorno in un'intervista si definí «consapevole che esiste davvero anche ciò che resta inaccessibile e che si manifesta co- me la massima saggezza e bellezza che le nostre povere facoltà arrivano a capire in forma molto primitiva». Ag- giungeva di credere che questa sensazione sia al centro d'una vera spiritualità. «In questo senso e solo in questo senso appartengo al numero delle persone devotamente religiose», diceva.

Essere estraneo alle teologie codificate, essere cioè tran- quillamente ateo, non significa non avere una spiritualità, una propria religione; al contrario, ritengo di avere raggiun- to con gli anni un certo equilibrio tra le necessità e le spin- te del mio organismo animale e il bisogno che dai tempi dei tempi suggerisce agli umani di crearsi un altro mondo, al di là della carne, fatto di sentimenti, intuizioni, afflati, slan- ci – della consapevolezza, come diceva Einstein, che esi- stono inattingibili riserve di saggezza e bellezza, riuscendo magari a creare su queste un personale rapporto con ciò che possiamo anche chiamare «divino» e che Baruch Spinoza faceva coincidere con la Natura, il tutto.

Quando ho scritto con il professor Mauro Pesce la già ricordata *Inchiesta su Gesú*, ho ricevuto molti attacchi anche sgarbati da parte delle gerarchie e della pubblicistica cattoliche. Un giorno però i francescani della Cittadella di Assisi mi chiesero se volevo andare da loro a parlarne. L'ho fatto, ho discusso, mi sono spiegato, ci siamo appassionati e anche un po' commossi. Al momento del congedo, il capo della comunità mi ha abbracciato e detto: «Torni quando vuole, lei per noi sarà sempre un fratello».

Questa per me è la spiritualità, qualcosa che va oltre la religione. Ovvero: potremmo anche chiamarla religione ma intrisa di un afflato che nella religione non sempre c'è. Nel passaggio da fede a religione, col suo inevitabile accompagnamento di regole, divieti, obblighi e gerarchie, si perde sempre qualcosa. Ad Assisi ebbi un contatto umano come raramente nella vita. Anch'io ho considerato quell'uomo un fratello: frate, fratello.

Anche per me, come per molti italiani, l'Umbria resta la regione con i piú marcati caratteri spirituali. Una spiritualità che viene dalla storia ma s'avverte già nel paesaggio, nel profilo dei borghi, nell'ondulazione pacata del territorio costellato di torri, basiliche, monasteri. In piú è l'unica regione italiana che non ha un confine estero terrestre o marittimo: un luogo «appartato». Perugia, Spoleto, Orvieto, Todi, Terni, Cascia, Gubbio, Norcia, Montefalco, Montecastello di Vibio, città o borghi arroccati, tutti diversi eppure tutti accomunati dalla trama sinuosa dei vicoli, dalla pietra degli edifici, dall'arte che custodiscono, e naturalmente dallo sguardo che offrono sul cuore verde del nostro paese, increspato di ulivi, vigne, querce e castagni. Una regione relativamente immune dalle devastazioni che altrove hanno compromesso un territorio unico al mondo.

Un dotto paleografo mi mostrò un giorno come le fondazioni della basilica di San Fortunato a Todi, XI secolo, poggino, al vivo, sugli immani blocchi di pietra delle arcaiche mura etrusche. L'Umbria è questo: una basilica del Mille eretta su mura costruite venti secoli prima. Tutta l'Italia è cosí, in realtà, abbiamo questo sovrappiú di passato che a volte appesantisce il nostro presente, altre imprime alle costruzioni, al territorio, a una natura meticolosamente disegnata dagli uomini, la dignità che solo lo stillicidio dei secoli riesce a dare.

L'ombra di questo passato si ritrova negli sfondi dei grandi artisti umbri, alcuni tra i massimi nella storia mondiale della pittura: Perugino, Pinturicchio, Raffaello che veniva da Urbino ma qui si formò. Poi gli altri che sopraggiunsero attratti dai luoghi oltre che dalle opportunità: Piero della Francesca, Beato Angelico, Benedetto Bonfigli nella cappella dei Priori a Perugia, Benozzo Gozzoli a Montefalco, Filippo Lippi a Spoleto, Luca Signorelli nella cappella di San Brizio nel Duomo di Orvieto. Colori chiari, nitidezza di tratto, luci morbide, uno stile già allora definito «dolce

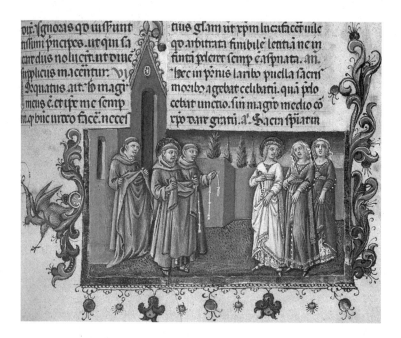

e soave», come lo è spesso il paesaggio umbro, ancora oggi per nostra fortuna, come io stesso tante volte l'ho visto nelle prime ore rosate d'un mattino estivo.

La particolare spiritualità di questa regione è concentrata intorno alle figure di Francesco e Chiara. Di Francesco mi sono occupato piú volte, affascinato dalla sua storia ma anche nel tentativo di decifrare l'enigma di quest'uomo. Una diagnosi clinica a freddo lo qualificherebbe come folle: chi avesse oggi il suo comportamento sarebbe probabilmente ricoverato in una struttura per disagi psichici. I criteri per valutare la salute mentale però sono molto opinabili, cambiano in modo radicale con i luoghi e con il tempo. I nostri, di tempi, non conoscono le accensioni estreme dell'amore di Dio, nessuno piú predica e pratica la sofferenza fisica in memoria della passione di Gesú. Dicono che qualcuno indossi un cilicio stretto alla coscia, un blando fastidio. Pochissimi hanno criticato il caso recente di uomini che si definivano (niente meno) *Memores Domini* frequentando però piú l'opulenza mondana che l'ascesi mistica.

Ai tempi di Francesco sembrava ammissibile, se non proprio consueto, che un uomo girasse coperto – non per indigenza ma per scelta – da una tela di sacco, i piedi nudi anche nel gelo invernale, una corda stretta alla vita come cintura, dormendo per terra, baciando i lebbrosi, chiedendo l'elemosina, nelle condizioni igieniche che si possono immaginare.

Era il comportamento di Francesco, imitava – addirittura accentuandolo – quello che tredici secoli prima Gesú aveva tenuto in Palestina. La possibile diagnosi psichica non basta, c'è dell'altro.

Francesco era venuto al mondo in una famiglia di agiati mercanti, la sua prima giovinezza fu adeguata alla sua condizione. Quando però un giorno, nei suoi vent'anni, pensa di aver ricevuto un comando divino, tutto cambia. Vive per un mese nascosto in una grotta, riducendosi in uno stato tale che, al rientro in Assisi, lo prendono per pazzo, gli tirano pietre urlandogli dietro. Anche suo padre è sconvolto, non è difficile capire perché. A quel figlio amato pensava d'affidare l'azienda di famiglia. Vistolo in quello stato, lo denuncia al vescovo. Francesco subisce una sorta di processo, in cui gli si ordina di restituire a suo padre tutti i denari perché «Dio non vuole che tu spenda a beneficio della Chiesa i guadagni di tuo padre».

A questo punto ha luogo una delle scene piú impressionanti della storia cristiana, che Giotto ha fissato negli affreschi della basilica superiore, e nota universalmente: Francesco rende a suo padre tutto, tutto ciò che ha, anche gli abiti che indossa. Davanti a tutti, sulla piazza di Assisi, resta nudo, come alla nascita, come ci ha raccontato il suo biografo, Tommaso da Celano:

> senza dire o aspettar parole, si toglie tutte le vesti e le getta tra le braccia di suo padre, restando nudo di fronte

a tutti. Il vescovo, colpito da tanto coraggio e ammirandone il fervore e la risolutezza d'animo, immediatamente si alza, lo abbraccia e lo copre col suo stesso manto.

Il significato simbolico è evidente: Francesco si fa nudo come alla nascita per mostrare *coram populo* la sua rinascita, non è piú l'agiato figlio di un padre abbiente. Di quei primi anni il biografo aveva scritto: «Sciupò miseramente il tempo, dall'infanzia fin quasi al suo venticinquesimo anno. Anzi, precedendo in queste vanità tutti i suoi coetanei, si era fatto promotore di mali e di stoltezze». Quel passato è sepolto per sempre, ora s'è fatto povero e santo.

Ma il possibile significato psichico? Tanti se lo sono chiesto, non credo che valga la pena di ripetersi la domanda. Piú importante notare come, ancora una volta, la religione e il culto abbiano smussato la sua immagine riconducendo la drammatica potenza del messaggio a un uomo che predicava ai pesci e agli uccellini, ammansiva i lupi. Riduzione a cartone animato di un passaggio che segnò la storia della spiritualità – e della Chiesa.

Francesco del resto non era un isolato. Quello fu il periodo in cui il cattolicesimo italiano, proprio per reazione al lusso ostentato del papato e dell'alto clero, vide nascere gli ordini monastici, come per esempio i catari e i valdesi, votati alla assoluta povertà sia individuale, sia di comunità improntate alla condivisione, il cui unico sostentamento erano l'elemosina e il lavoro manuale. Un rigore senza precedenti nel mondo classico. Queste esortazioni all'austerità ufficialmente giudicate ereticali preoccupavano però la Chiesa data la loro diffusione e l'ampio favore popolare di cui godevano. Questo spiega anche perché Francesco, la cui predicazione non era certo meno inquietante, non sia stato giudicato eretico e cacciato o punito. Il calcolo delle convenienze consigliava prudenza nei suoi confronti,

lui stesso era attento a non superare la soglia critica d'una
possibile rottura dimostrandosi tutt'altro che «pazzo», al
contrario un tattico sagace.

Emblematica è la risposta di Bernardo, che era stato
il suo primo discepolo, a un uomo che voleva fargli un'e-
lemosina generosa. «È vero che siamo poveri, disse, ma
per noi la povertà non è un peso come per altri indigenti,
ci siamo fatti poveri per nostra libera scelta». È il centro
della visione francescana: la volontarietà del sacrificio,
una vita solo esteriormente misera, invece molto ricca
in termini di meditazione, preghiera, azione redentrice
verso gli esclusi.

Con notevole enfasi fu papa Pacelli, Pio XII, a procla-
mare Francesco patrono d'Italia: «il piú italiano dei santi,
il piú santo degli italiani». Correva l'anno 1939, e quelle
parole assecondavano lo spirito del tempo. Infatti Mussolini gradí: esaltare un santo povero in un paese di povera
gente interessava molto anche lui.

Anche chi non ha una fede religiosa può chinarsi davanti ai versi che Francesco ci ha lasciato con il suo *Can-
tico delle creature*, alle fondamenta della nostra letteratura. Un uomo afflitto dal male, macerato dalle privazio-
ni, che di lí a poco sarebbe morto steso sulla nuda terra,
canta con gioia il mondo, gli animali, l'acqua, il vento,
il sole – la stessa morte. Vale la pena di sentirlo, anche
solo in parte, ancora una volta.

> Laudato sie mi' Signore, cum tucte le tue creature,
> spetialmente messer lo frate sole,
> lo qual è iorno et allumini noi per lui.
> [...]
> Laudato si' mi' Signore, per sora luna e le stelle,
> in celu l'ài formate clarite et pretiose et belle.
> [...]
> Laudato si' mi' Signore, per sor aqua,
> la quale è multo utile et humile et pretiosa et casta.

Laudato si' mi Signore, per frate focu,
per lo quale ennallumini la nocte,
[...]
Laudato si' mi' Signore, per sora nostra matre terra,
la quale ne sustenta et governa,
et produce diversi fructi con coloriti flori et herba.
Laudato si' mi' Signore, per quelli ke perdonano per
        lo tuo amore,
et sostengo infirmitate et tribulatione.
[...]
Laudato si' mi' Signore per sora nostra morte
        corporale,
da la quale nullu homo vivente pò skappare.

Chiara ha con Francesco alcuni importanti punti di contatto. Veniva anche lei da una famiglia agiata di Assisi, non della borghesia mercantile, come Francesco, ma della nobiltà. Anche lei consacrò interamente, ostinatamente, la vita alla missione che s'era data. Anche lei infine venne proclamata santa appena due anni dopo la morte, come era avvenuto per Francesco. Lui era morto nel 1226 all'età di 44 anni, stremato dalle rinunce; lei, che pure era stata malata per anni, morí sessantenne nel 1253.

Il punto di contatto piú stupefacente è nell'ostinata, esclusiva dedizione delle loro vite, un rapporto con il divino di tale intensità che pochi o nessuno sono poi stati in grado di uguagliare. Dedizione esclusiva vuol dire che tutto, ogni bisogno, esigenza, attività vitale, veniva sacrificato al comando divino, comprese rinunce e sofferenze autoinflitte. Il biografo di Francesco ricorda che il santo «moltiplicava le sue autopunizioni per dare l'esempio e batteva vie difficili solo per incoraggiare gli altri». Chiara, che pure aveva conosciuto durante l'infanzia gli agi di una nobile famiglia, pretese per sé e per le sue compagne assoluta povertà, si batté tutta la vita con le autorità episcopali, con lo stesso papa, perché le fosse riconosciuto il diritto a un'attività di apostolato, alla predicazione, ai contatti con il mondo – e alla totale povertà.

Era un'epoca in cui le monache, presi i voti, diventavano recluse: dal loro orizzonte dovevano scomparire parenti, amici, l'intero mondo, e nemmeno da morte gli era consentito uscire dal recinto conventuale, le loro salme erano sepolte all'interno, nel cimitero o nella cappella. A questo Chiara non si rassegna, cerca per quanto può il mondo – perché vuole redimerlo.

È la prima donna ad aver scritto una «regola» autonoma per l'ordine da lei stessa fondato, le clarisse. Nonostante avesse per Francesco una venerazione amorosa, mistica e certamente anche sensuale, non volle che il suo «ordine» derivasse la propria regola da quella dei frati minori. C'era in lei, come in chiunque scegliesse quelle costrizioni di rigidità quasi disumana, l'ansia del martirio, il desiderio di emulare gli antichi cristiani che avevano dato la vita per la fede. Un canone citato dall'insigne medievista Chiara Frugoni racconta che nel 1220, quando Chiara era dunque nei suoi 25 anni, si sparse la notizia che in Marocco alcuni frati erano stati trucidati. Subito venne presa dal desiderio di andare anche lei in quel paese lontano; saputo che non le sarebbe stato consentito, «perché sembrava poco decoroso per le donne, e fuori luogo in particolare per delle claustrali, andare là; ne pianse abbondantemente, e ne fu rammaricata oltre misura, per il fatto che bramava con tutto il cuore di immolarsi come ostia viva nel supplizio della morte per Cristo che ha patito per noi». Questo il clima, questa la temperatura della *Sequela Christi* che cercava di perseguire.

Una sua strabiliante visione, ricca di rimandi e di trasparenti allusioni sessuali, dà un'ulteriore idea della tensione raggiunta. Una monaca di nome Filippa riferí d'aver appreso dalla stessa Chiara che un giorno s'era vista nell'atto di portare a Francesco un vaso di acqua calda per sciacquare le mani. Quando era giunta al suo cospetto, il santo aveva estratto dalla tunica una mammella ordinandole: «Avvicinati e suggi». Per due volte l'aveva invitata a suggere dal suo seno un liquido che risultava di sublime dolcezza. Un po' di quel nettare essendole rimasto sulle labbra, la santa, «pigliando epsa con le mane quello che li era remaso nella boccha, li pareva che fusse oro cosí chiaro et lucido, che ce se vedeva tucta, come quasi in uno specchio».

Si potrebbero riferire altri gesti sublimi, incantamenti, prodigi. Ad esempio quello verificatosi la notte di Natale quando, malata, non era potuta andare alla messa celebrata da Francesco. D'improvviso ebbe, stesa nel suo letto, la visione della messa. Poi, al momento dell'eucarestia, vide apparire un angelo che le offriva l'ostia consacrata.

Sulla base di questi resoconti, purtroppo, Chiara è stata proclamata patrona delle telecomunicazioni con un provvedimento che riduce quell'altissima immaginazione frutto di rapimento mistico a ordinaria banalità ministeriale.

Chiara di Assisi ha passato quasi metà della vita costretta dalla malattia senza che questo abbia scalfito la sua determinazione. Solo poco prima di morire ebbe la gioia di ricevere da un messo di papa Innocenzo IV la regola bollata del suo ordine che cosí a lungo aveva atteso. Raccomandò per l'ultima volta alle altre monache (dell'ordine da lei chiamato *sororum pauperum*, «delle sorelle povere») il «privilegio della povertà», poi baciò con passione il documento pontificio. Fu, pare, uno dei suoi ultimi gesti, dopo di che «passò de questa vita al Signore la predicta madonna Chiara: veramente chiara, senza macula, senza obscurità de peccato, alla clarità de la eterna luce».

Questa dedizione totale nel mondo occidentale è scomparsa o diventata invisibile; dove e quando esista è relegata in piccoli cenacoli, socialmente ininfluenti. S'è spenta in altre parole la forza esemplare di quelle vite, che emanò da loro come dai tanti che ugualmente sentirono la chiamata divina. Un caso esemplare è quello del frate minore Jacopone da Todi, che per sei anni il terribile papa Bonifacio VIII (siamo nel XIII secolo), stanco delle sue critiche, fece rinchiudere nei sotterranei della basilica di San Fortunato – citata poco sopra. Anche Jacopone, come Francesco, era poeta e al papa simoniaco non aveva certo risparmiato, sia pure in versi, le accuse: «Punisti la tua lengua contra le reliuni | a ddicer blasfemia sanza nulla rasone; | e Deo sí t'à somerso en tanta confusione | che onn'om ne fa canzone tuo nome a maledire». Venne liberato da quel carcere solo dopo la morte di Bonifacio, e passò gli ultimi anni a Collazzone, tra Perugia e Todi, nell'ospizio dei frati minori, accudito dalle clarisse.

Nel 1596 le sue spoglie sono state sistemate nella chiesa di San Fortunato; la lapide a lui dedicata lo definisce «STULTUS PROPTER CHRISTUM», impazzito d'amore per Cristo. In questo caso la *stultitia* vale come lode e risarcimento, lo stesso si potrebbe dire di Francesco.

A pochi chilometri da Todi, in un casale cosí antico da figurare nelle mappe catastali pontificie, passo la villeggiatura. Una delle tante parole ormai desuete, ignorata dal circuito giovanile dov'è sostituita dal piú dinamico «vacanze». C'è una differenza abissale tra i due termini, pratica e psicologica. Vacanze richiama meglio la spensieratezza del periodo. Vacanza viene da *vacare*, *vacatio*, quindi «essere vuoto», però anche «essere libero», dunque un tempo sí vuoto, però piacevole, da colmare con attività diverse da quelle abituali: viaggi, avventure, conoscenze, amori, notti lunghe, smemoratezza, albe.

La villeggiatura al contrario è statica, si lascia la città per andare in villa, come facevano i romani antichi che la villeggiatura, la stessa idea di «villa» come opposta agli affanni della città, l'hanno inventata. Sulle smanie per la villeggiatura e altre avventure Carlo Goldoni ha scritto addirittura una trilogia.

Villa non vuol dire solo campagna, però alla parola villeggiatura è ancora connessa l'idea di un periodo di riposo
con temperature piú miti, serate di tranquille conversazio-
ni e anche qui, volendo, di albe. Viste però dalla parte di
chi si leva presto, non da quella di chi rincasa tardi. Che
è come richiamare la differenza tra fa diesis e sol bemol-
le. In apparenza è la stessa cosa, sul pianoforte il tasto è
lo stesso. Invece non è cosí, il tasto è lo stesso ma l'aura
del suono, il contesto, cambia se si sale di mezzo tono dal
fa o si scende di altrettanto dal sol, cambia come la luce
dell'alba, che è anche lei sempre la stessa, ma ha un'aura
diversa per chi la vede rincasando e per chi invece dalla
casa s'affaccia per cominciare una giornata. Vasco Rossi nel 1981 canta *Siamo solo noi*: «Siamo solo noi, che
andiamo a letto la mattina presto | e ci svegliamo con il
mal di testa». Uno spirito molto diverso da quello dei
versi che Vincenzo Cardarelli dedica a un mattino esti-
vo: «Distesa estate, | stagione dei densi climi | dei grandi
mattini | dell'albe senza rumore. [...] Nessuna promessa
terrena | può dare pace al mio cuore | quanto la certezza
di sole | che dal tuo cielo trabocca».
    La vacanza si concilia male con la lettura, la villeggia-
tura invece la favorisce, facilita il lavoro metodico scan-
dito dal ritmo uguale dei giorni. Non sono scoperte di
oggi, la letteratura latina è piena di elogi della vita agre-
ste. A me, per ragioni precise, piacciono questi quattro
versi del grande poema di Lucrezio: «Distesi su un te-
nero prato, fra amici, vicino a un ruscello, sotto i rami
d'un alto albero, senza gran dispendio si ristora il corpo
con piacere, specie quando arride il tempo e la stagione
dell'anno cosparge di fiori le erbe verdeggianti» (*De rerum natura* II, 29-33). Mi piacciono perché la fortuna ha
voluto che intorno alla vecchia casa collocata a metà collina lungo la valle del Tevere ci siano tutte le cose che
Lucrezio cita nel suo quadretto: il prato, il ruscello, alcune alte querce.

Per la maggior parte della vita ho fatto il giornalista, che vuol dire – voleva dire, oggi meno – frequenti viaggi, concitazione, qualche rischio, scrittura frettolosa. Da parecchi anni in qua invece scrivo libri, racconto quello che so o che nelle ricerche riesco a trovare. Faccio tutto da me, una sola volta mi affidai all'aiuto di un giovane che mi ha cacciato per inesperienza in un guaio non indifferente. C'è una grande differenza tra la scrittura di un libro e quella di un articolo, è lessicale, compositiva, di fraseggio, di tenuta. Mi capita d'incontrare dei genitori che dicono: mio figlio vorrebbe fare il giornalista, scrive molto bene. I giornali sono spesso scritti male e questo non va; in generale però direi che la «bella scrittura» non è la prima qualità di un giornalista, che sta invece nella prontezza con la quale si è capaci di cogliere il fuoco d'un evento o d'una notizia – e di riferirlo. Tutto il resto, scrittura compresa, conta meno.

Scrivere un libro vuol dire sposare un argomento, quasi non pensare ad altro, per mesi, anni, essere attraversati da una frase, un dettaglio mentre si fa altro, nel dormiveglia, intenti a una conversazione, guidando in autostrada. La casa in Umbria è il luogo in cui mi sono reso conto del perché le persone d'età, gli ammalati, i reclusi, tendono a tornare ai classici, quando possono. Un testo classico è quello di cui il tempo non ha scalfito il significato, capace di proiettare dagli anni remoti in cui venne pensato e scritto un barlume di luce sulla contemporaneità, alleviandone il peso. Se tutto questo è già accaduto, se le angustie di oggi sono già state provate, descritte, e tuttavia siamo qua, vuol dire che altre persone, chissà quando, potranno pensare lo stesso di noi. La casa in Umbria, circondata da alte querce centenarie, è anche la casa dei pensieri, dei ricordi, dei progetti – e dei classici. La lettura e lo studio per me hanno (o m'illudo che abbiano) il vantaggio di ritardare l'inevitabile passaggio dalla *Senectus* alla *Vetustas*, ovvero dalla vecchiaia (che può non essere spregevole) al decadimento (il quale invece lo è). Non solo lo è, possiede l'orrenda prerogativa di mostrarsi a tutti – meno che a chi lo patisce.

Ma ora, per evitare un eccesso di pathos, aggiungo un aforisma scherzoso, come faceva sempre Orazio nelle *Satire* quando era lí lí per commuoversi. Una celebre frasetta attribuita a Baudelaire: «La campagna è il posto dove i polli girano crudi», il che ristabilisce un giusto equilibrio emotivo con la vecchiaia e con i luoghi.

13.
Sole che sorgi?

La prima volta che Roma si presentò agli occhi del mondo nella veste di capitale del Regno d'Italia fu nel 1911, cinquantenario dell'unità nazionale. Ai festeggiamenti il governo Giolitti si presentò dimissionario per una delle ricorrenti crisi negli equilibri politici, già allora difficilissimi poi diventati tipici della fragile vita pubblica italiana. Solo il giorno prima della solenne inaugurazione Giolitti aveva avuto dal re l'incarico di formare un nuovo gabinetto. In compenso la città era stata notevolmente attrezzata, dopo i lunghi anni d'abbandono in cui le sbadate amministrazioni pontificie l'avevano lasciata. L'ho già raccontato nei *Segreti di Roma*: in giugno era stato inaugurato, anche in quel caso tra numerose polemiche, il monumento dedicato a Vittorio Emanuele II, proclamato «padre della patria»; i socialisti avevano espresso molte riserve, i repubblicani avevano indetto una loro manifestazione ai piedi della statua di Garibaldi al Gianicolo; i massoni avevano diffuso un acceso proclama anticlericale, il nuovo gigantesco monumento, rivestito di un'abbagliante «botticino», era stato definito una sentinella laica «al cospetto del Vaticano sempre vigile e in agguato», una specie di altare laico contrapposto alla basilica di San Pietro. Infatti «Altare della Patria» sarà il suo nome.

Le opere, comunque, erano state numerose. Vale la pena di richiamarle: dalla sistemazione di Valle Giulia, sede di numerose accademie straniere, al grande edificio adibito a Galleria nazionale d'arte moderna (Gnam), dal cavalcavia che unisce Villa Borghese al Pincio, al nuovo Palazzo di Giustizia. Vennero anche inaugurati due nuovi ponti sul Tevere, uno dei quali, il Flaminio, a campata unica in cemento armato, estremo ardimento per l'epoca. Si completò piazza dell'Esedra (oggi della Repubblica), unica piazza romana che ricordi in qualche modo Parigi, con al centro la fontana delle Naiadi. I seminaristi che la attraversavano avevano l'obbligo di girarsi dall'altra parte per non essere turbati dalle procaci nudità delle ninfe; per le loro forme, si sussurrava, s'era prestata una celebre bellezza romana di uso pubblico, per cosí dire. Restaurati Castel Sant'Angelo e le Terme di Diocleziano, allestita la splendida Passeggiata archeologica davanti alle terme di Caracalla. Mai piú Roma conoscerà un tale fervore di opere.

L'amministrazione era retta da Ernesto Nathan, ebreo, massone, mazziniano e anticlericale, nato a Londra e naturalizzato italiano. Un primo cittadino della capitale come ce ne sono stati pochi: a lui si devono il primo grande piano regolatore e l'iniziativa per gli aiuti all'edilizia popolare e per l'istruzione delle classi piú deboli.

All'inaugurazione del Vittoriano Nathan disse tra l'altro: «La mole imponente, sorta sul Colle Capitolino per l'Altare della Patria, non è un monumento solo al re, simboleggia la Terza Italia! E mentre in mezzo al Campidoglio sorge la statua equestre di Marco Aurelio, imperatore vindice del diritto, in quello or ora scoperto troneggia quella del re Galantuomo, vindice della fede nazionale». Belle parole, un po' appannate dal tempo.

Sono vissuto a Roma per la maggior parte della vita, ricordo solo un altro evento che possa essere avvicinato a quello del 1911; non tanto per la quantità delle opere, che allora erano state indubbiamente piú numerose, ma per il clima di entusiasmo, per la coscienza diffusa che si stava partecipando all'inizio di un'era nuova e migliore. Nel 1911 non c'ero ma ho letto e scritto molto su quegli anni, penso di poter dire che, al di là delle abituali polemiche, sembrò a molti che Roma stesse davvero diventando la degna capitale d'una Italia nuova, adeguatamente collocata nel «concerto delle nazioni», come dettava il suo passato e, si pensava, il suo destino.

C'ero invece nel 1960, ero appena entrato alla Rai (per concorso), mi avevano messo in un ufficio che doveva seguire e coordinare i programmi per le Olimpiadi. L'entusiasmo in questo caso l'ho vissuto. Se nel 1911 era in ballo una collocazione adeguata dopo i lunghi anni del papato, nel 1960 si sperava di arrivare a primeggiare nel mondo. La lira aveva vinto l'oscar delle monete, il prodotto interno lordo cresceva a ritmo sostenuto, il design e la moda italiani trionfavano, la motorizzazione andava a gonfie vele, erano già stati inaugurati i primi tratti della nuova Autostrada del Sole, una meraviglia che scavalcava le vallate e passava dentro le montagne. Avevamo sotto gli occhi un paese risorto dalle rovine materiali e civili, nel quale s'andava diffondendo un benessere che nessuna generazione precedente aveva conosciuto.

A quale prezzo questo stava avvenendo lo avremmo scoperto solo piú tardi.

Il sogno del 1911 aveva cominciato a svanire già nell'autunno con la guerra di Libia, scomparve del tutto nei torbidi anni che seguirono la «vittoria mutilata» del 1918. Il sogno del 1960 durò un po' di piú, quasi un decennio, lo dissolse il terrorismo, l'abbiamo visto.

Mi sono dedicato per anni, con passione, alla storia di Roma. Quando sono entrato alla Rai la sede dell'azienda si trovava al numero 9 di via del Babuino, dove ora c'è l'Hotel de Russie. La finestra del mio ufficio dava su piazza del Popolo, la meraviglia neoclassica del Valadier. Confesso di aver passato piú di un momento a guardare i giochi di luce che il tramonto faceva balenare sulle balze del Pincio. La storia di questa piazza è bella e trascurata; vale la pena di raccontarne almeno un pezzo anche perché, a ben vedere, corrisponde a un altro periodo, come nel 1911 o nel 1960, in cui la città cambiò il suo aspetto.

L'occupazione francese di Roma del 1809, con l'imprigionamento e il trasferimento di Pio VII in Francia, non durerà molto: dopo la sconfitta di Napoleone a Lipsia e la conseguente parentesi dell'Elba, il papa riprende possesso dei suoi dominî, nel 1814. In quei pochi anni, però, i francesi fecero in tempo a lasciare profonde tracce del loro passaggio, anche perché il Grande corso aveva intenzione di fare della Città eterna la seconda capitale del suo impero dopo Parigi. Gli eventi non gli permetteranno nemmeno di mettervi piede, come ho già ricordato. Ma di quel progetto non restano solo gli splendidi appartamenti preparati per lui al Quirinale. Con la supervisione del prefetto della città, l'energico barone Camille de Tournon, Roma viene ripensata con l'idea di avvicinarla al modello europeo: vengono progettati, tra gli altri, il contenimento del Tevere tra due muraglioni, la grande via parallela alla via Flaminia (oggi viale Tiziano) che raddoppia la viabilità tra ponte Milvio e Porta del Popolo, ma anche musei e teatri, bar e ristoranti, palestre e svaghi all'aria aperta. Si riprende il prosciugamento delle paludi Pontine che aveva avviato Pio V, e che il fascismo completerà. Si pensa anche ai morti, l'abbiamo visto: il cimitero del Verano con la sua impronta neoclassica è anch'esso un lascito di quel periodo.

I francesi incaricano poi l'architetto Giuseppe Valadier di eseguire a Porta del Popolo un progetto di «pubblica villa e passeggiata». Lí per lí l'idea non si poté realizzare, ci furono contrasti, incombeva tra l'altro la difficoltà di raccordare le due quote della piazza e della soprastante terrazza del Pincio. Partiti i francesi fu comunque lui, Valadier, a trovare la definitiva fisionomia nella forma ellittica dello spazio con al centro il magnifico obelisco (24 metri) e quattro leoni in stile egizio ai suoi piedi, due esedre ornate di statue e fontane e infine le ampie rampe carrozzabili e al-

berate che con due o tre curve sinuose mettono in comunicazione i diversi livelli. Da vicende controverse, durate
anni, è nato un capolavoro urbanistico nella forma, negli
ornati, nelle prospettive, nel venerando obelisco portato
a Roma ai tempi di Augusto, nei tesori che contengono le
tre chiese che si affacciano sulla piazza, basta pensare ai
due Caravaggio di Santa Maria del Popolo.

Devo aggiungere un dettaglio che quasi mai viene no-
tato. Sull'edificio a sinistra della porta si può vedere una
targa murata in alto che recita: «ALLA MEMORIA DEI CAR-
BONARI ANGELO TARGHINI E LEONIDA MONTANARI CHE LA
CONDANNA DI MORTE ORDINATA DAL PAPA [Leone XII] SEN-
ZA PROVE E SENZA DIFESA, IN QUESTA PIAZZA SERENAMENTE
AFFRONTARONO IL 23 NOVEMBRE 1825».

La targa venne apposta nel 1909 per iniziativa di un'associazione democratica. Ricorda una delle ultime condanne
a morte ordinate dai pontefici, eseguita dal famoso boia di
Roma, detto Mastro Titta, il quale descrive l'avvenimento

nelle sue memorie come «uno spettacolo imponente. Piazza del Popolo era gremita di gente, come non la vidi mai [...] Li legai solidamente ai polsi, perché avevano rifiutato di lasciarsi bendare, poi spinsi innanzi Angelo Targhini, che porse il capo sorridendo alla ghigliottina e in un secondo fu spedito. Leonida Montanari mi salutò beffardamente dicendomi: "Addio collega" e fece poi come il Targhini e come il Targhini lo spedii al Creatore. Ci fu un subitaneo movimento nella folla; pareva volesse scoppiare un applauso. Ma la vista della forza armata la contenne e non si ebbe a deplorare il menomo incidente».

Curioso ricordare che la pena di morte è stata cancellata dalla «legge fondamentale» della Santa Sede solo il 12 febbraio 2001, sotto il pontificato di Giovanni Paolo II.

Come si fa a parlare di una città come questa? Che cosa raccontare, che cosa omettere? Roma, ho cercato di raccontarla in molti modi, centinaia di pagine negli anni, eppure quando la penso mi perdo, incapace di trovare una sintesi, il punto di fuga d'una prospettiva, allora mi rifugio nelle sensazioni che valgono poco già per chi le prova, spero che non valgano ancora meno per chi le legge. Ricordo però che nei miei anni giovanili Roma era bellissima. Nella modernità credo che non sia mai più stata così bella. Per un breve periodo tra l'inizio della rinascita e l'invasione del turismo di massa, via dei Condotti è riuscita ad assomigliare alla londinese Jermyn Street, riservatezza, silenzio, con in più antico e moderno, classico e barocco coniugati insieme, un miracolo. La città, che aveva conosciuto un degrado secolare, perderà presto quell'effimero smalto per decadere nella sciatteria di pessime amministrazioni e di una popolazione largamente ignara del luogo in cui vive.

Eppure, in questo viaggio alla ricerca del carattere degli italiani – ammesso che riesca a trovarlo – Roma resta una meta cruciale. Che tipo di italiano vi abita, considerato che il vero romano da tempo non esiste più?

Gli unici veri romani siamo noi, dicono i vecchi ebrei del ghetto; non hanno torto. La comunità della diaspora sorse a Roma prima ancora che il Secondo tempio e la stessa Gerusalemme fossero distrutti dalle truppe di Tito nel 70 d. C., stiamo parlando non di secoli ma di millenni. Nella parete di destra dell'arco trionfale, eretto dopo la morte dell'imperatore, si possono vedere i legionari che portano via la menorah dal tempio, poi finita chissà dove.

Pochi di numero, specialmente dopo la shoah, gli ebrei romani si sono mescolati alla vita cittadina nonostante i ricorrenti tentativi di separarli ed escluderli.

Crescenzo del Monte (1868-1935) è stato il poeta che ha raccontato questa condizione nei suoi sonetti in giudaico-romanesco. Per esempio: «Io so' jodío romano: e so' romano da tempo de li tempi antichi [...]. Io parlo com'allora. [...] Ae visto Giuglio Cesare e Pompeo! Aio passato guai co' Vespasiano».

Storie vertiginose! Vespasiano era il padre di Tito, uomini raccontati dallo storico ebreo Giuseppe Flavio nella sua *Guerra giudaica*, chiamato «Flavio» proprio perché adottato da quella dinastia.

Fu papa Paolo IV Carafa a ordinare di chiudere gli ebrei romani in un ghetto, obbligandoli a portare ben visibile un distintivo giallo per renderli riconoscibili. La stella gialla nazista ha a Roma il suo precedente.

Esclusioni e obblighi hanno favorito l'endogamia, anche per questo sono rimasti gli ebrei i romani piú veri, in genere popolo minuto, perché a Roma non ci sono mai stati i grandi banchieri, i grandi mercanti d'arte. Grandi medici sí, vi ricorrevano anche i papi fidandosi piú di loro che dei medici cristiani. Per il resto agli ebrei era riservato il piccolo commercio, stoffe, ma anche stracci, a volte oro e preziosi, spesso il prestito di piccole somme di denaro. Tutta la legislazione pontificia era studiata in modo da non consentirgli di accumulare grandi capitali.

Situazione ben illustrata dall'episodio che riguarda un antenato del celebre artista Amedeo Modigliani, gestore di un banco di pegni, se non banchiere, comunque facoltoso. Avendo condotto felicemente in porto un prestito di denaro a un cardinale che navigava in cattive acque, l'avo di Modigliani aveva incautamente creduto di poter eludere il divieto papale di possedere beni immobili e aveva acquistato una vigna sui colli Albani. L'«illecito» giunse all'orecchio della curia romana, che, indifferente ai rapporti vantaggiosi dell'uomo con un alto esponente della Chiesa, minacciò pesanti sanzioni se non si fosse disfatto del terreno. E lui cosí fece, ma subito dopo radunò beni e famiglia e trasferí tutti a Livorno dove l'accorto Ferdinando I, granduca di Toscana, accoglieva volentieri gli ebrei per dare impulso al suo nuovo porto. Ecco perché Amedeo, che poi diventerà parigino, era nato a Livorno.

Ma a parte gli ebrei, piú in generale esistono insomma o no i «romani»? Se c'è un attore che ha dato connotati e carattere a questo personaggio è Alberto Sordi. Infingardo, spaccone, un po' vile, pronto ai piccoli accomodamenti. La maschera da lui creata era geniale, ma era anche vera? La risposta è sí, ne abbiamo la prova nei sonetti di Giuseppe Gioachino Belli (1791-1863), anche se tra i popolani del Belli e Alberto Sordi c'è per la verità un piccolo scarto. L'attore vira verso il piccolo-borghese, i protagonisti del Belli sono invece plebe nel senso piú autentico e sordido del termine. Potrei dedicare le restanti pagine del libro solo a questo tema avendo letto, e assaporato, tutti i 2279 sonetti del geniale poeta. Invece dirò solo che quei trentaduemila versi contengono il ritratto crudo della plebe romana all'inizio del XIX secolo con una forza realistica di cui nessuno scrittore dell'epoca era mai stato capace. Alla plebe del resto la raccolta è esplicitamente dedicata, come si legge nell'introduzione: «Io ho deliberato di lasciare un monumento di quello che oggi è la plebe di Roma».

Il poeta ritrae i suoi popolani con una partecipazione totale, li «ricopia» come dice lui stesso, s'immedesima nei loro guai, prova i loro sentimenti, parla la loro lingua schietta, con tutte le sue oscenità e bestemmie, perché sa che in quella lingua c'è la sola libertà che a quegli sventurati sia concessa. Ma saranno veri popolani quelli che balzano dalle pagine o non piuttosto le tante anime dello stesso poeta, che usa i personaggi come simulacri dietro i quali nascondersi? Non ho la risposta e non l'hanno nemmeno gli studiosi che tante volte si sono fatti questa domanda, importante e vana. Quello abbiamo e su quello bisogna ragionare. In un mio precedente libro su Roma, a Belli ho dedicato un intero capitolo all'interno del quale ho riportato diversi stralci dei sonetti. Non li ripeterò qui, perché il fine di questo libro è diverso, se non per l'eccezione di un sonetto e per ricordare ancora una storia molto curiosa sulla vita del Belli.

L'eccezione è un sonetto del 1834 dal titolo *Un ber gusto romano* che parla da solo:

Tutta la nostra gran zoddisfazzione
de noantri quann'èrimo regazzi
era a le case nove e a li palazzi
de sporcajje li muri cor carbone.

Cqua ddiseggnàmio o zzíffere o ppupazzi,
o er nodo de Cordiano e Ssalamone;
llà nnummeri e ggiucate d'astrazzione,
o pparolacce, o ffiche uperte e ccazzi.

Oppuro co un bastone, o un zasso, o un chiodo,
fàmio a l'arricciatura quarche sseggno,
fonno in maggnèra c'arrivassi ar zodo.

Quelle so' bbell'età, pper dio de leggno!
Sibbè cc'adesso puro me la godo,
e ssi cc'è un mmuro bbianco je lo sfreggno.

Eccolo lo spirito plebeo, il narratore è ormai diventato
adulto, eppure continua a «sfreggnare» i muri col carbone come faceva da «regazzo», divertendosi come allora in
quei gesti vandalici. Oggi il carbone non c'è, però ci sono
le bombolette spray molto piú invadenti e dannose con le
quali i giovanotti continuano a lordare i poveri muri di
Roma, coprendoli di scritte e sigle demenziali.

Ed ecco l'aneddoto belliano di notevole interesse, non
molto noto. Il poeta aveva sposato Maria Conti, nove mesi dopo che questa era rimasta vedova di un certo conte
Pichi. Nove mesi erano il tempo giusto, previsto fin dal
diritto romano per evitare ogni possibile *commistio san-
guinis*. Al momento delle nozze lui ha 24 anni, lei 38 e un
certo patrimonio da amministrare. Accade però quello che
doveva accadere. Cinque anni dopo, nel 1820, Giuseppe
conosce la marchesina Vincenza Roberti, di nove anni piú
giovane, venuta in visita a Roma insieme alla madre. È
una donna graziosa nella freschezza dei suoi vent'anni.
Con Cencia, come affettuosamente la chiama, comincia
una lunga e intima amicizia. Lei abita a Morrovalle (nelle Marche), lui le scrive con un'ossessività pari a quella
che mette nei sonetti, cioè moltissimo. Piú di 150 lettere

in trent'anni, spesso lettere non d'occasione, ma lunghe e partecipi, da cui emerge un amore che oscilla di continuo tra il sensuale e il platonico. Lei accoglie volentieri sia la fiamma dei sensi sia i versi, al riparo di un tranquillo matrimonio col solido dottor Perozzi, medico condotto a Morrovalle. Una Madame Bovary in versione marchigiana. Durante un prolungato soggiorno di quasi due mesi a Morrovalle, nell'estate del 1831, il Belli compone molti dei suoi più arditi sonetti. Non si tratta del solito erotismo popolano ma di schietta, esibita oscenità. Vale la pena di riproporne un breve esempio del settembre di quell'anno: «Io sce vorrebbe franca 'na scinquina | che nn'addrizzi più ttu ccor fà l'occhietto | che ll'altre cor mostrà la passerina». Il tenore è questo, si potrebbe aggiungere ben altro.

Come ho già avuto modo di raccontare in passato, la curiosità aggiuntiva sta nel fatto che la marchesina Cencia e i suoi famigliari erano spesso ospiti in casa dei conti Leopardi a Recanati – che è a pochi chilometri da Morrovalle –, da cui la domanda se Giuseppe Gioachino e Giacomo si siano conosciuti. Una risposta certa non c'è, diciamo che è possibile. I due potrebbero essersi incontrati, se non altro per contiguità logistica, nell'inverno 1831-32 quando il Belli abitava in piazza Poli e Leopardi in via dei Condotti. Pura ipotesi. Mi piace immaginare che i due si siano incontrati salutandosi con distratta cortesia, togliendosi il cappello con uno sguardo perplesso: quel viso non mi è nuovo, dove l'avrò già visto? S'incrociavano due dei massimi poeti dell'Ottocento italiano. Uno scriveva in lingua, l'altro in dialetto.

Roma ha anche un inno a lei dedicato. Una gagliarda aria di marcia come si conviene agli inni, scritta nel 1919 da Giacomo Puccini, su testo del librettista Fausto Salvatori. Il compositore, noto per la tenerezza, il languore, la fragilità dei suoi personaggi, per la malinconica delicatezza delle loro arie, poggiate per lo più su armonie deboli, in minore, qui si lascia andare con evidente divertimento a una trascinante baldanza militaresca.

L'*Inno a Roma* ha una storia curiosa e tormentata. Venne commissionato nella primavera del 1918 per celebrare le vittorie dell'esercito italiano che in quei mesi stava riprendendo l'iniziativa dopo le tremende giornate di Caporetto. Pare che il maestro, scritta la musica in soli quattro giorni, abbia mandato copia della partitura per piano e voci ad Alessandro Vessella, abile direttore e orchestratore per banda. La prima esecuzione subí alcuni accidentali rinvii e si riuscí a eseguire l'inno solo il 1° giugno (1919) nel corso di una manifestazione sportiva allo stadio nazionale (poi diventato stadio Torino, dopo la tragedia di Superga, oggi in abbandono). Grande successo, tripudio sulle gradinate.

Il librettista aveva composto le strofe sulla stessa metrica delle *Odi barbare* di Carducci, tre endecasillabi e un quinario – endecasillabi: «Sole che sorgi libero e giocondo | sul colle nostro i tuoi cavalli doma | tu non vedrai nessuna cosa al mondo»; quinario: «Maggior di Roma». Metrica bellissima, ricavata dalla strofa saffica già usata da Orazio nel suo *Carmen saeculare* cui l'inno è ispirato (*Alme sol, possis nihil urbe Roma visere maius*). Una mia cugina mi confessò che da bambina aveva completamente frainteso il versetto: «Tu non vedrai nessuna cosa al mondo maggior di Roma». Figlia di un militare, pensava che «maggior di Roma» fosse un ufficiale romano di quel grado, che non poteva vedere «nessuna cosa al mondo» perché era cieco. Per lei si trattava di un inno tristissimo che raccontava la sventura di un eroe.

Le sventure dell'inno in realtà furono diverse. Il fascismo, povero di una sua retorica, se ne impossessò facendone uno dei canti del regime. Io stesso l'ho cantato fiero e impettito nell'uniforme da balilla, credo di avere ancora nelle orecchie lo squillo argentino delle nostre vocette infantili nell'atto di pronunciare quelle solenni parole cosí sproporzionate alle nostre gracili membra. Nel dopoguerra diventò in pratica l'inno del Movimento sociale. I democristiani avevano *Bianco fiore*, i comunisti *Bandiera rossa*, i socialisti *L'Inno dei lavoratori*, i neofascisti, non potendo usare *Giovinezza* come avrebbero voluto, facevano precedere i loro comizi dalle note dell'innocente Puccini.

Del resto Orazio aveva composto il suo *Carmen saeculare* per compiacere Augusto; usare parole simili per compiacere la memoria di Mussolini è comprensibile. Senza mai dimenticare, comunque, che la nascita del brano precede di tre anni quella del fascismo.

In quegli anni lontani sono anche stato inconsapevole testimone della fine di un'epoca nella storia italiana che ha Roma come scenario. Nella primavera del 1943 eravamo sfollati in un paese tra Lazio e Abruzzo di cui non ricordo il nome. Verso la metà di luglio, mia madre decise di tornare brevemente a Roma per dare un'occhiata alla casa e fare visita alla tomba di sua madre, per me nonna Antea, al cimitero del Verano. Ricordo il torpedone (cosí si diceva allora) di colore blu con il quale partí dalla piazza polverosa del paese. Qualche giorno dopo la radio diffuse la notizia che Roma era stata bombardata, tra numerose reticenze si riusciva a capire che c'erano stati molti danni e molti morti. Il cimitero del Verano era stato uno dei bersagli, i «barbari» (cosí la radio) avevano colpito anche la basilica di San Lorenzo.

L'angoscia per la sorte di mia madre, di cui in nessun modo si riuscivano ad avere notizie, durò, credo, un paio di giorni. Finalmente la vedemmo scendere da un altro torpedone blu simile a quello con il quale era partita. Abbracci, lacrime.

Raccontò ai familiari trepidanti che cosa era accaduto: quando era già salita sul tram che l'avrebbe portata al cimitero per la progettata visita alla tomba, aveva cambiato d'improvviso idea. Era scesa ricordando che lungo il tragitto aveva visto nella vetrina di un negozio una borsa che le piaceva molto. La borsa poi non l'aveva comprata perché costava troppo, però, mentre stava lí sospesa tra il

prezzo e il desiderio, era suonato l'allarme aereo durante il quale era vietato circolare. Cosí era rimasta chiusa nel negozio mentre cominciavano a sentirsi le esplosioni delle prime bombe, che avrebbero colpito, tra l'altro, proprio la zona del cimitero dov'era diretta.

Quella fu un'estate piena d'incertezze. Una settimana dopo il bombardamento il fascismo cadeva, messo in crisi dal suo stesso Gran consiglio. Poi venne l'armistizio dell'8 settembre, che sembrava la fine della guerra e invece ne apriva una fase ancora piú drammatica con l'occupazione, i rastrellamenti, gli scontri armati, che ho già ricordato. La notte si sentiva l'improvviso rumore di qualche raffica sulle creste dei monti intorno al paesino dove eravamo sfollati. Ogni tanto da uno di questi monti scendeva una specie di eremita che ricordo coperto praticamente di stracci, ai piedi delle fasce alte fino al polpaccio legate con la corda. Lo accoglievano nel cerchio di persone sedute nella piazzetta, ognuno

con una seggioletta portata da casa, praticamente al buio,
a chiacchierare, a farsi inutili domande su ciò che sarebbe
successo, sui movimenti delle truppe alleate che sembravano sempre ferme, perché gli americani, diceva un signore
con l'aria di saperla lunga, fino a quando non hanno fatto
piazza pulita a cannonate non muovono un passo. L'eremita
non partecipava al chiacchiericcio, mangiava un po' di pane,
ogni tanto apriva bocca e agitando la lunga barba bianca diceva frasi misteriose che spaventavano molto noi bambini:
«Verrà una stella di fuoco a bruciare la terra»; oppure: «Re-
steranno gli uomini come le guide per le macchie», voleva
dire un alberello qua, uno là, come quando si fa il taglio del
bosco. Andavamo a letto rabbrividendo, anche se non erano del tutto spiacevoli quelle profezie, e in cuor mio sentivo
che quelle cose non sarebbero mai accadute sul serio, dicevano tutti che l'eremita era un po' tocco.

Quattro o cinque volte mia madre mi ha poi ripetuto
nel corso degli anni che l'improvvisa decisione di scendere
dal tram prima della destinazione prevista era sicuramente
stata ispirata da sua madre che le aveva cosí salvato la vita.
Ho sempre replicato, tra i suoi dinieghi, che la vita gliel'a-
veva salvata quella borsa. Un giorno, quando ho cominciato
a lavorare, gliel'ho comprata io, una borsa. La chiamò «la
borsa del bombardamento».

L'episodio può essere visto come un buon metro per mi-
surare la differenza tra lo sguardo privato e quello storico
su un grande evento. In un saggio di molti anni fa dal titolo *Letteratura come storiografia*, Hans Magnus Enzensberger
esaminava da questo punto di vista *Berlin Alexanderplatz* di
Alfred Döblin, uno dei grandi romanzi del Novecento dove
si raccontano gli anni affascinanti e sinistri del primo dopoguerra in Germania. Le tensioni che attraversano la società sono fortissime, si mescolano e si sommano frustrazione
per la sconfitta, aumento vertiginoso dell'inflazione, il far-
dello delle immense spese di guerra imposte dai vincitori;

nello stesso tempo una sfrenata voglia di vivere, il cabaret, il jazz, le droghe; gli anni folli di Weimar che sfoceranno nel nazismo.

La storia, scriveva Enzensberger, può essere raccontata in due modi. Il primo è a livello degli individui con la loro vita quotidiana, i disagi, la penuria, le speranze deluse, le difficoltà portate dalla guerra e dalla sconfitta. A questo provvede la letteratura che è anch'essa «storiografia», però con tutte le incertezze e gli squilibri che accompagnano l'esistenza degli individui. La storia con la S maiuscola, quella che finisce nelle aule e nei libri scolastici, invece guarda lontano, avanza a grandi passi, calpesta le vite dei singoli con stivali di ferro, ignora i sentimenti, è attenta alle cifre: prodotto interno lordo, inflazione, difficoltà nei rifornimenti, debito pubblico, trasformazioni sociali. Al contrario delle piccole storie, la grande storia finisce sempre per trovare una sua gelida razionalità.

Il bombardamento del 19 luglio 1943, che per me volle dire qualche giorno d'angoscia senza notizie di mia madre, per l'Italia significò la fine di un'epoca.

Gli Alleati avevano scelto come obiettivo lo scalo merci di San Lorenzo, adiacente al cimitero del Verano, perché era lo snodo ferroviario per i rifornimenti destinati al fronte sud, dove si combatteva dopo lo sbarco in Sicilia del 10 luglio. Ma, a parte le merci, il vero obiettivo era politico: mostrare al mondo che la capacità militare dell'Italia fascista ormai era esaurita. Gli Alleati potevano sorvolare e bombardare la capitale del regno senza incontrare resistenza. Il comando americano aveva previsto per quella missione perdite intorno all'1 per cento; non ce ne fu quasi nessuna. «*Too easy*», commentò a cose fatte un responsabile dell'incursione. Sei giorni dopo, 25 luglio, il fascismo cadeva – di schianto.

Mussolini quel giorno era lontano dalla capitale, per un incontro con Hitler a Feltre. La sua intenzione, aveva annunciato, era di «cantargliele chiare». Dall'alleato germanico voleva carburante, munizioni, logistica. Quando nel corso dei colloqui arrivò la notizia che gli anglo-americani stavano bombardando Roma, il Führer cominciò a urlare, rosso in volto, e Mussolini, annichilito, non aprí piú bocca. È probabile che in quel momento abbia capito che con quelle migliaia di morti finiva anche la sua storia politica – e la sua stessa vita.

Per molti, interminabili mesi, il sole non sarebbe piú sorto a Roma, men che mai «libero e giocondo».

Roma non tollera d'essere guardata con indifferenza, guardarla cosí significa non vederla oppure scorgerne solo la scorza, cioè niente. Purtroppo sono spesso i suoi abitanti, prima e piú dei visitatori, a guardarla in questo modo, come inconsapevoli del luogo dove hanno la fortuna di vivere.

Roma ha una caratteristica condivisa da poche altre città al mondo; citerei solo Gerusalemme e Istanbul. Se parliamo di grandi città mi fermerei qui, dal momento che – ad esempio – la storia di Atene è tutta diversa. Gloriosa ma diversa. Roma è chiamata «eterna» non per enfasi, ma perché ha attraversato i secoli mantenendo sempre il rango di città. Piú o meno popolata, piú o meno estesa, ma città. Infatti sono visibili, per chi sa guardare, le stratificazioni di due, tre, cinque civilizzazioni una dentro, una sopra l'altra. Colonne di un tempio di Venere ornano una chiesa cattolica, una basilica protocristiana poggia le sue fondamenta su un mitreo, tempio di una misteriosa (e bella) religione che contese a lungo il primato al cristianesimo. Una palla di cannone incastrata sul fianco di San Pietro in Montorio testimonia del sanguinoso attacco francese (già ricordato) che abbatté, nel 1849, la Repubblica romana. Le mostre di una macelleria in via del Portico d'Ottavia sono ancora quelle di una bottega romana d'età classica. Le arcate poderose del teatro di Marcello fanno da supporto ad alcune residenze che datano dal Rinascimento. Dettagli grandi e piccoli, a volte

interi edifici, parlano di vicende vecchie di secoli. Potrei riempire pagine intere di esempi. Nei sotterranei di San Clemente si conserva, semicancellato, un graffito che orna una scenetta: un padrone, per esortare i suoi schiavi a trascinare una colonna, li apostrofa con le parole: «TRAITE, FILI DE LE PUTE!», tirate, figli di puttana! Quella specie di «fumetto» sulla bocca del padrone è niente meno che uno dei primi documenti della lingua di passaggio dal latino all'italiano, il famoso «volgare». Volgare in tutti i sensi, in questo caso, ma la testimonianza linguistica ha piú importanza della sua brutalità.

Porta San Sebastiano, la piú bella nella cerchia delle mura con i suoi due maestosi torrioni, scavalca l'Appia

Antica. Nei locali del primo piano (sede del Museo delle Mura) si possono vedere due mosaici pavimentali: tesserine bianche e nere in stile romano. Il piú grande è dominato, al centro, dalla figura di un cavaliere. Attorno a lui ci sono dei soldati che si battono contro i nemici. Li si potrebbe credere mosaici di epoca romana, ma l'augusto cavaliere ha il volto quadrato del Duce: i mosaici sono degli anni Trenta del secolo scorso, quando il gerarca fascista Ettore Muti aveva scelto Porta San Sebastiano come sua residenza privata. Una storia, la sua, cominciata in modo grottesco, finita in tragedia.

Quel tratto della via Appia Antica, passata appena la bellissima porta, è legato a un mio lontano ricordo. È stato lí che il 4 giugno 1944, bambinetto alla mano di mio padre, ho visto arrivare le avanguardie corazzate della V armata americana che venivano a liberarci dagli occupanti nazisti. Guardavo a bocca aperta la rumorosa avanzata degli enormi carri armati. I tedeschi in fuga, per ritardarne l'ingresso a Roma, avevano fatto saltare il tratto di strada che scavalca il fiumicello Almone. Modesto corso d'acqua, sacro però ai romani perché legato ai riti per la dea Cibele. I carri di testa si fermarono davanti alla voragine, circondati da colonne di fumo nero che usciva dagli scappamenti e da un fracasso d'inferno dei motori che mi piàceva moltissimo. A un certo punto, dal fondo della colonna arrivò un cingolato con due rotaie d'acciaio caricate sul dorso. Le sollevò, le fece ruotare, le fece cadere sul fosso. In breve la colonna riprese la sua marcia, i carristi, che erano quasi tutti afroamericani, si sporgevano dalle torrette, contenti d'essere arrivati a Roma, vivi, ci lanciavano sorridendo caramelle con il buco e strisce di gomma che avremmo imparato a masticare.

Quando rivedo le foto di quel periodo mi rendo conto di quanto fossimo tutti spaventosamente magri. Uomini che ballano dentro giacche diventate troppo larghe, donne che volevano essere belle con addosso toilette inverosimili. Mia madre aveva una camicia fatta con la seta di un mezzo paracadute americano, il mio primo paio di sandali era cosí composto: strisce di cuoio ricavate da un cinturone, suola di gomma pazientemente tagliata via dalle ruote di scorrimento per i cingoli di un carro armato. Quando si parla del Cinquecento, ne parleremo, si descrive sempre un paese miserabile attraversato da eserciti stranieri. Non c'è bisogno di andare cosí lontano, il 1944 era lo stesso.

Saper vedere quello che c'è a Roma, dicevo poc'anzi. Aggiungo però saper vedere anche quello che non c'è, perché le assenze sono importanti quanto le presenze nella storia d'una città cosí complicata. Un esempio. La chiesa di Santa Maria della Scala è uno dei piccoli gioielli nascosti di Trastevere. Nella piazzetta tra l'altro si trova una farmacia seicentesca rimasta intatta, un miracolo di conservazione dovuto a una straordinaria serie di circostanze. Nella chiesa, sopra l'altar maggiore, avrebbe dovuto esserci un dipinto di Caravaggio raffigurante *La morte della Vergine*. Invece c'è solo una tela con una decorosa scena sacra. Caravaggio lo possiamo vedere (gratis) a Santa Maria del Popolo, a Sant'Agostino, a San Luigi dei Francesi, perché non qui? La storia di questa assenza coinvolge sia l'aria del tempo (siamo in piena Controriforma), sia la tumultuosa personalità dell'artista. Non manca nemmeno un qualche mistero, come succede spesso nelle vicende caravaggesche – e di Roma. Breve: il quadro venne rifiutato per motivi religiosi dai frati che l'avevano ordinato. Oggi si trova al Louvre. Ogni volta che ci metto piede mi rattrista vedere folle di turisti, italiani compresi, che si accalcano davanti alla Gioconda ignari che poche sale piú in là c'è, quasi ignorato, questo capolavoro.

Tra le meraviglie della basilica di San Pietro, c'è la tomba di Paolo III (papa Farnese), la cui statua ha ai suoi piedi due sculture femminili che rappresentano la Giustizia (a sinistra) e la Prudenza (a destra), pudicamente coperte da pesanti drappeggi. In origine non era cosí. Pare che le due figure riproducano le fattezze di Giulia Farnese, sorella del papa e amante-bambina del cardinale Rodrigo Borgia (poi a sua volta papa, Alessandro VI), e di sua madre Giovannella Caetani.

Papa Clemente VIII si rese conto che il nudo di Giulia, simbolo della Giustizia, con il suo realismo stimolava pensieri licenziosi. La disposizione censoria parla di «zinne, petto et altre parti che diceva fossero troppo lussuriose», ma anche di «una coscia scoperta fino all'orlo del vaso naturale». Si fecero allora fondere quelle specie di veste-lenzuolo in bronzo, e cosí ricoperte le due statue oggi si presentano.

Non so se sono riuscito a dare un'idea di Roma, ho elencato dettagli, frammenti di un quadro, forse manca una visione d'insieme ma non saprei come darle forma: Roma è sfuggente, difficile comprimerla in un'immagine. Infatti chi la racconta, libri o film, ricorre in genere a una visione impressionistica, quadri di un'esposizione per cosí dire – come ho fatto io. Come ha fatto anche uno dei nostri piú grandi registi.

Il 1960, citato all'inizio del capitolo, non è memorabile solo per le Olimpiadi e per il boom economico. Quell'anno uscí anche il film di Federico Fellini *La dolce vita*, il suo capolavoro, non solo per la qualità cinematografica, ma perché l'artista seppe cogliere al loro inizio i sintomi di una degenerazione sociale che solo piú tardi sarebbe diventata clamorosamente evidente. Lo spunto iniziale per il soggetto del film lo aveva suggerito la cronaca nera. Il 9 aprile 1953 sulla spiaggia di Torvaianica era stato trovato il corpo di una ventenne, Wilma Montesi, morta per cause mai del tutto accertate (nemmeno oggi). Le indagini coinvolsero numerosi personaggi del bel mondo romano, dallo spettacolo alla politica, senza mai arrivare a una

verità definitiva. Il caso Montesi fu lo spunto, lo stimolo,
sul quale la fantasia di Fellini cominciò a lavorare. Un cast
eccezionale, Marcello Mastroianni e Anita Ekberg protagonisti, fece il resto.

Clamorosa la scena d'apertura: una grande statua di
Cristo a braccia aperte come quella brasiliana del Corco-
vado, attraversa il cielo di Roma sospesa con funi a un eli-
cottero. Dalla terrazza di un edificio un gruppo di ragazze in bikini lo salutano festose, garrule, agitando le mani:
«Ma è Gesú! Gesú!»

Fellini seppe trasformare argomenti da rotocalco nell'e-
pica di un momento e di un paese. Nella sua storia racconta
una città affascinante e turpe, la capitale corrotta di una
nazione infetta che Manlio Cancogni aveva descritto tempo prima in un'inchiesta per il settimanale «L'Espresso».
Una città dove tutto si mescolava, finanza e politica, nobiltà cadente e nuove classi in ascesa, malavita e impostura religiosa. Ammesso che da allora sia cambiato qualcosa,
temo di dover dire che è stato in peggio.

Se la plebe romana è uno dei connotati che rendono
Roma riconoscibile, per completarne la fisionomia biso-

gna aggiungere alla plebe i caratteri del film: borghesi pavidi, intellettuali opportunisti, giornalisti capaci di scivolare senza scrupoli sulla superficie della cronaca, disposti a (quasi) tutto per strappare una notizia a effetto. Temo che anche il mio nome negli anni lontani del noviziato sarebbe potuto rientrare nella lunga lista.

Nel finale, il cronista Marcello Rubini (Mastroianni) sembra cogliere nello sguardo innocente d'una fanciulla un invito alla resipiscenza; è solo un attimo, lei gli grida qualcosa, il rumore della risacca gli impedisce di capire, saluta e s'allontana con un gruppo di amici nella luce cruda dell'alba dopo una notte convulsa.

Era l'inizio, il resto lo conosciamo.

14.
Intermezzo: il tempo, lo spazio

*Il tempo.*

Si notano nella storia italiana dei soprassalti improvvisi, se si trattasse di un individuo li si potrebbe definire aritmie cardiache. Forse ci sono dappertutto nel mondo, si tratta di battiti mancati, fratture o accelerazioni che segnano ora il tempo ora lo spazio. Per quanto ci riguarda, uno di questi momenti, forse il più importante, mi sembra essere il Cinquecento. Chi patisce o teme quanto sta accadendo nella prima fase di questo XXI secolo, dovrebbe confrontare i suoi timori con i mutamenti, in certi casi spaventosi, accaduti nel XVI. Ci fu sí la gloria delle nuove scoperte, si aprirono anche allora nuovi mondi, lo slancio verso il futuro segnò la storia, un sentimento sconosciuto di libertà allargò i cuori, insieme a questo però i popoli patirono tragedie di smisurata grandezza. La Riforma protestante, poi lo scisma anglicano di Enrico VIII, poi il concilio di Trento, seguito dai suoi roghi, poi massacri e carestie portate dalle interminabili guerre di religione, al confronto delle quali quelle che oggi vanno sotto lo stesso nome diventano episodi trascurabili.

Bisognerà arrivare alla metà del XVII secolo perché si cominci ad affermare il principio che non esiste la suprema verità di una religione rispetto a un'altra, che si possono evitare sterminî e lutti infiniti stabilendo la reciproca tolleranza. Faticose conquiste, firmate col sangue.

Il Cinquecento è giustamente ricordato come il secolo durante il quale l'Italia sprigionò una luce cosí abbagliante da nascondere ogni ombra. Nella realtà, le ombre ci furono, numerose anzi, e fitte. Vedere solo quelle sarebbe ingiusto, ma non piú di quanto lo sia vedere solo le luci. In un prossimo capitolo dirò di un altro aspetto di questa situazione.

Negli anni del liceo un professore di Storia, di benedetta memoria, ci fece leggere la polemica sul Cinquecento, a suo tempo famosa, tra Carducci e De Sanctis. Sono andato a rivederla, sono pagine dimenticate, ho scoperto che possono ancora interessare.

Nel capitolo sul Tasso (XVII) della sua *Storia della letteratura italiana* – uno dei piú veementi – De Sanctis dedica un lungo paragrafo al concilio di Trento e al movimento della Controriforma cattolica che cercava di rimediare alla scossa data da Lutero. Scrive: «Quello era il tempo che i grandi Stati d'Europa prendevano stabile assetto e fondavano ciascuno la "patria" di Machiavelli, cioè una totalità politica, fortificata e cementata da idee religiose, morali, nazionali. E quello era il tempo in cui l'Italia non solo non riusciva a fondare la patria ma perdeva la sua indipendenza, la sua libertà, il suo primato nella storia del mondo. Di questa catastrofe non ci era una coscienza nazionale, anzi ci era una certa soddisfazione».

Per ciò che riguarda la polemica con Carducci, la citazione potrebbe fermarsi qui. Però può forse interessare questa breve aggiunta: «Ma l'autorità e la fede sono di quelle cose che non si possono imporre. E in Italia era cosí difficile restaurare la fede, come la moralità. Ciò che si poté conseguire fu l'ipocrisia, cioè a dire l'osservanza delle forme in disaccordo con la coscienza. Divenne regola di saviezza, la dissimulazione e la falsità nel linguaggio, nei costumi, nella vita pubblica e privata».

Ecco in poche righe la regola di quella «doppia morale» (*si non caste, tamen caute*, «se non riesci a essere casto, almeno non farlo vedere»), già ricordata a proposito di Guicciardini, che in quegli anni e sotto l'urto di quei frangenti divenne, secondo De Sanctis, tipica della nostra vita pubblica: osservare le forme in disaccordo con la coscienza. Non credo sia necessario fare esempi.

Carducci non vede la frattura. Vede certo la rovina, le invasioni, l'Italia divenuta terra di conquista e di rapina, però vede anche che, grazie a una forte resistenza, sotto l'apparente cedevolezza riesce a mantenersi una certa continuità. Vede l'ipocrisia, ma la chiama astuzia, vede nella dissimulazione piú che la «doppia morale», l'ipocrisia a fin di bene, il metodo usato dai deboli per continuare in qualche modo a vivere, a operare. Potrei dire che il suo modello è Galileo. Il vecchio scienziato inginocchiato sulla nuda pietra, rivestito del saio del penitente, giura ai giudici dell'Inquisizione che abbandonerà l'eresia, non dirà piú che il sole sta fermo e che la terra gli gira intorno. In realtà spergiura; il vecchio sapiente sta solo salvando la pelle, non ripete l'errore fatto trent'anni prima da quel testardo di Giordano Bruno. Giura, pronto a continuare in segreto i suoi studi.

Nel discorso *Dello svolgimento della letteratura nazionale* (1868-71), Carducci ammette come De Sanctis che la Controriforma cattolica era un tentativo inutile. Lo fa parlando di Savonarola il quale «non sentiva che la riforma d'Italia era il Rinascimento pagano, che la riforma puramente religiosa era riservata ad altri popoli piú sinceramente cristiani; e tra le ridde de' suoi piagnoni non vedeva, povero frate, in qualche canto della piazza sorridere pietosamente il pallido viso di Nicolò Machiavelli».

Tuttavia, e qui cogliamo la differenza con la piú pessimistica ipotesi di De Sanctis, dà a quel «Rinascimento pagano» una continuità e una forza che l'altro invece nega: «Spettacolo che altri potrà dir vergognoso e che a me apparisce pieno di sacra pietà, cotesto di un popolo di filosofi di poeti di artisti, che in mezzo ai soldati stranieri d'ogni parte irrompenti continua accorato e sicuro l'opera sua di civiltà. Crosciano sotto le artiglierie di tutte le gen-

ti le mura che pur videro tante fughe di barbari: guizza la
fiamma intorno ai monumenti dell'antichità, son messe a
ruba le case paterne: la solitudine delle guaste campagne è
piena di cadaveri. Eppure le tele e le pareti non risero mai
di piú allegri colori, mai lo scalpello rivelò dal marmo piú
terribili fantasie e forme piú pure, mai piú allegre selve di
colonne sorsero a proteggere ozii e sollazzi e pensamenti
che oramai venivano meno; e il canto de' poeti supera il
triste squillo delle trombe straniere, e i torchi di Venezia
di Firenze di Roma stridono all'opera d'illuminare il mondo. Non è codardia: perché, dove fu popolo, ivi fu ancora
resistenza e pugna gloriosa».

È potente l'immagine carducciana della solitudine piena
di cadaveri delle guaste campagne. Combacia stranamen-
te con la scena spettrale di un sonetto del Belli (*Er deserto*, marzo 1836); il poeta vi descrive la campagna romana
brulla, spopolata e anch'essa «guasta», dove la sola cosa
in movimento è una «barrozza» (carretto) tirata stracca-
mente da un cavallo con il capo ciondoloni. Quando è piú
vicina si scopre che a cassetta non siede nessuno perché il
«barrozzaro [è] giú morto ammazzato». Quelle solitudini,
quelle genti inselvatichite e all'occasione feroci sono l'ombra che intorbida le luci e la gloria del Rinascimento. Le
due facce dell'Italia, miseria, violenza e degrado da una
parte, dall'altra «un popolo di filosofi, di poeti e di artisti», per dirla con Carducci, entrambe comunque prive
di un'idea di «patria», indifferenti di fronte alla perdita
dell'indipendenza.

Ho negli occhi le immagini di uno dei film geniali di
Mario Monicelli, *L'armata Brancaleone* (1966), in apparenza comico, una variante della commedia all'italiana che è
stata la migliore nostra cinematografia del Novecento. In
realtà la comicità è solo la superficie del racconto, dovuta
soprattutto alla magistrale gigioneria di Vittorio Gassman
valorizzata proprio da Monicelli con *I soliti ignoti* (1958).

Gassman e gli altri interpreti fanno ridere, ma il riso non basta a nascondere lo sfondo di quelle avventure: dietro i personaggi grotteschi o ridicoli c'è un'Italia povera e selvatica, divisa tra superstizione e incredulità, richiami dello spirito e spinte della carne, molta fame, una miseria terribile appena riscattata da improvvisi gesti di umanità talvolta eroica. L'ambientazione arieggia il Medioevo ma non è una vera realtà temporale. Monicelli ritrae l'Italia di sempre, quella del Medioevo e del Cinquecento, quella che è appena alle nostre spalle, in una certa misura la stessa che abbiamo sotto gli occhi.

Chi tra De Sanctis e Carducci aveva guardato piú lontano? Sarei portato a rispondere De Sanctis, ma chissà qual è, su argomenti di tale complessità, l'ipotesi che piú s'avvicina a quanto realmente accadde o, sotto altre vesti e forme, sta ancora accadendo. Certo è che quella divaricazione profonda ancora resiste in un paese dall'insufficiente acculturazione media, che occupa nello stesso tempo i piú e i meno avanzati posti del mondo civilizzato.


*Lo spazio.*

Nelle righe finali del paragrafo precedente avrei potuto aggiungere, tra le cause del disagio, un'eccessiva diversità da molteplici punti di vista tra le varie zone del paese. Poco sopra o poco sotto Roma c'è un confine non segnalato da nessuna carta, dunque immateriale, per alcuni addirittura immaginario; non per questo meno importante. Separa due territori ma anche due modi di concepire, di vivere, di raccontare la storia. È il confine che segna l'inizio del Mezzogiorno.

Poco sopra o poco sotto Roma, l'Italia presenta una frattura cosí profonda che molti citano due Italie, un argomento del quale si parla, a nord, con rammarico e spesso con astio; a sud con spirito di rivalsa e anche qui, spesso, con rabbia.

Da una parte ci si riferisce a un peso da sopportare, dall'altra a una violenza lungamente subita. Esiste però una verità nei fatti che non può essere smentita. La si può leggere in un breve saggio del grande storico Rosario Romeo troppo presto scomparso: *L'Italia alla prova*. Il piú vasto e profondo significato del Risorgimento, egli scrive, fu lo sforzo per rimontare lo svantaggio accumulato dalla penisola in secoli di decadenza inserendola nuovamente, con la forza di una cultura rinnovata, ma anche di una potenza politico-militare che solo il nuovo Stato poteva assicurare, tra i paesi piú avanzati dal punto di vista civile e politico. Il movimento risorgimentale ha cioè evitato alla penisola il destino di finire «nell'area dell'arretratezza e del sottosviluppo in cui doveva essere assorbita tanta parte del bacino mediterraneo».

Considerati i mutamenti intervenuti da quando Romeo scrisse queste pagine alla fine degli anni Sessanta, oggi si potrebbe perfino temere la possibilità di un avvicinamento a uno dei tanti Stati-canaglia esistenti nel mondo.

Non si può negare che le statistiche sui consumi, sulla qualità scolastica e dell'assistenza sanitaria, sul prodotto locale, e gli stessi risultati elettorali diano spesso l'impressione che l'Italia sia spezzata in due. Il vecchio divario tra Nord e Sud è stato temperato per decenni dalle politiche di intervento (Cassa per il Mezzogiorno), dall'ampiezza delle partecipazioni statali, dalla capacità della pubblica amministrazione di dare occupazione. Dopo la crisi queste due Italie si sono sempre piú allontanate. Una in testa nelle statistiche economiche europee, l'altra in coda. Una poco meditata riforma del titolo V della Costituzione (rapporti tra Stato centrale e autonomie locali) ha aperto la strada a un federalismo confuso, privo di una sufficiente visione del prioritario interesse nazionale. Funzioni essenziali dello Stato come la sanità e la scuola sono state disarticolate, devolvendole per intero alle regioni, che vi hanno provveduto ciascuna secondo le sue possibilità, tradizioni, debolezze, vincoli, convenienze.

Piú di un secolo e mezzo dopo l'unificazione politica, non è ancora avvenuta l'unificazione dell'identità. Succede anche altrove, non solo qui. L'Irlanda o la Scozia non si sono mai sentite «inglesi»; i bretoni in Francia e i catalani in Spagna rivendicano una loro identità; la Baviera in Germania conserva gelosamente le sue tradizioni. In Italia però s'avverte una nota in piú, stridula, portata dalla grande diversità di sviluppo tra le diverse aree della penisola.

Ricavo dagli annuari dell'Istat alcuni dati. Nelle regioni del Nord (Valle d'Aosta, Piemonte, Liguria, Lombardia, Veneto, Friuli-Venezia Giulia, Trentino-Alto Adige, Emilia-Romagna) risiede il 46 per cento della popolazione e si produce il 55 per cento del reddito nazionale. Nel Mezzogiorno (Abruzzo, Basilicata, Calabria, Campania, Molise, Puglia, Sicilia, Sardegna) risiede il 34 della popolazione con una produzione del 23 per cento del reddito.

Gli italiani residenti nelle regioni del Nord godono di un reddito pro capite superiore del 25 per cento a quello medio dell'Unione Europea. Le regioni del Mezzogiorno, al contrario, hanno tutte un reddito inferiore. Cinque in particolare (Campania, Calabria, Sicilia, Puglia, Basilicata), con 17 milioni e mezzo di abitanti, sono per i tre quarti al di sotto di quella media. Sono dati che restano impressionanti anche se si aggiunge al Mezzogiorno il prodotto dell'economia sommersa, compresa quella criminale che genera anch'essa ricchezza seppure di natura illecita. D'altronde l'economia criminale ormai prolifera al Sud come al Nord.

Da che cosa dipende questa enorme diversità? Le ipotesi sulle cause sono opposte, rimandano all'eterno dibattito che punteggia la nostra difficile convivenza. Perché – si dice al Nord – la gente del Mezzogiorno è riluttante a adattarsi alle regole della civiltà industriale che vuole uniformità di ritmi e d'impegno. I meridionali appartengono a una cultura mediterranea, sono piú legati alla terra e alle stagioni, condizionati dal clima con lunghe estati calde, inverni brevi e solatii.

La piú recente pubblicistica meridionalista (ormai ampia e molto rivendicativa) risponde che il Mezzogiorno è stato violentato dall'annessione al Regno d'Italia, voluta dal Piemonte per allargare il mercato della sua nascente industria. Nella migliore delle ipotesi il generale Garibaldi, con i suoi Mille, è stato un sognatore ingenuo manipolato dall'astuto conte di Cavour. Le genti a sud del Garigliano (il suo corso segna per buona parte il confine tra Lazio e Campania) stavano molto meglio sotto il bonario governo dei re borbonici, che capivano meglio le loro esigenze perché erano fatti della stessa pasta. Da quell'iniziale violenza, completata da plebisciti inquinati dai brogli, il Mezzogiorno non s'è piú ripreso.

È possibile che nella tesi meridionalista ci sia qualche frammento di verità. Non basta comunque a capire come mai una regione come la Sicilia, dotata di un'autonomia amministrativa e legislativa amplissima, non sia riuscita a risolvere in settant'anni nemmeno uno dei suoi secolari problemi.

Come ho detto all'inizio, questo racconto non è fondato su parametri economici e diversità sociologiche. Se ho riportato (per la prima volta) certi dati statistici è perché l'innegabile esistenza di due Italie ha in quelle cifre il suo specchio. Non sarà facile saldare la frattura fino a quando quei dati non si avvicineranno.

Il rapporto solidale tra Nord e Sud elaborato da Gramsci non è mai stato davvero applicato, né è mai andato al di là di nobili auspici il meridionalismo consapevole di grandi studiosi come Salvemini, Rossi-Doria, Amendola. La frattura ha invece generato nostalgie asburgiche al Nord, rimpianti borbonici da Napoli in giú. I settentrionali lamentano di

dover trascinare la palla al piede di un Mezzogiorno im-
produttivo; i meridionali recriminano di essere stati espro-
priati della loro cultura e mai interamente ripagati. Nel
luglio 2017 il Consiglio regionale pugliese ha approvato
praticamente all'unanimità una mozione che istituiva «una
giornata della memoria atta a commemorare i meridionali
morti in occasione dell'unificazione italiana». Il governo
della Puglia s'è quindi impegnato a indicare il 13 febbraio
come giornata ufficiale del lutto e del ricordo. Il giovane
storico tarantino Salvatore Romeo ha fatto osservare che
una «giornata della memoria» esiste già, il 27 gennaio, e
celebra le vittime del genocidio nazista contro gli ebrei.
Dunque i garibaldini come i nazisti, «la formazione dello
Stato unitario come il frutto di un crimine contro l'umanità», ha commentato l'editore barese Alessandro Laterza,
sul «Corriere della Sera». Quando si dissolve una vera visione politica la deriva può condurre a risultati aberranti.

Anche quando venne proclamato il Regno d'Italia, 17
marzo 1861, il concetto di patria italiana era nettamente
minoritario. Né le grandi masse largamente analfabete, né
le aristocrazie locali si sentivano partecipi del nuovo Stato
di cui il conte di Cavour e alcune accorte alleanze interna-
zionali avevano favorito la nascita. Per molti anni si continuarono a ossequiare piú i nobili, i feudatari, i capimafia
locali che non i rappresentanti dello Stato. Mancava una
memoria condivisa, premessa di ogni sentimento identitario, prevaleva – e ha continuato a prevalere – quella legata
al campanile, alle vicende del borgo. Che cosa diventa in
condizioni storico-geografiche come queste il sentimento di
una patria? Ho messo *in exergo* al libro un verso di Rutilio
Namaziano dal toccante poemetto *De reditu suo*: «*Fecisti
patriam diversis gentibus unam*». Si riferisce a Roma, che
ha fatto di genti diverse un'unica patria. Fu un miracolo,
caduta Roma, non è piú riuscito a nessuno in una terra di
cosí problematica collocazione tra Europa, Africa, Balcani.

D'altra parte è possibile, è giusto, continuare a dibattere sui concetti di nazione e di patria in un mondo diventato globale? Il *Grande dizionario della Lingua italiana* del Battaglia dà per la parola «patria» numerosi significati. Per esempio: «Il senso di appartenenza, di attaccamento e di devozione che l'individuo nutre verso la comunità di cui è parte e la terra natia». Oppure: «L'ambito territoriale, tradizionale e culturale, cui si riferiscono le esperienze affettive, morali, politiche dell'individuo, in quanto appartenente a un popolo».

Gli italiani hanno una patria che non sia sventolare il tricolore quando la nazionale di calcio fa gol? Nel 2011, quando si celebrò il centocinquantesimo anniversario dell'unità nazionale, numerosi segnali sembrarono dare una risposta positiva alla domanda: folta partecipazione alle varie manifestazioni, un avvertibile entusiasmo, soprattutto nelle città del Nord. Si può aggiungere che quando una qualche sventura colpisce una zona del paese la solidarietà nazionale è in genere ampia e sentita. Sono segnali sufficienti per dare una risposta positiva a quella domanda?

L'attaccamento a un'idea di Francia da parte dei francesi o di Stati Uniti da parte degli americani è sicuramente piú forte – e piú evidente.

Quando ero in America prendevamo in affitto per l'estate una piccola casa a Shelter Island, piccola isola benedetta dalla natura all'estremità di Long Island (New York). Il proprietario era un compositore piuttosto noto, politicamente un sincero democratico. Nel giardino c'era un'asta, in cima garriva la bandiera a stelle e strisce. Guardando un po' intorno si scopriva che il pennone con la bandiera davanti a casa l'avevano quasi tutti. Il culto della bandiera gli americani l'hanno ereditato dagli inglesi presso i quali è fortissimo. Da noi non è mai esistito. Appena arrivati sull'isola un signore venne ad avvertire che dovevo iscrivermi come pompiere volontario. Andai alla

caserma dei pompieri, mi dettero alcuni istruzioni somma-
rie e cosí venni, diciamo, arruolato. Al suono della campana dovevo accorrere e mettermi a disposizione. Quando
alla scuola (pubblica) di mia figlia si capí che il pianoforte era diventato inservibile, i genitori furono chiamati, si
organizzò una festicciola e una colletta, tutti misero mano
al portafoglio per comprare un pianoforte nuovo. I piccoli
scolari ogni mattina in piedi, mano al petto, ripetevano il
*Giuramento di fedeltà* alla bandiera: «*I pledge allegiance to
the Flag of the United States of America, and to the Repu-
blic for which it stands: one Nation under God, indivisible,
with liberty and justice for all*», giuro fedeltà alla bandiera
degli Stati Uniti d'America e alla Repubblica che rappresenta: una nazione unita sotto Dio con libertà e giustizia
per tutti. Solenni parole spesso contraddette nella realtà,
però martellate ogni mattina nella testa dei bambini. Nella
Cinquantaseiesima strada, dov'era il mio ufficio, un giorno ci fu un piccolo incendio; quando arrivarono i pompieri
trovarono una macchina parcheggiata davanti all'idrante.
Con calma professionale un pompiere prese l'ascia e aprí
due buchi sugli sportelli, uno di qua e uno di là, facendo
passare la manichetta dell'acqua attraverso la macchina.
Risate e applausi della folla.

Non so se questi episodi abbiano a che fare con l'idea di
patria, sicuramente ce l'hanno con un senso di appartenenza cosí radicato che in Italia sarebbe preso per fascismo e
non è detto che anche negli Stati Uniti qualche volta non
s'avvicini al fascismo.

Senso di appartenenza però è anche assolvere il proprio
dovere di contribuente, ovvero pagare le tasse. Un'omis-
sione che in America è servita spesso per mandare in galera qualche gangster, sulla quale in Italia si tende piuttosto
a chiudere un occhio. Questa innegabile carenza suscita
grande rammarico da un punto di vista per dir cosí sentimentale. Messi da parte i sentimenti, e conseguente rammarico, si può soppesarla però anche da un punto di vista

pratico; allora diventano evidenti i danni non solo d'immagine ma economici provocati da un tale diffuso stato d'animo. Quando su un qualunque argomento d'interesse collettivo si hanno troppe difficoltà a trovare una sintesi intellettuale o politica, l'idea che si proietta all'estero può diventare drammatica o caricaturale. In nessuno dei due casi si aiutano il prestigio nazionale o gli investimenti. Le condizioni del debito pubblico non sono in Francia granché diverse dalle nostre. Il funzionamento del sistema sanitario o delle ferrovie inglesi non è certo migliore di quello degli ospedali e dei treni italiani. Non ho mai visto un grande titolo in prima pagina su questi argomenti né in Francia né in Inghilterra.

Non è questione di censura (ci mancherebbe), credo piuttosto che dipenda da una specie di ritegno automatico sedimentato con l'educazione, la ritualità civile, le tradizioni, tutti elementi meno consolidati, meno condivisi, nella penisola.

Meno condivisi o, chissà, trattenuti da un maggior senso del pudore che ne impedisce la manifestazione, pronti a rovesciarsi nel loro contrario per diventare, come diceva Gadda, «la porca rogna dell'autodenigrazione».

## 15

Napoli, amore e disordine

Nell'agosto 1959, Pier Paolo Pasolini partí con la sua Mil-
lecento per un lungo viaggio che gli fece percorrere quasi
per intero le coste italiane, prima le tirreniche in giú, poi le
adriatiche in su. In pratica, da Ventimiglia a Trieste. Com-
mittente la rivista «Successo», che avrebbe poi pubblicato
il reportage in tre puntate. Le cronache sono state di recente raccolte nel volume *La lunga strada di sabbia* e introdotte
da Paolo Mauri, che definisce quelle pagine «il documento di una passione straordinaria per l'Italia e per la gente».

Arrivato a Napoli, il poeta va a cena da Ciro: «Passo il
ponticello, un giovane con un mazzo di rose mi ferma: "La
vita è dura, signorí". È il primo. Accanto al ristorante ce
n'è a frotte, piccoli come insetti [...] I guaglioni si getta-
no in mare a raccogliere le monete gettate dagli stranieri».
Quando esce dal ristorante, l'assedio, il coro petulante ri-
cominciano: «"Dieci lí, dieci lí"». «L'esercito dei poveri
pidocchi mi è attorno». Ben presto scopre che il capo della piccola ciurma è un nano: «Songo piccolo, songo nano!
Tutti nella famiglia mia siamo nani». Ubriaco di Napoli,
Pasolini si perde in quelle visioni: «Passa, con la gamba
corta, il calzone largo alla pulcinella e delle meravigliose
magliette, una ganga di paladini (ragazzi di vita) cantano
a squarciagola: "Na frangetella 'e nuvolee | 'na vranca 'e
stelle chiare"».

Sono passati sessant'anni, la scena raccontata da Pasolini è diventata irreale. Se dobbiamo stare al saggio-romanzo
di Roberto Saviano *La paranza dei bambini*, l'esercito dei

«poveri pidocchi» ha trovato mestieri piú redditizi che
gettarsi in mare a ripescare una moneta per il divertimento dei turisti.

Mi sono occupato piú volte di Napoli durante gli anni. Capita spesso ai cronisti di doversene occupare perché
Napoli, come ha detto l'antropologo Marino Niola, è piú
facile riconoscerla che conoscerla, popolata com'è di «marionette stralunate, di parole in libertà, di macchiette in-
volontarie, di personaggi in cerca d'autore». Aggiungerei,
per mia esperienza, una città dove è ugualmente probabile imbattersi nella ferocia piú spietata e nella cortesia piú
squisita, impensabile altrove. Ho cercato piú volte nei testi una testimonianza su Napoli che comprendesse questi
differenti aspetti, non sono sicuro di averla trovata. Diffido dei cantori entusiasti della napoletanità, quel misto
di furbizia, indifferenza, paura, inosservanza di regole e
leggi che è sbagliato confondere con l'anarchia, spesso si
tratta di semplice, irridente, insofferenza. Ma diffido anche dei suoi piú ostinati detrattori, incapaci di cogliere la
contraddittorietà geniale di una città unica al mondo.
    È un fatto che se si vogliono mettere insieme giudizi
negativi su Napoli e sui suoi abitanti non c'è che l'imbarazzo della scelta. Anni fa ne scrissi una specie di antologia; qui ne ripropongo alcuni esempi.
    Tito Livio nella sua *Storia di Roma* (XXV, 13) racconta
un episodio della Seconda guerra punica (III secolo a. C.).
Annibale, geniale condottiero, si trovava nei dintorni di
Taranto, ma i Campani cominciavano a sentire la fame, sia
per il lungo assedio sia perché l'esercito romano gli aveva
impedito la semina di nuovo frumento. Annibale ordina
allora al suo generale Annone di provvedere ai rifornimenti. Con un'abile manovra, questi aggira gli accampamen-
ti romani, pone il suo campo vicino a Benevento e si fa
consegnare il grano mietuto dalle popolazioni della zona.
Qui viene il punto che ci interessa. Prosegue lo storico:

«Informò i Campani che dovevano prepararsi a prendere in consegna il frumento dopo aver fatto venire da tutti i campi dei dintorni ogni genere di veicoli e di bestie da tiro». Però, scrive Tito Livio, «i Campani si comportarono secondo l'abituale pigrizia e negligenza (*cetera socordia negligentiaque*); furono radunati poco piú di quattrocento carri ed un numero esiguo di cavalli. Per questo Annone li rimproverò aspramente rinfacciando loro che nemmeno la fame, che pure eccita le bestie che non sanno parlare, aveva il potere di stimolare la loro solerzia».

Il padovano Tito Livio scrive nel I secolo della nostra era, cioè venti secoli fa, se in un tempo cosí lungo la fama di abituale «pigrizia e negligenza» si è mantenuta, vuol dire che il pregiudizio un qualche fondamento ce l'ha.

Arriviamo direttamente all'inizio del XVII secolo, quando il filosofo calabrese Tommaso Campanella, nella *Città del Sole*, torna sul tema sollevato da Tito Livio. A un immaginario «Genovese», che però è egli stesso, fa dire: «In Napoli son da trecento milia anime, e non faticano cinquanta milia; e questi patiscono fatica assai e si struggono; e l'oziosi si perdono anche per l'ozio, l'avarizia, lascivia ed usura, e molta gente guastano, tenendoli in servitú e povertà, o facendoli partecipi di lor vizi, talché manca il servizio pubblico, e non si può il campo, la milizia e l'arti fare, se non male e con stento».

Poi nel Settecento, il secolo dei Lumi, un dotto filologo tedesco, Giovanni Andrea Bühel, in una sua orazione dove si parla di Napoli scrive: «La sua plebe è cosí ingannatrice, specie nel giocare, e per solito di cosí maligno umore, che a buon diritto dai rimanenti popoli d'Italia i napoletani sono giudicati pessimi tra i pessimi».

La scrittrice Matilde Serao, napoletana verace, anche se nata a Patrasso, che ha raccontato Napoli dall'interno, profondamente coinvolta nelle vicende della città, cosí la descrive a fine Ottocento nel *Ventre di Napoli*: «Case crollanti, vicoli ciechi, ricovero di ogni sporcizia: tutto è re-

stato come era, talmente sporco da fare schifo, senza mai
uno spazzino che vi appaia, senza mai una guardia che ci
faccia capolino. […] Un intrico quasi verminoso di vicolet-
ti e vicolucci nerastri, ove mai la luce meridiana discende,
ove mai il sole penetra. Ove per terra la mota è accumu-
lata da anni, le immondizie sono a grandi mucchi, in ogni
angolo, tutto è oscuro e lubrico».

Settant'anni dopo, Anna Maria Ortese nel suo *Il mare
non bagna Napoli* descrive l'identico spettacolo attraverso
gli occhi di una ragazzina «quasi cecata» nei primi minuti
in cui guarda il «basso» che la circonda con i suoi occhiali nuovi: «Gli archi dei terranei, neri, coi lumi brillanti a
cerchio intorno all'Addolorata; il selciato bianco di acqua
saponata, le foglie di cavolo, i pezzi di carta, i rifiuti, e, in
mezzo al cortile, quel gruppo di cristiani cenciosi e defor-
mi, coi visi butterati dalla miseria e dalla rassegnazione…»

Nella raccolta di saggi *Un paradiso abitato da diavoli*,
Benedetto Croce, che era napoletano d'adozione, già nel
titolo rimanda al detto proverbiale trecentesco sulla città
campana e ne attribuisce la responsabilità «allo spettacolo di anarchia feudale che la città offriva ai cittadini dei
Comuni e delle Repubbliche dell'Italia media e superiore
[…] allo spettacolo di povertà e di ozio, e dei vizi nascenti
dalla povertà e dall'ozio, che offriva ai mercanti fiorentini e lucchesi e pisani e veneti e genovesi che qui si recava-
no per traffici […] Se ancor oggi accettiamo l'antico biasimo […] è perché stimiamo che esso valga da sferza e da
pungolo e concorra a mantener viva in noi la coscienza di
quello che è il dover nostro. E sotto questo aspetto c'importa poco ricercare fino a qual punto il detto proverbiale
sia vero, giovandoci tenerlo verissimo per far che sia sempre men vero».

Si potrebbe continuare perché di citazioni se ne trovano a iosa, ma continueremmo a leggere giudizi analoghi;
lo stereotipo nato con lo storico romano all'inizio della

nostra era s'è mantenuto intatto attraverso tempi e testimoni diversi e lontani.

L'opinione dello scrittore napoletano Maurizio De Giovanni aggiunge però al ritratto un connotato che un aiuto lo dà per avvicinarsi di qualche passo alla complicatissima realtà locale. Nella prefazione al libro *Città ribelle* del sindaco De Magistris (titolo già significativo per un sindaco in carica), ha scritto: «Questa città non è come le altre. Il fatto che sia materia di perenne discussione, di profonde teorie sociologiche e politiche, di analisi psicologiche di massa ed economiche, vittima di migliaia di stereotipi narrativi è solo l'effetto di una peculiarità che l'allontana da qualsiasi possibile paragone. Nel bene e nel male, nell'assurda complessità e nell'irritante semplicità, nell'estrema bellezza e nella tragica distruzione sul cui orlo balla inconsapevole, questa città non è come le altre».

È vero, non è come le altre, anche se una caratteristica sua propria la possiamo trovare in una ininterrotta continuità anarco-criminale. Roberto Saviano ha raccontato la malavita organizzata di Napoli com'è oggi; altri studi ne dimostrano la lunghissima vita, immutata nei secoli. Amedeo Feniello nel suo *Napoli 1343* parte da quell'anno remoto per raccontare un episodio di banditesca ferocia avvenuto in una Napoli medievale; da allora nessuna delle dinastie via via succedutesi, fino ai Savoia, ha mai comandato davvero. Chi detiene e si spartisce il potere sono le famiglie e i clan, sono loro a farsi carico dei problemi, ad amministrare la giustizia, a decidere le alleanze, a sentenziare chi deve sopravvivere, chi no.

Il vero carattere di Napoli sfugge perché «questa città non è come le altre», come dice Maurizio De Giovanni. Giudicare Napoli sembra semplice – nell'entusiasmo o nel biasimo – solo a chi non sa coglierne le sfaccettature, ritrovarne la fisionomia nella maschera che meglio la rappresenta. Non so quanti ricordino ancora che cosa sono state per l'immaginario di intere generazioni le maschere italiane. Un ricchissimo repertorio di personaggi che da Torino (Gianduia) a Venezia (Pantalone e Colombina), da Milano (Arlecchino e Brighella) a Bologna (Balanzone), a Roma (Meo Patacca) tentava di racchiudere in una sola persona i piú tipici tratti d'una città. Storie che avevano animato per generazioni la commedia dell'arte rivivevano nel teatrino delle marionette, nei baracchini dei giardini pubblici, anche in casa in certi teatrini smontabili con un vero sipario di stoffetta rossa che si apriva tirando una cordicella come in un teatro vero. Non so quante volte, da bambino, ho riso e applaudito le sonore bastonature finali che Pulcinella assestava sulla capoccia lignea del diavolo dopo averne patito a lungo le offese.

Pulcinella è la maschera di Napoli. Maschera antica, nata nel Cinquecento, forse ancora prima, approssimativa derivazione di quegli spettacoli romani, le atellane, nei quali il divertimento era assicurato dall'ininterrotta carica di battute oscene e scatologiche. Se dicessimo che lo stesso tipo di comicità lo ritroviamo oggi in certi film di grossolana fattura non sbaglieremmo; la comicità grassa, giocata su situazioni elementari come il cibo, le corna, l'omosessualità, gli intestini, fa parte della tradizione italiana. Una comicità che fa ridere di gusto, fa sganasciare, s'accompagna bene al vino, alla buona cucina, volti atticciati, ventri prominenti, avanzi di cibo, lunghe tavolate chiassose. Lo humour, che nella tradizione italiana non c'era e s'è affacciato da noi solo di recente, non fa sganasciare, fa sorridere, vuole non una tavola ma un tavolinetto, non vino rosso ma tè, volti composti, gesti misurati, carnagione chiara, giacche di tweed; insomma quel tipo inglese, inesistente nella realtà, come lo si immagina dalle nostre parti.

Sotto l'ampia casacca bianca, Pulcinella nasconde un gran pancione e a volte una gobba, mentre la maschera nera sul gran naso a becco lascia scoperta solo la bocca. Ambiguo in tutto, stupido e furbo, diavolo e angelo, estroverso, chiacchierone e garrulo, ma anche sonnolento e neghittoso, è capace di uscire con una piroetta da ogni guaio nel quale si caccia, per poi gettarsi nell'immancabile gran mangiata di maccheroni, acciuffati con le mani e portati golosamente alla bocca. Di buon cuore e generoso, sa anche essere infingardo e traditore. Simpatico e divertente per antonomasia, viene colto da improvvisa malinconia, e allora filosofeggia, parla della vita e della morte, cerca consolazione in un sogno d'amore, canta.

Ogni volta che mi sono occupato di Pulcinella – l'ho fatto spesso e ne ho scritto – mi sono stupito di come caratteri cosí contraddittori riescano a convivere senza sforzo nello stesso personaggio. La mia ipotesi è che sia Napoli a dargli questa interna coerenza, le contraddizioni della maschera sono le stesse della città che è alacre e inerte, magnifica e abietta, generosa e feroce. Il personaggio affonda nell'humus di una plebe percorsa da una vivacità nella quale l'energia degli individui, il sangue caldo, il pensiero fervido sembrano voler esplodere, infatti diventano facilmente impazienza davanti a qualunque ostacolo: un individuo, una legge, una fila, un semaforo rosso, un balzello.

Pulcinella incarna, in buona misura, il bene e il male di Napoli: nella sua doppia natura di generosa canaglia sono racchiusi la vitalità, l'incanto e la dannazione della città, che come la sua maschera è teatro puro e nelle sue strade mette ogni giorno in scena se stessa, in una ininterrotta rappresentazione corale che non ha confronti altrove.

Uno degli esempi piú eloquenti è probabilmente quello del terzo solenne funerale di Antonio de Curtis, in arte Totò (1898-1967). Che può voler dire terzo solenne funerale?

Totò morí per un infarto, inizialmente preso per indigestione, nella sua casa romana di via dei Monti Parioli. Preciso l'indirizzo perché abitavo poco distante e certe sere, passando, vedevo dalla strada le luci accese nel salotto e pensavo: Totò stasera è a casa.

Il funerale fu celebrato nella chiesa di Sant'Eugenio che appartiene all'Opus Dei, ma è anche quella piú vicina all'abitazione. Poi la salma venne traslata a Napoli, dove si celebrò un secondo funerale nella basilica del Carmine in piazza Mercato, organizzato dall'attore e cantante Nino Taranto che di Totò era amico. Esequie solenni e partecipatissime, si calcolarono trentamila persone. Nino Taranto prese la parola e con la voce rotta dal pianto disse: «Oggi hai fatto l'ultimo esaurito della tua vita». Era certamente un «esaurito», come si dice in teatro, però non era l'ultimo, infatti venne organizzato un terzo evento come solo a Napoli poteva accadere.

Luigi Campoluongo, guappo del rione Sanità, detto «nas'e cane» (naso di cane), volle che Totò fosse salutato dalla sua gente nel rione dov'era nato e cresciuto. Strano personaggio questo Campoluongo, lo stesso al quale Eduardo de Filippo s'è ispirato per il protagonista della sua commedia *Il sindaco del rione Sanità*, era un uomo che aggiustava faccende, componeva litigi, rassicurava ragazze abbandonate convincendo i loro spasimanti a ripensarci, una specie di giudice di pace, da non confondere con gli attuali camorristi salvo che per un aspetto di cui subito dirò.

Era una figura che veniva dal passato e che insieme a quel passato è scomparsa, sostituita oggi da gangster feroci che uccidono a sangue freddo per il controllo di una strada, per qualche partita di droga. Giuseppe Marotta nell'*Oro di Napoli* descrive quell'antico guappo in questi termini: «Era un criminale e non lo era. Piú che mettersi fuori dalla legge egli le opponeva una sua legge. Era cavalleresco e talvolta eroico. Si rendeva utile alla sua città e temeva Iddio. Avrebbe digiunato, e perfino lavorato piuttosto che macchiarsi di un furto o una rapina [...]. Era esente, in tram, dall'obbligo di munirsi del biglietto». Ecco il solo aspetto che accomuna il vecchio guappo al moderno gangster di camorra: entrambi si sentono estranei alla legge ufficiale, quella dei tribunali dello Stato e dei carabinieri. A suo modo, in maniera bonaria e in fondo utile, Campoluongo partecipava di questa legalità parallela cosí diffusa nel Mezzogiorno d'Italia, dove si preferisce mettere a posto le cose evitando le strade ufficiali che – a ben guardare – sarebbero le sole consentite.

Il guappo Campoluongo vuole dunque organizzare il vero funerale di Totò nel suo quartiere, tra la sua gente, che però, estremo paradosso, diventa di necessità un funerale che per essere il piú vero fu anche il piú finto, poiché la salma era già stata inumata. Il 22 maggio, quadragesimo della morte, si celebrano dunque per la terza volta i solenni funerali del principe Antonio de Curtis nella chiesa parata a lutto di Santa Maria della Sanità – anche detta del Monacone, perché custodisce la statua di san Vincenzo Ferrer, monaco domenicano spagnolo accreditato di innumerevoli miracoli.

La figlia Liliana, che poi racconterà i risvolti dell'episodio, sedeva in prima fila. Comincia il rito funebre al termine del quale gli uomini di Nas'e cane, guappi come lui, issano solennemente sulle spalle la bara che sfila tra due ali di popolo plaudente – vuota.

Ho netta memoria di quando – anni Cinquanta, Sessanta – i film di Totò erano considerati di serie B, girati su sceneggiature scadenti e lui, geniale marionetta, considerato dalla critica piú o meno come un comico d'avanspettacolo. Solo pochi ne avevano intuito la grandezza anche se tra alcuni intellettuali la sua considerazione fu piú alta. Pasolini pensò di utilizzarlo in un film insolito per lui, *Uccellacci e uccellini*, girato nel 1966, un anno prima della morte, non del tutto riuscito. A mia memoria sono stati pochi i film di Totò memorabili appunto come film, cioè per la forza non solo interpretativa ma della vicenda. *Guardie e ladri* (1951), firmato dal regista Mario Monicelli, *Totò Peppino e la malafemmina* (1956), di Camillo Mastrocinque e, nel genere dove piú si mescolavano umanità e farsa, *Totò e Carolina* (1955), regia ancora di Mario Monicelli, soggetto di Ennio Flaiano, sconciato dai tagli della censura, poi restaurato nel 1999. Totò, umano troppo umano agente di polizia, si meritò questo elogio: «Finalmente alle prese con un personaggio umano, Totò recita meglio del solito». Per dire l'aria che c'era.

Se le storie delle sue pellicole furono in genere mediocri, il riscatto e la doverosa memoria vengono quasi esclusivamente dalla sua genialità anche di coautore, cioè all'estro delle invenzioni improvvise come nella tradizione della vecchia commedia dell'arte all'italiana.

Negli anni d'oro comunque, il godimento dei suoi film rimase quasi esclusivamente popolare, sale piene di fumo che impregnava gli abiti e i capelli, affollate, soprattutto il sabato e la domenica, da pacifiche platee facili al riso. Nelle sue piroette, nelle smorfie, non si cercava la comicità stralunata, surreale, nella quale oggi viene riconosciuta la sua grandezza; ci si aspettava da lui la battuta allusiva, salace, la testa disarticolata dal corpo, il passo sghembo, l'occhiata losca nel décolleté delle sue partner; si cercavano soprattutto le sue partner (provocanti corsetti, giarrettiere) proprio come accadeva in un qualunque avanspettacolo dove i poveri comici alla terza barzelletta venivano rudemente invitati a lasciar perdere per fare spazio al balletto.

Sordi, Fellini, Scola hanno rievocato quel mondo nei loro film: le ballerine con i logori costumi, il seno strizzato che pareva esplodere dalla scollatura, le calze nere a rete dove non mancava mai qualche buco. Il momento clou era la passerella: le sventurate percorrevano quei pochi metri di proscenio ancheggiando vistosamente, le labbra stropicciate di rossetto, le braccia sollevate con leggiadria che accompagnavano il ritmo dei passi, bersagliate da allusioni oscene di borghesi e militari di truppa, tutti ugualmente repressi. Una povera Italia che stava cercando di uscire da una perenne adolescenza sessuale per diventare finalmente adulta, ma anche una forma di spettacolo praticata per secoli con scambi di lepidezze, qualche volta insulti, perfino lanci di oggetti tra platea e palcoscenico – famosa la storia del gatto morto lanciato sul palco in segno di estremo dileggio. Totò era partito da quel teatro: io la miseria la conosco a memoria, diceva.

Era figlio di madre nubile come allora si diceva, cosí lo registrarono all'anagrafe: «Figlio di Clemente Anna, nubile». Ci vorrà tempo perché il padre naturale lo riconosca. Quel «figlio di N.N.» dev'essergli pesato enormemente; appena la notorietà gli consente di affrontare il ridicolo, esagera. Arriva a farsi adottare da uno spiantato principe Gagliardi per potersi fregiare dei suoi titoli nobiliari che gli vengono riconosciuti con decreto ministeriale del 6 maggio 1941. Compensa il privilegio con un bonus di cinquecento lire al mese elargito al povero principe. La voglia di riscatto col tempo s'amplia facendosi spropositata, si fa registrare come: «Antonio Griffo Focas Flavio Angelo Ducas Comneno Porfirogenito Gagliardi de Curtis di Bisanzio, altezza imperiale, conte palatino, cavaliere del Sacro Romano Impero, esarca di Ravenna, duca di Macedonia e d'Illiria, principe di Costantinopoli, di Cilicia, di Tessaglia, di Ponto, di Moldavia, di Dardania, del Peloponneso, conte di Cipro e d'Epiro, conte e duca di Drivasto e Durazzo». Una bella rivincita sull'oscurità delle origini, allegra e scoppiettante, una sfilata di titoli come mortaretti, sembra di vederlo mentre snocciola con allegria quell'assurda filastrocca mimando con le mani traiettoria e scoppio finale. Nei momenti di buonumore però concedeva benevolo una versione abbreviata: chiamatemi principe, diceva.

Come Roma, Napoli soffre del non aver mai avuto una vera classe borghese egemone. Per secoli la città è stata abitata da un pugno di nobili spersi in una sterminata e misera plebe analfabeta, preda del primo arruffapopolo o del primo lestofante capace di far balenare facili guadagni e vita comoda. La città ha conosciuto le rivolte, anche grandi rivolte, a loro modo vittoriose, che sono però rimaste rivolte, mosse cioè da un moto d'insofferenza, dalla ribellione a un'ingiustizia, insomma sommosse, non rivoluzioni. Cosí fu nel XVII secolo quando Masaniello riuscí a sollevare la cittadinanza esasperata da una pressione fiscale di tale esosità da aver fatto registrare episodi orribili. Gli abitanti di Aversa, per soddisfare il fisco senza essere ceduti a un feudatario, avevano proposto al governo di vendere ai turchi un figlio maschio di ogni famiglia. Dopo la sommossa organizzata da Masaniello il governo spagnolo dovette accondiscendere ad attenuare le sue pretese. Masaniello era un affascinante agitatore ma quasi incapace d'altro. Luciano De Crescenzo in *Cosí parlò Bellavista* lo definisce con precisione: «Tra tutti i personaggi storici nati a Napoli, [Masaniello] è quello che ha maggiormente incarnato lo spirito napoletano. Espresse le contraddizioni, l'istinto di amore, l'incapacità di esercitare il potere, la generosità e l'ignoranza del suo popolo. Masaniello è amore e disordine». Di questa definizione cosí indovinata ho fatto il titolo del capitolo.

In tutt'altro contesto, nel settembre 1943, avvenne qualcosa di simile quando gruppi di civili, compresi molti adolescenti, aiutati da alcuni militari del disciolto Regio esercito, insorsero contro gli occupanti nazisti comandati dal colonnello Walter Schöll. Quando il 1° ottobre, dopo cinque giorni di combattimenti, le truppe Alleate finalmente entrarono a Napoli, la popolazione aveva già cacciato i tedeschi, prima tra le città europee a insorgere contro un esercito occupante. Anche in questo caso l'obiettivo non era in prevalenza militare o politico, come avverrà in genere al Nord, Genova, Milano, Torino. L'insurrezione vittoriosa a Napoli si sviluppò, eroicamente, per pura insofferenza di fronte alle vessazioni insensate di un ottuso burocrate in uniforme. Il popolo insorse perché non ne poteva piú della cieca ferocia di un imbecille.

Il solo moto che avesse invece un preciso significato politico e ideologico è finito tragicamente. Si verificò nel 1799 – si badi alla data: dieci anni dopo il fatidico 14 luglio a Parigi, sei dalla decapitazione in piazza di re Luigi XVI e di sua moglie Maria Antonietta d'Austria. Sul trono di Napoli sedeva una sua sorella, Maria Carolina, sposa di Ferdinando I delle Due Sicilie. In rada è alla fonda la flotta inglese, al comando dell'ammiraglio Nelson, grande marinaio e uomo infido. I cittadini piú illuminati cercano di dar vita a una Repubblica partenopea: Cuoco, Cirillo, Pagano, Serra, Caracciolo, Luisa Sanfelice, Eleonora Pimentel Fonseca. Il tentativo, glorioso e breve, finí nel sangue. Horatio Nelson aveva promesso agli insorti che, in caso di resa, gli sarebbe stato concesso l'esilio. Maria Carolina lo persuase a tradire la sua parola. Aveva covato per tutti quegli anni l'attesa della vendetta, ebbe finalmente modo di assaporarla, guardando i corpi dei giacobini penzolare dalle forche.

Sulla tomba dell'ammiraglio Caracciolo, nella chiesa della Madonna della Catena, si legge questa epigrafe: «FRANCESCO CARACCIOLO, AMMIRAGLIO DELLA REPUBBLICA NAPOLETANA, FU DALL'ASTIO DELL'INGENEROSO NEMICO IMPESO ALL'ANTENNA IL 29 GIUGNO DEL 1799. I POPOLANI DI SANTA LUCIA QUI TUMULARONO L'ONORANDO CADAVERE. IL MUNICIPIO DI NAPOLI, 1881».

Quell'esperimento di repubblica fu schiacciato dalle truppe sanfediste guidate dal cardinal Ruffo, dalla flotta inglese, ma anche dai *lazzari*, la nutrita schiera di plebei che campava alla giornata, tra lecito e illecito, che si schierò con i Borboni e per il ritorno della monarchia, una parola che suonava meno minacciosa di «libertà».

Come scrisse Vincenzo Cuoco nel suo *Saggio storico sulla rivoluzione napoletana del 1799*: «I patrioti di Napoli erano grandi idealisti e cattivi politici. Tennero in piedi la loro barcollante repubblica tra illusioni smisurate e piccoli effetti, propositi arditi e mezzi deficienti: una vita che oscillò tra commedia e tragedia, finché quest'ultima, alla fine, prevalse». Anche nel referendum del 2 giugno 1946, quando si trattò di scegliere tra monarchia e repubblica, i napoletani confermarono il loro favore alla monarchia e al re fuggiasco Vittorio Emanuele III con quasi l'80 per cento dei voti contro una media nazionale del 45,6.

Guerre, catastrofi, eruzioni, improvvisi cedimenti del suolo, ricorrenti epidemie, Napoli ha grande familiarità con la morte. D'altronde è la sola grande città al mondo costruita su un vulcano, un territorio che va dai Campi Flegrei al Vesuvio alle due isole che la fronteggiano. Bisogna salire al museo di Capodimonte a guardare i dipinti di Micco Spadaro, il cui vero nome era Domenico Gargiulo (1612-1675). Questo pittore ritrae nei suoi quadri la cronaca della città colta nei suoi frequenti tumulti. Se non temessi di essere oltraggioso direi che certe sue vedute anticipano le pagine illustrate della «Domenica del Corriere»: eruzioni, la rivolta di Masaniello, un'epidemia che diventa un flagello, un carnaio. Quando si parla della plebe di Napoli è nei suoi quadri che ne troviamo il ritratto palpitante. Raffaele La Capria li descrive cosí nell'*Armonia perduta*: «Guardando quei quadri che non mi sembrano neppure "belli" (nel senso che non mi viene di giudicarli dal punto di vista estetico) si esce dalla pittura dell'epoca, e direi, si esce dalla pittura, per entrare in un'altra dimensione, terribile, delle "cose realmente accadute"; nei colori e nelle figure sembra di vedere coagulato il furore di un popolo di miserabili, e Napoli diventa su quelle tele una viscida carta moschicida, piena di mosche invischiate che muoiono nel vano tentativo di liberarsi [...] E, come nei quadri del grande Hieronymus Bosch, si scoprono man mano particolari raccapriccianti: ma qui, in Micco, non compongono nordiche e infernali allegorie, sono invece bruta realtà presa dal vivo».

Tra le caratteristiche di questa città straordinaria bisogna mettere anche il suo forte rapporto con il mondo di là, l'oltretomba. È come se qui si avvertisse, piú che altrove, il bisogno di coltivare altre presenze oltre quelle consuete, di dare al mondo delle ombre una consistenza si potrebbe dire fisica, sentirsi rincuorati dalla vicinanza di santi, reliquie, amuleti, anime purganti, misteriosi segni ultraterreni, forze invisibili capaci di allontanare la mala sorte che del resto sono lí, a portata di mano. Gli eterni, acri fumi dei Campi Flegrei – cioè ardenti – identificati fin dall'antichità come dimora del dio Vulcano, addirittura come ingresso agli inferi, prova concreta dell'esistenza di un mondo altro, diverso da quello d'ogni giorno, dal fascino inquietante.

Cito nuovamente De Crescenzo: «I napoletani sono sempre rimasti un po' politeisti. È proprio l'idea di Dio, del Dio che è uno, che facciamo fatica a digerire. [...] Non diciamo "Mio Dio", preferiamo rivolgerci a qualcuno di piú preciso, invochiamo i santi».

Toccare il corpo del santo, ammirarne l'effigie, sottrarsi alla pena di poterlo soltanto rappresentare mentalmente. La religiosità mediterranea ha sempre avuto la necessità di una prova fisica che raffigurasse il dio o un suo emissario. Anche il culto, spesso il traffico, delle reliquie, nasce cosí.

Si trasformano in oggetti venerabili ossa, frammenti di abito, capelli, unghie, persino fiale contenenti il sudore del defunto. Per molto tempo Napoli ha rappresentato un concentrato di reliquie in chiese e monasteri, ma anche in alcune abitazioni private. Qualcuno arrivò a chiamarla *Urbs sanguinum*, la città dei sangui, per l'enorme quantità di lasciti in grado di facilitare il contatto ultraterreno che erano conservati in ampolle, balsamari, fiale, teche, ostensori. La reliquia si faceva veicolo con il mondo altro, ma chiamava anche i miracoli che proteggevano da cattiva sorte e malattie. Se poi alcune persone sprigionavano influssi negativi o malvagi (lo jettatore) si poteva sempre ricorrere a scongiuri e talismani in grado di neutralizzarne il potere maligno. Foss'anche un povero cornetto rosso una volta di corallo, ormai prodotto in serie con un po' di plastica.

Il cimitero delle Fontanelle, anche se ridotto a richiamo turistico, conserva l'atmosfera di un luogo dove il mondo dei vivi e quello dei morti possono entrare in contatto.

Conosco pochi altri posti, non solo in Italia, di uguale suggestione, compresi il cimitero dei cappuccini a Roma, le catacombe dei cappuccini a Palermo per non parlare delle catacombe di Parigi che diventano, al confronto, poco piú che un buon esempio di arredamento mortuario.

Le Fontanelle sono un insieme di vasti spazi sotterranei, ricavati dal taglio e dallo scavo della pietra tufacea sulla quale poggia buona parte della città. È cosí: Napoli poggia per buona parte sul vuoto, si calcola che su una superficie di circa sessanta chilometri quadrati ci sia quasi un milione di metri quadrati di vuoto sotterraneo, in altre parole molto di ciò che appare sopra è stato tolto da sotto, il che spiega i frequenti cedimenti delle strade, l'improvvisa rivelazione di immani caverne.

Questo cimitero è uno dei vuoti piú eloquenti, «abitato» com'è dai resti dei morti in due grandi pestilenze, una del XVII, l'altra del XIX secolo: quarantamila per alcuni, addirittura settecentomila per altri. Al contrario di quanto avviene in altre esposizioni di scheletri o di mummie, qui i teschi dei trapassati sono fatti oggetto di un culto particolare. Si può (o forse dovrei dire si poteva) adottare uno dei teschi (*capuzzella*, in gergo) ottenendone in cambio protezione. Il morto protegge il vivo, cosí come il vivo può alleviare le sofferenze del morto con particolari riti o facendo celebrare per lui messe in suffragio della sua anima. Questo scambio intenso, continuamente evocato, tra vivi e morti è estraneo alla tradizione ebraica e solo in parte appartiene a quella cristiana. Viene dall'antichità piú remota, dai misteri legati agli dèi inferi, dal bisogno mai sopito di poter poggiare le effimere realtà della vita, le sue ingiustizie, sulla certezza di un'esistenza oltre la morte, un mondo al quale chiedere grazie.

In questa continua ricerca di un contatto con l'aldilà viene alla luce la vocazione al compromesso, all'accordo bonario, al non-si-potrebbe quando tutti sanno che, con le buone o con le cattive, alla fine invece si potrà, in questo mondo o nell'altro. Una vocazione a smussare gli spigoli che rivela tutto il meglio di Napoli – la giovialità, il sorriso, la dolcezza del vivere cosí vicina a quella del clima – e anche il peggio: la violazione della legge come bonaria consuetudine, l'orgoglio del raggiro ben fatto, il compiacimento per la propria furbizia. Una città devota e pagana, incline a una religiosità chiassosa, sincera fino al sacrificio e alle lacrime. Napoli, detta Parthenope in latino, Sirena, Vergine, piena di Madonne da venerare, statue che ondeggiano sovrastando due ali di popolo in estasi, portate a spalla da giovani robusti, fieri di sentirsi schiacciati dal peso immane della macchina lignea.

A Sant'Anastasia, ogni lunedí di Pasqua da secoli, la statua della Madonna dell'Arco viene accompagnata da manifestazioni straordinarie. Una lenta processione senza fine in cui la devozione si accompagna e si mescola alla superstizione. È uno degli spettacoli piú impressionanti ai quali abbia assistito, Oriente e America Latina compresi. Ne scrissi anni fa in un libro sul culto della Madonna, il ricordo a distanza di tempo resta incancellabile.

Gli uomini vestiti di bianco sono bardati con una fascia azzurra di traverso, con su stampata l'immagine della Madonna, che dalla spalla sinistra scende e incrocia una fusciacca rossa alla vita. La macchina di legno che porta la statua avanza a passo lento, accompagnato dal suono di una banda, i toni aspri e scordati degli ottoni, il rullo dei tamburi. C'è anche il ritmico battere dei giovani devoti chiamati *vattienti*, «battenti», che pestano i piedi anche quando la macchina è ferma. Ogni gruppo ha uno stendardo o un gonfalone da cui partono nastri colorati, ciascuno tenuto da una ragazza. In quella folla c'è di tutto: semplici devoti, quelli che alla Madonna, *ultima spes*, sono venuti a chiedere una grazia, qua e là anche camorristi, e, ovviamente, i turisti pronti a immortalare questa sopravvivenza di Medioevo.

Oracoli e sibille, indovini e stregoni sono da sempre fonte di consolazione. È il bisogno fisico della vicinanza, del contatto diretto, dell'accessibilità del sacro e dei suoi emissari. A Napoli l'esempio piú clamoroso di questo scambio tra devozione e protezione, fede e interesse, terreno e celeste, è il veneratissimo sangue di san Gennaro.

Giustiziato per spada nel 305 della nostra era, questa la data piú attendibile, Januarius, o Gennaro, era un coraggioso vescovo condannato per il suo proselitismo cristiano. Siamo negli anni di Diocleziano (244-313) promotore di una dura repressione contro la nuova religione che considerava – non a torto – un pericolo per la sopravvivenza dello Stato. Originario di Benevento o di Napoli, Gennaro era stato in un primo tempo condannato a essere straziato dalle fiere nel circo; si preferí poi la piú veloce, e riservata, fine per decapitazione, temendosi tra l'altro moti popolari e disordini, data la forte simpatia di cui il futuro santo godeva.

Leggenda vuole che una devota abbia avuto modo di raccogliere dal corpo decapitato in due ampolle un po' del suo sangue, poi divenuto oggetto di accalorata venerazione al momento in cui, tre volte all'anno, accenna con maggiore o minore solerzia a sciogliersi.

Sullo scioglimento del suo sangue, o della sostanza contenuta nelle ampolle quale che sia, le gerarchie della Chiesa si mantengono prudenti limitandosi a definirlo solo un «prodigio».

Questa prudenza delle gerarchie rispetto a un possibile fenomeno ultraterreno interessa poco, in questo racconto vale di piú il significato, proprio e simbolico, della cerimonia, il tipo di pietà religiosa al quale rimanda un culto del sangue. Definirlo solo superstizione è sbrigativo, non basta a capire l'ampiezza e la persistenza del fenomeno. Il sangue, elemento legato sia alla vita sia alla morte, carico di una potente simbolicità, è stato da sempre uno dei mezzi che permettevano di comunicare con gli dèi. Durante i millenni questa misteriosa sostanza che circola nelle vene e sgorga dalle ferite ha suscitato riti innumerevoli, credenze, fantasie. In latino esistevano addirittura due parole per indicarlo. Il sangue della circolazione corporea era *sanguis*, quello di una ferita *cruor*, da cui l'aggettivo «cruento». Lo stesso sangue mestruale è stato oggetto di interpretazioni di tipo teologico. Alcuni teologi medievali lo accostavano al peccato originale, vedendovi una prolungata punizione divina, in una curiosa variante solo femminile. Eva, tentata dal demonio, aveva trascinato Adamo nel peccato, tutte le sue discendenti, cioè tutte le donne di tutte le generazioni, erano state condannate a una perdita mensile in memoria di quel tragico errore.

Il cristianesimo delle origini – piú vicino all'ebrai-

smo – era contrario alle celebrazioni legate al sangue tanto piú che, gradatamente, il culto del dolore s'era concentrato sulla venerazione del sangue versato da Cristo, flagellato e crocifisso, fonte anche in questo caso di innumerevoli leggende – tra le piú note e prolifiche, quella del Santo Graal. Ho preso alcune di queste notizie da un libro straordinario di Piero Camporesi che raccomando a chiunque fosse interessato all'argomento. S'intitola *Il sugo della vita*.

Per qualche secolo Napoli è stata una vera capitale, certo piú di Roma che nel momento in cui venne unita al Regno d'Italia era quasi ridotta allo stato di villaggio con una popolazione inferiore a duecentocinquantamila abitanti, analfabeti al 70 per cento; una città affollata da un clero retrogrado che si manteneva con le rendite dei beni ecclesiastici, circondata da un territorio abbandonato all'incuria, in parte malarico, popolato di briganti. Napoli invece è stata a lungo una capitale europea soprattutto per musica e teatro. Celebri le raffinate esecuzioni dei suoi musicisti ma anche gli studi e la creazione di novità che avevano luogo in teatri, chiese, istituzioni private, famiglie abbienti.

Già sul finire del Cinquecento s'erano poste le basi per una vera scuola napoletana nata dalla fusione tra il gusto locale, una diffusa attitudine melodica, la nascita di conservatori nei quali gli orfani – della città e del regno – venivano avviati allo studio della musica e del canto. Da tali strutture escono nel XVIII secolo Niccolò Jommelli, Giovan Battista Pergolesi (morto a soli 26 anni!), Tommaso Traetta (straordinario musicista pugliese, di Bitonto), Giovanni Paisiello. Tra Seicento e Settecento, Alessandro Scarlatti segnala al mondo un modo di comporre in campo liturgico e operistico che dominerà incontrastato per un intero secolo. Nasce con lui anche l'opera buffa che con *La serva padrona* di Pergolesi, poi con Mozart e Rossini, diventerà un vero e proprio genere con una sua storia separata da quella dell'opera seria. Scarlatti porta nell'opera seria innovazioni come il recitativo accompagnato che si affianca a quello secco, l'aria col «da capo» nel cui ritornello cantanti e castrati (il piú noto e ricco, Carlo Broschi detto Farinelli) si esibivano in eccezionali virtuosismi.

Bisogna arrivare alla fine del Settecento perché la scuola napoletana soccomba di fronte alle novità del nascente romanticismo che chiedeva trame piú elaborate, orchestrazione piú raffinata e soprattutto un modo di comporre drammaturgicamente piú evoluto. Sono un po' le stesse ragioni per le quali la commedia dell'arte – o «all'improvviso» – soccombe a un teatro piú strutturato. Mozart, Rossini, Bellini segneranno questa fine.

La straordinaria musicalità ha il suo seguito nella canzone ottocentesca, la «canzone napolitana» come la chiama Roberto De Simone, finissimo cultore di un genere che merita di essere esplorato con cura: cantilene infantili e appassionati lamenti d'amore, invocazioni alla città o alla luna e mottetti burleschi. Sull'onda di queste note che ancora risuonano ovunque nel mondo, ci separiamo da Napoli. A malincuore come sempre avviene quando si lascia una delle città di questa magnifica terra, come Leopardi chiamava l'Italia. Lasciamo, senza averli nemmeno citati, le rovine classiche, le isole del golfo nell'azzurra luminosità di mare e di cielo, gli orti giardini della costiera immersi nel profumo dei limoni.

I romani chiamavano la regione *Campania Felix*, definizione che oggi non è piú possibile usare perché, ammesso che sia davvero esistita, quella felicità è scomparsa. Possiamo solo tentare di scorgere qualche residuo di ciò che Napoli e l'intera zona sono state e da quel poco ricostruire, per induzione, il molto che il tempo o la malagrazia degli uomini hanno deturpato o distrutto.

16.
Pieni gli occhi del ricordo di lei


La prima immagine che ho di Palermo è un'etichetta rotonda dal colore vivace sul dorso di una lucida valigia nera con i bordi rinforzati in cuoio. Su uno sfondo di cupole moresche, credo rossastre, s'affaccia di quinta la ramaglia frondosa di una palma, tutt'intorno la dicitura: Grand Hotel et des Palmes - Palermo. Mi chiedevo che c'entrassero le palme e perché Palermo si presentava con quella pianta che associavo all'Africa. Anche le palme che vedevo a Roma mi sembravano fuori posto, che ci facevano in una città europea quegli strani «alberi» africani senza tronco e senza rami? La traversata da Tripoli a Napoli, che m'era parsa lunghissima, aveva eretto nella fantasia d'un bambino una separazione netta tra una riva e l'altra, due continenti, ci insegnavano a scuola mostrandoli sulla carta geografica. Palermo allora? E le palme a Roma?

In seguito le cose si sono ovviamente chiarite anche se, nell'iniziale confusione infantile, non mancava un inconsapevole presagio. Solo molti anni dopo ho letto che già nel 1860 l'ambasciatore di Francia Agénor de Gramont parlando di Roma aveva esclamato: «*C'est ici que l'Orient commence*».

Ma delle palme mi sono ricordato soprattutto quando ho letto *Il giorno della civetta* di Leonardo Sciascia imbattendomi in una frase poi diventata celebre: «Gli scienziati dicono che la linea della palma, cioè il clima che è propizio alla vegetazione della palma, viene su, verso il nord, di cinquecento metri, mi pare, ogni anno... La linea della palma... Io invece dico: la linea del caffè ristretto, del caffè concentrato... E sale come l'ago di mercurio di un termometro, questa linea della palma, del caffè forte, degli scandali: su su per l'Italia, ed è già oltre Roma...»

La linea delle palme e del caffè diventò in anni non troppo lontani la piú celebre metafora dell'infezione mafiosa che andava diffondendosi in Italia e anche al di là delle Alpi. Se qualcuno, poco meno di un secolo fa, me lo avesse detto mentre guardavo incantato l'etichetta rossa incollata sulla valigia dei miei genitori, credo che mi sarei spaventato; quelle palme, le cupole moresche allora rappresentavano solo un piccolo enigma, davano un piacevole brivido esotico, sapevano d'avventura.

Anche Palermo, come Napoli, è definita dalla contraddizione. Le due vecchie capitali del regno borbonico in questo sono uguali o meglio: sembrano uguali perché in realtà le rispettive contraddizioni sono diverse. A Napoli non mancano le tragedie ma il colore dominante è quello della commedia, della beffa, dell'oltraggio. A Palermo è l'inverso. La commedia è presente ma a dominare è il cupo incombere della tragedia. Europea, araba e spagnola, Palermo è connotata dal nero e dall'oro di una storia splendida e corrotta, una città e una terra eternamente dominate, desiderate da tutti per la loro bellezza, mai abbastanza forti per difenderla e farla propria.

È probabile che il sentimento della tragedia che il visitatore avverte non appena vi mette piede emani da questo ininterrotto destino di colonia. Fenici, Cartaginesi, Greci, Romani, Berberi, Normanni. All'inizio del Settecento, l'isola passa di mano tre volte in vent'anni: i Savoia, gli austriaci, gli spagnoli. Poi, nel 1860, arriva Garibaldi con i suoi Mille. In questo turbinio di governatori, uniformi, leggi e vessilli, soldati e briganti, è facile che vada smarrito anche quel minimo senso di appartenenza in grado di suscitare una qualunque idea di patria che cosí diventa pura astrazione, un

impreciso riferimento. Dove hanno dominato a lungo l'insicurezza e la paura, la patria si riduce alla famiglia, finisce
sulla soglia di casa. Gli scrittori siciliani, che sono numerosi e di grande livello, si sono occupati molto della Sicilia,
alcuni hanno scritto solo di quello, colorandone i tratti ne
hanno coniato la definizione. Leonardo Sciascia nel saggio
*La corda pazza* ha scritto: «La paura "storica" è diventata
paura "esistenziale"; si manifesta con una tendenza all'isolamento, alla separazione degli individui, dei gruppi, delle
comunità – e dell'intera regione». In questo isolamento può
accadere che si rafforzi – come scrive Tomasi di Lampedusa
nel *Gattopardo*: «La loro compiaciuta attesa del nulla». La
compiaciuta attesa del nulla, scrive proprio cosí, mi chiedo
chi potrebbe dare un giudizio piú sferzante.

Nel discorso è entrato *Il Gattopardo*. Bisognava che arrivasse questo grande romanzo che al suo apparire venne
rifiutato due volte da due delle maggiori case editrici italiane nella persona di Elio Vittorini. Sulle ragioni per le quali
Vittorini, anch'egli siciliano, rifiutò per due volte la pubblicazione del romanzo, una a nome della Mondadori, una per
la Einaudi, s'è polemizzato molto. Non vorrei apparire semplicistico, ma a me pare evidente che a uno scrittore quale
lui era, con una cosí peculiare visione del mondo, semplicemente quel libro non poteva piacere. Il romanzo gli parve,
come dichiarò in un'intervista al quotidiano «Il Giorno»
(24 febbraio 1959), «una seducente imitazione dei *Viceré*
di De Roberto, a livello della prosa dei cosiddetti "rondeschi" [...] Io preferisco al *Gattopardo* non solo il libro di
Calvino [...] ma anche la ristampa dei racconti di Romano Bilenchi, e anche *Il soldato* di Carlo Cassola, e anche *Il
ponte della Ghisolfa* di Testori. Sono tutti e quattro tanto
piú vitali e tanto piú nella nostra storia. Ci dicono qualcosa
di ancora non risaputo. Non lasciano il tempo che trovano.
Mentre *Il gattopardo*, lo dico non senza rispetto, lo lascia
proprio tale e quale lo trova, il tempo».

Una pietra che sarebbe potuta diventare tombale se il manoscritto non fosse arrivato a Giorgio Bassani, che (immagino) fece un salto sulla sedia leggendolo e propose immediatamente a Feltrinelli di stamparlo, con il successo mondiale che sappiamo.

Le ragioni per le quali il romanzo piacque all'autore del *Giardino dei Finzi-Contini* e non poteva piacere a chi aveva raccontato ombre e silenzi dell'isola nel suo *Conversazione in Sicilia* è chiaro a chiunque abbia letto questi libri. *Finzi-Contini* e *Gattopardo* sono in primo luogo grandi storie con grandi personaggi, il che significa un intreccio, avventure, trovate, in una parola romanzo, ovvero vicende sospese al filo quasi invisibile che divide la vita reale dalla pura invenzione, realismo per modo di dire, che resta la ragione piú forte per continuare a leggere storie come queste. Infatti, quando, pochi anni dopo, i gruppi d'avanguardia intonarono ancora una volta il loro lamento sulla morte del romanzo, vennero presto sconfessati dall'irrompere travolgente della narrativa sudamericana, García Márquez in testa.

Vittorini non aveva torto a dire che *Il Gattopardo* ricordava *I Viceré* di De Roberto, sbagliava definendolo un'imitazione. Quelle pagine tenevano in vita un filone generosamente narrativo che in Italia non ha mai avuto gran fortuna.

Tomasi di Lampedusa affronta la fisionomia storica della Sicilia in una scena bellissima e famosa. Il funzionario piemontese cavaliere Chevalley di Monterzuolo va a proporre al principe di Salina un seggio da senatore del Regno. Il principe lo ascolta con blando interesse, è un uomo che sa già tutto perché di tutto ha avuto esperienza – lo immagino con gli occhi socchiusi, il capo un po' inclinato di lato, le mani sovrapposte poggiate sull'impugnatura d'avorio d'un bastone. Alla fine della perorazione la sua risposta è: «Il peccato che noi siciliani non perdoniamo mai è quello di "fare". Siamo vecchi, Che-

valley, vecchissimi. Sono venticinque secoli almeno che
portiamo sulle spalle il peso di magnifiche civiltà etero-
genee, tutte venute da fuori, nessuna germogliata da noi
stessi, nessuna a cui abbiamo dato il la ... da duemilacin-
quecento anni siamo colonia».

Il secolare destino dell'isola ha scavato cosí in profondità
che la Sicilia ha continuato a seguirlo anche dopo aver acquisito, con la Costituzione del 1948, una larghissima autonomia legislativa, come ho ricordato anche sopra; in quelle
norme c'erano tutte le premesse per una rinascita, il risultato è stato invece deludente, quasi che la Sicilia, divenuta
colonia di se stessa, si fosse scoperta incapace di profittare
della grande occasione finalmente a portata di mano. Traffici, prebende, una burocrazia pletorica e inefficiente, in-
dennità eccessive per gli eletti alle varie cariche, collusioni
con la malavita hanno sfibrato il tessuto sociale dell'isola,
lasciandole a disposizione solo i consueti strumenti degli op-
pressi quando non sono in grado di riscattarsi: la vendetta
e un sistema di giustizia parallelo. Negli innumerevoli saggi usciti sulla mafia, s'intravede al fondo di ogni analisi il
medesimo sintomo: uno Stato lontano e incapace, una pa-
rodia di giustizia assicurata dal potente di turno che domina su un territorio piú o meno vasto, applicando il vecchio
patto feudale secondo il quale io signore dirimo i conflitti e
garantisco la convivenza, voi siete i miei servi.
   Sciascia ha descritto anche questo baratto con le parole che bastano: «La contraddizione definisce Palermo.
Pena antica e dolore nuovo, le pietre dei falansteri im-
pastate di sangue ma anche di sudore onesto. La Mafia
che distribuisce equamente lavoro e morte, soperchieria
e protezione».
   Lavoro e morte, come facevano i sovrani d'una volta,
come nessuno Stato oggi potrebbe ormai fare, quanto meno senza la copertura di adeguate procedure o sufficienti
complicità. Qui invece ciò che uno Stato non può piú fare

lo fa la mafia: premia e punisce, dà e toglie qualunque cosa, compresa la vita, risponde solo ai propri equilibri di potere.

L'alone di tragedia che a me pare di vedere appena sbarco a Palermo viene anche dal sapere che ogni negoziante, professionista, funzionario può essere partecipe di questo patto segreto, farsene secondo i casi portatore, interprete, vittima.

Anni fa avevamo affittato un bungalow per un soggiorno estivo in un comprensorio bellissimo; mare di cristallo, ottima cucina, silenzio notturno rotto solo dallo sciabordio della risacca. Accanto alla strada uno spazioso parcheggio per chi era arrivato in auto. «È sicuro il parcheggio?» ho chiesto un giorno al gestore. Prima di rispondere mi ha soppesato, il lampo di un'occhiata perplessa, come se stesse chiedendosi se ero davvero stupido o se per caso lo stessi prendendo in giro. Alla fine di molte parole riuscii a capire che il responsabile del parcheggio era una «creatura» del capomafia locale, dunque in macchina si poteva lasciare anche un cofanetto di gioielli, sicuri che nessuno li avrebbe toccati. Colorisco un po', ma nemmeno tanto, la complicata risposta che mi diede, dopo essersi convinto che ero davvero uno che del mondo – almeno di quel mondo – aveva capito poco.

Dei tanti mondi che compongono l'universo siciliano si sono fatti interpreti i numerosi scrittori che l'isola ha dato. Potremmo cominciare da Pirandello e sarebbe sicuramente un buon inizio. Invece preferisco andare parecchio piú indietro per citare Jacopo da Lentini, altrettanto importante ma che non molti ricordano. A Jacopo si attribuisce tra l'altro l'invenzione del sonetto, forse è vero, forse no, ma non è questo il suo aspetto piú rilevante. Jacopo è il piú autorevole maestro della scuola poetica siciliana, fucina della lirica d'arte, all'origine della nostra lingua.

Quando Dante lo incontra in *Purgatorio* (canto XXIV) lo chiama «notaro», perché questo Jacopo faceva di mestiere alla corte del grande Federico II, re e imperatore svevo, siciliano, italiano, normanno e tedesco, definito non a caso *stupor mundi* per la grandezza della figura, la preveggente ampiezza dello sguardo. Per trent'anni, dal 1220 al 1250, Federico fece di Palermo la capitale del Sacro romano impero, il centro politico del mondo. Quando mi danno di resto la monetina da un centesimo, qualche volta penso a lui sbirciando la minuscola icona di quel perfetto ottagono che fece costruire in Puglia, Castel del Monte, una delle sue meraviglie, perché si possono costruire residenze fortificate che siano anche delle meraviglie, se c'è sufficiente ingegno in chi le comanda.

La sua figura ha stimolato infiniti studi, io mi limito a riferire un giudizio non molto noto espresso niente meno che da Richard Wagner, importante proprio perché rivelatore anche della personalità del musicista, oltre che di quella del sovrano: «In Federico, vedevo il biondo tedesco d'antica schiatta sveva che, come erede del regno normanno di Napoli e di Sicilia, dà alla lingua italiana il suo primo splendore di cultura, pone i germi per lo sviluppo delle scienze e delle arti là dove prima non s'era avuto che lotta tra il fanatismo ecclesiastico e la barbarie feudale, raccoglie nella propria corte i poeti e i saggi dell'impero d'oriente e riunisce intorno a sé la grazia degli elementi arabo e persiano». Non ha torto il grande musicista, le cose andarono proprio cosí, eppure leggere il suo giudizio negli *Scritti scelti*, là dove Wagner fa suo il «biondo tedesco», mi dà un certo disagio. Mi torna in mente la famosa battuta di Woody Allen: dopo un po' che ascolto la musica di Wagner mi viene voglia d'invadere la Polonia.

Federico va citato con l'ammirazione che merita, perché se c'è stato un momento in cui Palermo, la Sicilia, l'intera penisola hanno visto il destino cambiare cavalli, come si usa dire, è stato durante il suo regno illuminato. Se le cose fossero andate come lui aveva immaginato, l'Italia unita avrebbe potuto nascere nel XIII secolo sotto un grande re invece che nel XIX sotto un re piú modesto, in un momento meno favorevole.

Eventi lontani, ipotesi cosí fragili che sarebbe difficile perfino costruirci sopra una di quelle storie controfattuali dove ci si chiede: che sarebbe successo se quel certo giorno, quella data battaglia, quel temporale improvviso...

Certo è che Federico presagí la possibilità che esistesse un'entità politica chiamata Italia, operò perché questo avvenisse. Si scontrò con papi guerrieri, accaniti sostenitori della superiore potestà pontificia su ogni altro regnante, compreso l'imperatore. Fu scomunicato piú volte, dipinto come l'Anticristo, come la Bestia dell'*Apocalisse* «che si leva dal mare piena di nomi blasfemi», subí e combatté una guerra senza quartiere che si concluse il 13 dicembre 1250, giorno in cui arrivò di colpo il suo momento fatale. Proprio quando pareva che fosse riuscito a prevalere sia in Italia sia in Germania, lo stroncò, a soli 56 anni, la morte. «La sua vittoria avrebbe potuto consegnare all'Italia una storia diversa», ha scritto lo storico Glauco Maria Cantarella. Non fu cosí perché anche la storia dei popoli, come la vita degli individui, ha i suoi inciampi, le cose, che parevano dover andare in un certo modo, finiscono inaspettatamente in un altro. Della sua corte laica, illuminata, feconda di opere e di leggi è rimasto solo il ricordo – e il rimpianto.

La sensazione di tragedia di cui parlavo è possibile che venga anche dalla memoria inconscia di quanto lessi nel *Viaggio in Italia* di Piovene, che ho già avuto modo di ricordare. Tra le tante consuetudini di questa città «araba, barocca, cupa, carica di fantasia», lo scrittore include questa:

I morti sono i portatori dei doni ai bambini anziché la Befana, il bambino esprime i suoi desideri scrivendo lettere allo zio, alla nonna, al padre defunti. Essi donano, oltre ai giocattoli, pupe di zucchero dipinto di cui i negozi sono pieni, paladini, fate, donzelle amazzoni sul ginnetto bianco, da sgranocchiare rompendole arto per arto.

Mi sono chiesto se, tanti anni dopo, ciò che scrisse Piovene sia ancora attuale, cioè sopravvissuto ai cambiamenti. Come mi ha detto lo scrittore e giornalista palermitano Marcello Sorgi, profondo conoscitore della città, si tratta di usi che il tempo ha attenuato senza però farli scomparire. È come se tra il culto dei morti e quello della Befana, vecchia regina della «dodicesima notte», si fosse stabilita una certa forma di convivenza, quanto meno di reciproca tolleranza. Secondo Sorgi in Sicilia si celebrano festosamente i morti perché la stessa morte è considerata amica. Forse dipende dalle poche occasioni che ci sono per una vera *joie de vivre*, oppure da un'antica abitudine alla tragedia. Nell'isola esiste addirittura un curioso neologismo, in apparenza improprio, per cui viene appioppato il nomignolo di «tragediatore» a chi ama fare scherzi e battute.

La morte è una presenza, forse sarebbe piú esatto dire uno stato d'animo, diffuso e costante. In un mio libro precedente l'ho definita una «morte spagnolesca», anch'essa barocca, la morte atroce delle vergini martiri, delle madonne trafitte, degli scuoiati, dei bruciati vivi, degli appesi… La morte portata in processione dalle immense macchine che il venerdí santo avanzano incombendo su una folla affascinata e sgomenta, che si segna, implora il perdono, conta le ferite del Cristo rigato di sangue.

Diceva Sciascia che il senso della morte, la paura, col tempo sono diventate da storiche esistenziali. In una terra inondata di sole, al centro della smagliante luce mediterranea, ci s'imbatte spesso, anche dove meno ci si aspetterebbe di trovarlo, nel buio dell'oltretomba, nel sentimento dell'umana caducità.

In un racconto di accesa fantasia, *Retablo*, lo scrittore siciliano Vincenzo Consolo descrive le sensazioni provate nell'oratorio di San Lorenzo, famoso per aver ospitato la tela caravaggesca della *Natività* fino a quando non venne rubata nel 1969. Una storia tremenda, mista di criminalità e d'incuria, ma anche uno dei piú appassionanti gialli – mai risolti – della storia dell'arte; vi si è posto in qualche modo riparo nel dicembre 2015 con una copia tale e quale di cui si dicono meraviglie. Finanziata da Sky, è stata eseguita dal laboratorio madrileno di Factum Arte. Consolo però non irrompe nell'oratorio attratto da Caravaggio, entra per gli stucchi di Giacomo Serpotta (1656-1732), scultore di tale inaudita bravura da far sconfinare il suo minuzioso realismo in una allusività visionaria.

Lo scrittore descrive cosí la scena: «Entrai: mi parve d'entrare in paradiso. Torno torno alle pareti, in cielo, sull'altare, eran stucchi finemente modellati, fasce, riquadri, statue, cornici, d'un color bianchissimo di latte, e qua e là incastri d'oro zecchino stralucente, festoni, cartigli, fiori e fogliame, cornucopie, fiamme, conchiglie, croci, raggiere, pennacchi, nappe, cordoncini».

L'affannoso affollarsi di dettagli trasferisce nello scritto il fasto barocco di cui Serpotta fu maestro. Ci sono putti e damine che danzano, dialogano, volteggiano sulle pareti, figure sacre e profane, tutte lontane dall'ortodossia, irriverenti, maliziose, ambigue, talvolta enigmatiche, modelli che non vengono dall'agiografia sacra ma dalla strada e dai salotti. Serpotta fu scultore sommo non di marmi bensí di stucchi e con quel materiale povero fatto di grassello di calce e polvere di marmo, da lavorare velocemente prima che indurisca, riuscí a riprodurre l'intera commedia umana dalla pietà religiosa a una sensualità non lontana, s'è detto, da quella esasperata del Bernini, per esempio nella celebre statua della Beata Ludovica Albertoni.

Ha scritto Luca Scarlini nel suo recente *Bianco tenebra* dedicato all'artista che il suo linguaggio «lo rende subito riconoscibile, tra le cicce dei puttini, i sorrisi malandrini delle dame, le forme opime delle signore».

Che in quelle damine galanti e in quei puttini beffardi si potesse trovare qualche punto di contatto con il mistero e l'aldilà, lo ha intuito il pittore e scenografo Fabrizio Clerici (1913-1993) includendo tra le sue inquiete fantasie un grande quadro di notevole suggestione dal titolo *La grande confessione palermitana* (1952). In uno scenario gremito di rovine della classicità, a metà tra un sogno e una lugubre scenografia, Clerici ritrae le azzimate damine di stucco del Serpotta mentre dialogano o confessano alcune orrende mummie del cimitero dei Cappuccini, fantasia tipicamente barocca che unisce l'oratorio ad uno dei piú celebri luoghi di Palermo dedicati al culto della morte. Il convento dei Cappuccini e le sue catacombe hanno un posto ormai noto nel mondo, meta turistica già dal XIX secolo dal momento che il macabro e la gioia di vivere, amore e morte potremmo dire, sprigionano un'attrazione di uguale forza.

Si calcola che nelle gallerie sotterranee siano esposte – in piedi, sedute, coricate, coperte di stracci o con abiti da cerimonia – migliaia di salme; nessuno credo oserebbe toccare quegli abiti che hanno l'aria, se solo sfiorati, di finire in polvere. Le figure però sono lí, ci guardano con occhiaie vuote, il ghigno di una mascella cadente, la postura ingobbita, contorta, che la gravità ha imposto a quelle ossa ricoperte

di rinsecchita cartapecora. Eviscerate e lungamente «scolate» in un *putridarium* dopo il decesso, le salme di frati, nobili, ufficiali, borghesi, donne nubili e maritate, quale con una tenuta o uniforme di gala, quale con un verginale abito bianco da sposa, vennero appese o sistemate in queste gallerie il cui microclima ne avrebbe garantito la conservazione *in aeterno*. Secondo le macabre fantasie religiose seicentesche doveva essere un ammonimento sulla brevità della vita (*Hodie mihi, cras tibi*), piuttosto velocemente si è trasformato in un'attrazione turistica. Circostanza che interessa fino a un certo punto il nostro racconto, perché l'elemento sul quale vorrei attirare l'attenzione del lettore è ancora una volta l'aspetto teatrale di questa funerea rappresentazione, l'inevitabile tragedia della fine trasformata in messinscena.

Accadde del resto anche per le esecuzioni del tribunale della Santa Inquisizione diventate anch'esse messinscena. A Palermo ebbe sede un importante tribunale della fede, piú efficiente di quello romano che viene solo al secondo posto. Si calcola che alla fine del Cinquecento i suoi vari uffici e meccanismi dessero lavoro a non meno di ventiquattromila persone, quindicimila nella sola Palermo. Spie e delatori dei domenicani venivano premiati con l'esenzione dalle tasse. Qui, infatti, sono stati celebrati i piú riusciti autodafé dell'Inquisizione, come racconta Pietro Zullino nella sua celebre «guida» di Palermo: veri e propri spettacoli, con tanto di apposite tribune per i maggiorenti, che aspettavano sentenze ed esecuzioni pasteggiando e conversando lietamente. È rimasto memorabile il tripudio della folla nel giorno di Ferragosto del 1573 quando bruciarono insieme un musulmano, un sospetto musulmano e un povero vecchio «lo quale sosteneva che l'anima muore col corpo».

C'è ancora un luogo dove si conserva precisa memoria di questo «fiammeggiante» passato. Palazzo Steri, o Chiaramonte-Steri (oggi sede del Rettorato dell'università) che fu residenza del viceré di Sicilia, nonché dimora degli inquisitori e luogo di detenzione e di pena. Di recente, anche Marco Belpoliti ha rinfrescato la memoria sul luogo in un articolo uscito su «Robinson» della «Repubblica». Ebrei, musulmani, negromanti, prostitute, sospetti d'eresia, bestemmiatori, guaritrici indiziate di stregoneria furono ospiti delle sue quattordici celle, in condizioni disumane, nutriti «col pane del dolore e l'acqua della tribolazione» come previsto dal manuale inquisitorio, isolati per anni, nel buio, nel freddo, ridotti dai tormenti a desiderare la morte come una liberazione. E la morte spesso arrivava con il mezzo piú economico, per «precipitazione» come si diceva, cioè lanciando i condannati dal tetto del palazzo.

A partire dal 1906, in queste celle sono state casualmente scoperte e recuperate decine di iscrizioni murali: versi, disegni, esclamazioni, grida, bestemmie, lasciti ora tragici ora poetici, sempre eloquenti, graffiti sulle mura dagli sventurati che patirono l'angustia di una spietata prigionia. «Urla senza suono» le ha definite Sciascia, arrivate fino a noi da un tenebroso passato.

«V'avertu ca cca si dura la corda | statti in cervellu ca cca dunanu la tortura», scrive uno dei sepolti vivi. Un altro: «Tu celeste guerrier che la Donzella salvasti togli me a questa tortura». Dal livello del suolo fino all'altezza alla quale arriva il braccio d'un uomo le scritte coprono metri di parete, vergate con tutto ciò che poteva lasciare sul muro una traccia: sangue, urina, fumo di candela, succo di limone, merda.

Qui tra ecclesiastici e pescatori, poeti e commercianti fu recluso quel Diego La Matina di cui Sciascia racconta la storia nel suo *Morte dell'Inquisitore*. Giovane frate agostiniano, piú volte arrestato e rilasciato, dopo aver patito per tredici anni la detenzione fu l'unico – tra le migliaia di detenuti dell'Inquisizione nel mondo – che riuscí a uccidere il proprio giudice durante un colloquio utilizzando

come arma un ferro da tortura. Finí bruciato vivo sul rogo nel 1658, Sciascia ne fa un eroe rivoluzionario.

Palermo ha una santa d'elezione, la famosa Rosalia, arrivata tardi e grazie a una storia cosí inverosimile che dev'essere per forza vera. Secoli prima di lei c'erano state altre quattro sante: Cristina, Agata, Oliva, Ninfa. Rosalia arrivò solo nel Seicento, ma riuscí a scalzare tutte le sante precedenti. La sua vita terrena si fa risalire al XII secolo: la giovane vergine aveva sentito fin da ragazza una vocazione cosí forte che, fattasi monaca, s'era ritirata in un romitorio sul monte Pellegrino che sovrasta la città e lí, meditando e pregando, aveva chiuso in solitudine la sua vita. Una storia che sembrava finita, invece qualche secolo dopo, e cioè nel XVII, appunto, quando una terribile epidemia s'abbatte sulla città, qualcuno la vede apparire in sogno nell'atto di indicare una grotta. Si raggiunge il luogo, si cerca, si scava, si trovano delle ossa. Alcuni medici di provata fede le riconoscono come ossa «femminine», attribuendole indiscutibilmente alla pia giovinetta morta cinquecento anni prima. I resti, portati in solenne processione, attraversano la città e mettono fine alla pestilenza. Rosalia viene santificata e proclamata protettrice di Palermo. Cosí chiedeva il popolo, cosí fu fatto.

Le cose, volendo, sarebbero potute andare anche in un altro modo. Una sera a Ragusa un collega giornalista, Saro De Stefano, mi raccontò la straordinaria vicenda del medico Giuseppe Carbonaro, nato nel maggio 1800 e, a quanto se ne sa, primo italiano a ricevere la Legion d'Onore francese dopo aver svolto alla Conferenza medica di Parigi del 1851 una relazione sulla tremenda piaga del colera. Il morbo era «sbarcato» in Sicilia dov'era diventato endemico uccidendo a Ragusa, nel 1837, quasi metà della popolazione, cinquemila abitanti su dodicimila. Il dottor Carbonaro dispose le difese, raccomandando sostanzialmente maggiore igiene, sia personale, sia pubblica, come aveva già fatto, con ottimi risultati, a Livorno e a Napoli e come avrebbe poi fatto a Malta, nel 1848, su invito del governo britannico. Curare e prevenire il colera voleva dire non solo salvare vite umane, ma anche evitare pericolosi disordini. L'epidemia passò e, nel 1838, i ragusani vollero ringraziare la Madonna per aver fatto la grazia. Si fece una processione, si cantarono lodi e preghiere, si fece preparare un apposito altare dedicatorio che però venne collocato... sul prospetto del palazzo ragusano dove era nato Carbonaro. Un silenzioso ma eloquente compromesso tra grazia e scienza, teatro e realtà, poteri celesti e miracoli dell'igiene.

La tragedia è uno dei modi della teatralità, ci sono poi la commedia, la farsa, c'è la lirica. Il teatro lirico cittadino, intitolato a Vittorio Emanuele II (Teatro Massimo) è il piú capiente d'Italia, terzo in Europa dopo l'Opéra di Parigi e la Staatsoper di Vienna. Curioso destino: quel teatro consacrato alla grande lirica sorge sulla linea di confine dove la musica tonale ben temperata della tra-

dizione occidentale si confonde con la pentafonia araba
che risuona subito al di là di un esiguo braccio di mare.
Sala progettata dagli architetti Basile, il padre Giovan
Battista Filippo, il figlio Ernesto, forse i massimi interpreti di quello stile eclettico – detto anche liberty – che
ebbe gran voga nei decenni tra Ottocento e Novecento.
Di Ernesto Basile è anche il progetto del villino Florio,
architettura pienamente liberty, comparsa prima a Palermo che a Milano. Dalla collaborazione tra Ernesto Basile
e l'industriale Vittorio Ducrot nacque un modello d'arredamento unico in Europa, mobili di raffinata produzione
in serie che daranno all'azienda Ducrot un successo internazionale. Tra il 1910 e il 1930, da Roma al Cairo, da
Venezia a Istanbul, la ditta fornirà arredi per alberghi,
casinò, navi da crociera, ambasciate, teatri. Infine Roma, dove è Ernesto Basile a progettare la nuova ala del
palazzo di Montecitorio, sede del parlamento del Regno
d'Italia. In alcuni periodi della mia vita ho frequentato
parecchio la Camera chiedendomi quanti degli affaccen-
dati (o sfaccendati) parlamentari fossero consapevoli di
«lavorare» in un edificio a suo modo glorioso, uno degli ultimi in cui l'architetto progettista aveva concepito
e disegnato di sua mano ogni singola parte: dal progetto
generale, ai portacenere, alle maniglie delle porte.

Torno dove forse avrei dovuto cominciare, cioè dal massimo drammaturgo italiano contemporaneo, siciliano di Gir-
genti: Luigi Pirandello (1867-1936), premio Nobel 1934. Fino
a pochi anni fa per ogni stagione teatrale c'era in cartellone
almeno una sua opera con messe in scena eccellenti, grandi
interpreti. In gioventú ho fatto per qualche anno il recen-
sore teatrale, ricordo un magistrale *Giuoco delle parti* della
Compagnia dei Giovani con Romolo Valli e Rossella Falk,
regia di Giorgio De Lullo, scene e costumi di Pier Luigi Pizzi.
Nello stesso giro degli anni Sessanta, ricordo un *Enrico IV*
interpretato da Salvo Randone, siciliano anche lui, di Sira-

cusa, ottimo attore, geniale in quel ruolo perché capace di
rendere come nessun altro il subdolo gioco della finzione
nella finzione sulla quale il testo è costruito.

  *Enrico IV* infatti è teatro nel teatro, come nei *Sei personaggi*, due livelli di racconto che si fanno specchio uno
dell'altro. Secondo me è il capolavoro di Pirandello, quanto meno il testo che meglio rappresenta l'ossessione che
lo spinge in una zona sospesa tra realtà dei comportamenti e loro rappresentazione. Il titolo non deve ingannare:

l'Enrico di cui si parla non è l'imperatore che contese a lungo con il papa fino all'umiliazione di Canossa. L'Enrico immaginato da Pirandello mette in scena un'intuizione che il drammaturgo sintetizzò cosí: «Veramente può dirsi che due persone vivono, agiscono a un tempo, ciascuna per proprio conto, nel medesimo individuo».

La vicenda si svolge nei primi anni del Novecento; un nobile partecipa a una cavalcata in costume mascherato da Enrico IV, quello vero diciamo. Un suo rivale in amore fa in modo di farlo cadere da cavallo, per toglierlo di mezzo. Nel toccare terra lo sventurato batte la testa e perde i sensi; quando torna in sé crede di essere davvero l'imperatore, amici e familiari per tenerlo buono e accelerarne la guarigione tengono viva questa penosa finzione. Passano parecchi anni e l'uomo finalmente torna in sé. Continua però a recitare la parte del folle in modo da riuscire – al riparo di quella insania – a vendicarsi impunemente sul suo antico rivale che dopo la caduta gli ha portato via la donna amata. Commedia perfetta anche per l'ambientazione finto gotica che nei primi anni del Novecento ebbe come sappiamo il suo revival.

Leonardo Sciascia nel saggio che ho già ricordato, *La corda pazza*, racconta di un certo barone Pietro Pisani (1761-1837) – uomo stravagantissimo che a un certo punto della sua vita venne incaricato, siamo nel 1824, di dirigere la Real casa dei matti di Palermo. Lo farà bene, anzi cosí bene da porsi all'avanguardia in un campo in cui il ricovero in manicomio equivaleva a una ripugnante prigionia. Anche Andrea Camilleri ha ricordato il personaggio, anzi in una intervista alla «Repubblica» di qualche anno fa ha aggiunto: «Il barone Pisani è il classico esempio del siciliano che ha, come afferma Pirandello nel *Berretto a sonagli*, tre corde in testa, la seria, la civile e la pazza e che dunque agisce a seconda di quale corda abbia in quel momento ritenuto opportuno tirare».

Del barone Pisani ho già raccontato ampiamente in passato, qui riferisco solo una particolarità e cioè che, secondo Sciascia, la vita del barone «molto si avvicina a precorrere quella di Pirandello» e di alcuni suoi personaggi, a cominciare proprio dal finto Enrico IV.

Due battute in particolare hanno colpito sia Sciascia sia Camilleri. La prima è quella delle tre corde dal *Berretto a sonagli* citata sopra. L'altra viene proprio dall'*Enrico IV*: «E via sí sono pazzo! Ma allora perdio, inginocchiatevi! Inginocchiatevi! Vi ordino d'inginocchiarvi tutti davanti a me – cosí. E toccate tre volte la terra con la fronte! Giú! Tutti, davanti ai pazzi, si deve stare cosí».

Mentre trascrivo la battuta sento ancora risuonare la bellissima voce evocativa di Salvo Randone nell'atto di pronunciarla.

La corda pazza d'altronde si ritrova anche in certi palermitani piú vicini ai nostri giorni. Uno degli esempi massimi è certamente quello del principe Raimondo Lanza di Trabia (1915-1954), protagonista dei suoi anni, divorato da una febbre che lo spinse oltre ogni limite, facendogli consumare a velocità vertiginosa, in meno di quarant'anni, un'intera esistenza, sempre in bilico anche lui, come certi personaggi di Pirandello, tra realtà e immaginazione, lucidità e bizzarria, corda seria e corda pazza. Nato in Lombardia, palermitano d'adozione, figlio illegittimo in una famiglia di antichissima nobiltà, legittimato grazie a una legge speciale concessa dal regime fascista, attraversato da punte di genialità, disordinato, incostante, febbrile, incapace di un vero impegno, compresi quelli amorosi. New York, Capri, Biarritz, la Persia, la Grecia, Sankt Moritz, trascorse la vita perso nelle sue stranezze, in un lusso maniacale, nel sogno impossibile di ricostituire il patrimonio di famiglia con imprese inverosimili, mentre in realtà lo stava distruggendo, non sentí arrivare i tempi nuovi o non se ne curò. Da sua moglie, l'attrice Olga Villi, stava per avere una secondogenita, quando, ubriaco, disperato, attore fino in fondo, si uccise lanciandosi dalla finestra dell'hotel Eden a Roma.

La sua vita sarebbe un film perfetto, all'altezza del *Grande Gatsby*. Non è mai stato fatto perché costerebbe troppo per le possibilità produttive del cinema italiano. Ci vorrebbero gli americani per raccontarne la storia, tanto piú che con gli americani Raimondo ebbe a che fare nei mesi convulsi della guerra, con l'Italia divisa tra occupanti e liberatori e lui che faceva la spola tra gli uni e gli altri, un po' doppiogiochista, un po' indifferente alle sorti del conflitto, perso nei suoi sogni, nei fumi dell'alcol e, probabilmente, anche d'altro.

Bisognerebbe ricostruire un mondo scomparso da tempo, la Palermo dei primi decenni del Novecento, del fascismo, la Targa Florio, i grandi alberghi, l'incanto delle spiagge deserte. Varrebbe la pena, se ci fossero i soldi per farlo, raccontare sul grande schermo la fine di quest'uomo, di una casata principesca, i viceré dell'isola, che nella residenza palermitana di Palazzo Butera – decine di domestici, fughe di saloni, arazzi, cristalli, argenterie – aveva ricevuto re e imperatori «con uno sfarzo da emiri».

Lo ha ritratto Domenico Modugno, a suo modo, in una canzone dove lo raffigura come un'ombra che s'allontana nella notte, elegante e tragica:

Solo va un uomo in frac.
Ha il cilindro per cappello,
due diamanti per gemelli,
un bastone di cristallo,
la gardenia nell'occhiello,
e sul candido gilet
un papillon,
un papillon di seta blu.

L'uomo in frac è Raimondo, ultimo principe siciliano, il «Grande dandy» come lo ha chiamato Marcello Sorgi in una monografia su di lui. Non credo che quel film si farà mai ed è un peccato perché la corte palermitana di Palazzo Butera è stata certamente piú sontuosa, piú carica di significato, di quella torinese dei Savoia – prima che l'una e l'altra scomparissero.

Ho scritto queste pagine su Palermo sfiorando il tema della mafia. Devo però almeno citarla perché dei caratteri distintivi del luogo fa parte da chissà quanto tempo anche la mafiosità. Non la mafia di oggi, un'organizzazione dove connotati arcaici, un cristianesimo idolatrico o parodistico, si mescolano alla tecnologia piú avanzata; la mafia come mentalità invece, schema di convivenza, forma del vivere. L'arte dell'elusione e del silenzio, la diffidenza, l'estraneità a quanto rappresenti il potere, lo Stato, o anche solo gli si avvicini, poi il culto del segreto da confidare solo ai congiunti per sangue o per affiliazione, che deve restare anch'essa segreta.

Giuseppe Petrosino, detto Joe, era un poliziotto italoamericano che arrivò a Palermo nel 1909 per indagare sulle famiglie mafiose che facevano emigrare i figli negli Stati Uniti per rifondarvi le loro cosche. Quando venne assassinato la città rimase indifferente. Piú o meno lo stesso è successo una settantina d'anni dopo quando è stato assassinato il generale Carlo Alberto Dalla Chiesa, che pensava, come Petrosino, di avere nell'uniforme dell'Arma un sufficiente riparo.

La pubblicistica sulla mafia è sterminata, a me qui premeva di piú cercare di raccontare la cultura siciliana con una letteratura che ha sempre avuto come materia e oggetto la Sicilia stessa, anche se qualche volta «con particolarismo e grettezza», come ha scritto Sciascia; altre volte invece rappresentando la realtà siciliana e la «sicilianità», la «sicilitudine», con una forza, un vigore, una compiutezza da arrivare a lambire intelligenza e destino dell'umanità tutta. La scrittrice Beatrice Monroy ha detto un giorno: «Abbiamo la fortuna di abitare la confluenza di due mari.

Siamo le Mille e una Notte e i Buddenbrook, i Viceré e il pensiero Sufi, non essendo centrali abbiamo il privilegio di guardare in molte direzioni». Un altro scrittore anch'egli siciliano, Gaetano Basile, vede le cose in modo opposto: «Viviamo di memorie. Le rispolveriamo davanti a una granita di caffè con panna, quando ci raccontiamo le imprese eroiche dei nostri avi; a forza di raccontarcele le facciamo diventare quasi vere». Sono sicuro che in entrambe le interpretazioni ci sia del vero anche perché a Palermo, in Sicilia, si può trovare tutto ciò che si vuole, basta saperlo cercare – o fingere di vederlo in quanto s'è trovato.

Sciascia dà una spiegazione per questa «sicilitudine», ne elenca anche i protagonisti: «Bastino i nomi di Michele Amari e di Giovanni Verga; di Isidoro La Lumia, Luigi Capuana, Federico De Roberto, Alessio Di Giovanni; di Luigi Pirandello, di Francesco Lanza, Nino Savarese, Elio Vittorini, Giuseppe Tomasi; di Salvatore Quasimodo nella cui poesia il tema dell'esilio (l'esilio che generazioni di siciliani, per sfuggire alla povertà dell'isola, hanno sofferto e soffrono) si lega amaro e dolente, ma splendido nella memoria dei luoghi perduti, a quello del poeta arabo Ibn Hamdis, siciliano di Noto. E questa può anche essere una chiave per capire la Sicilia: che alla distanza di piú che otto secoli un poeta di lingua araba e un poeta di lingua italiana hanno cantato la loro pena d'esilio con gli stessi accenti: "Vuote le mani," dice Ibn Hamdis "ma pieni gli occhi del ricordo di lei"».

17.
Divagazioni. Congedo

Finisce qui il viaggio attraverso l'Italia per quel tanto che sono riuscito a raccontare, cioè in parte, e solo per una parte, quella che mi è sembrata piú adatta al tentativo di cogliere nelle diversità dei luoghi e dei tempi gli indizi di una coscienza, un'identità italiane. Spero che il viaggio abbia interessato anche se il risultato potrebbe non essere del tutto soddisfacente, dipenda da me o dal fatto che questa identità alla fine non è facile trovarla forse per la semplice ragione che non c'è. Troppa storia, troppi chilometri da su a giú, troppi secoli, il peso di un lunghissimo passato fatto di guerre, risse tra vicini, odi sedimentati, un differente sviluppo economico, tutte cose che non facilitano la condivisione.

Se strizzo un po' gli occhi e guardo verso la profonda galleria del passato, vedo un ragazzo che cercava di capire che vuol dire vivere soprattutto leggendo. Credo di ricordare che il primo libro è stato *Pinocchio*, anzi il testo di Collodi fu in quinta elementare – a guerra appena finita – il solo libro che girava in classe perché se n'era trovato un certo numero di copie in magazzino. Da *Pinocchio* con le illustrazioni di Carlo Chiostri – ho scoperto poi quanto fossero belle – abbiamo spremuto ogni stilla, con i salti mortali delle maestre che lo usavano come testo di italiano, geografia, storia, perfino matematica, moltiplicando e dividendo gli zecchini del povero burattino.

Tra i testi che hanno poi dato forma al mio immaginario devo citare Salgari, *I miserabili*, *Il conte di Montecristo*, *I tre moschettieri*. Se dovessi riportare alla memoria da quelle saghe trascinanti una figura mai piú cancellata, prima del Conte, prima di Jean Valjean, prima dell'implacabile ispettore Javert, verrebbe Milady. La perversa creatura sprigionava un fascino cosí forte che ricordo come fosse ieri la scena in cui D'Artagnan le denuda la spalla scoprendovi il giglio rosso dell'infamia.

Quando ho cominciato ad abitare a Parigi, le prime ricerche le ho fatte nel quartiere intorno a Saint-Sulpice e alla rue de Tournon, la zona dove s'aggiravano i Moschettieri. D'Artagnan era a pensione in rue des Fossoyeurs – via dei Becchini – che oggi si chiama rue Servandoni dal nome dell'architetto milanese che ha disegnato la facciata di Saint-Sulpice. Athos invece abitava in rue Férou, sempre da quelle parti, poco piú di cento metri, stradina segreta che sfocia sul lato settentrionale del Jardin du Luxembourg. Adriana Asti gli ha dedicato un racconto in cui ne coglie il fascino misterioso. Non mi dilungo, ne ho scritto nel mio libro *I segreti di Parigi*, dove però ho omesso un dettaglio divertente che ora aggiungo. Se, arrivando da rue Férou, si entra nel giardino, fatti pochi metri si vede sulla destra un monumento non bellissimo circondato da un folto di verdura. Un cartello al margine del viale avverte che: «CETTE ŒUVRE QUI DEVAIT À L'ORIGINE ÊTRE INSTALLÉE EN FONTAINE, S'INSPIRE DE L'UN DES DOUZE TRAVAUX D'HERCULE: LE DÉTOURNEMENT DU FLEUVE ALPHÉE POUR NETTOYER LES ÉCURIES DU ROI AUGIAS», quest'opera che in origine doveva essere una fontana, s'ispira a una delle dodici fatiche di Ercole: la deviazione del fiume Alfeo per pulire le stalle di re Augias. Fa un certo effetto.

In quelle letture appassionate non c'era un metodo, adolescenza pura: sete d'avventure, delitti, vendette, vergini indifese alla mercé di monaci crudeli – questo soprattutto nei romanzi antipapisti inglesi – tenebrosi sotterranei, congiure. Pomeriggi interminabili con la testa da un'altra parte invece di fare i compiti. Affabulazione, si potrebbe dire. Oppure «fabulazione», mimando il *fabulation* usato da Henri Bergson per definire la tendenza umana a creare miti e raffigurazioni fantastiche come antidoto al terrore della morte. In un adolescente il terrore della morte non c'è, ci può essere però la paura della vita e delle sue prove, la lettura può diventare una fuga in avventure immaginarie per scampare a quelle reali.

I tenebrosi sotterranei comunque li ho frequentati davvero: le gallerie deserte delle terme di Caracalla, teatro abituale di scorribande infantili in quegli anni di caos. Un passaggio seminascosto permetteva di scendere in un mondo di inquietanti meraviglie. Percorrevamo vasti ambulacri illuminati da strette aperture sulla volta, sulla destra a intervalli regolari si aprivano celle o stanze di diversa grandezza, i muri erano cosparsi di aperture, ora tonde ora triangolari. Erano i condotti per il carico e lo scarico delle acque termali; noi ovviamente non lo sapevamo, affondavamo le mani nella polvere del fondo, impalpabile come cipria, sussurrandoci l'un l'altro, con un brivido: «È la polvere dei morti». Immaginavamo i martiri cristiani divorati dalle belve, mettendo tutto insieme, epoche e monumenti, Terme e Colosseo.

L'episodio memorabile avvenne in un giorno, credo d'autunno, che ho già ricordato in un mio vecchio libro su Roma. Entrando in una delle stanze che erano quasi buie, trovammo un gruppetto di uomini: confabulavano, alcuni seduti, altri in piedi. Noi eravamo tre o quattro, e sbucammo all'improvviso dal corridoio. Seguí un istante d'imbarazzo e, per noi, di paura; potevano essere guardiani delle terme e noi avevamo scavalcato la recinzione. Poi uno degli uomini si mosse, salutò gli altri e prese l'uscita. Nel momento di superarci m'arruffò i capelli con la mano, credo volesse essere un gesto un po' ruvido, un po' affettuoso. Anni dopo, ripensandoci, mi sono fatto l'idea che fossero membri d'una cellula partigiana e che si divisero per prudenza al nostro arrivo, o magari avevano finito la riunione clandestina.

Ho girato gli Stati Uniti in lungo e in largo, per vederli sul serio bisogna fare cosí, addentrarsi in quel paese sterminato dove capita d'incontrare tutto il meglio e tutto il peggio di cui il genere umano è capace. Bisogna percorrere da costa a costa le sterminate pianure, attraversare i fiumi maestosi, scorgere le catene di monti a perdita d'occhio, le interminabili strade diritte sfumate dalla caligine. A ogni ritorno in Italia, la prima impressione era la sorpresa di vedere come tutto fosse cosí piccolo; grande là, piccolo qua: l'aeroporto, le strade, le case, i fiumi, tutto piccolo, a portata di mano, raccolto, mai un punto in cui da una casa non si veda un'altra casa, mai il rischio di rimanere a secco di carburante come succede invece in America dove bisogna stare attenti a calcolare autonomia e chilometri.

Eppure, in questa esiguità di spazi e di orizzonti era ed è ancora possibile scorgere un'armonia, un equilibrio, il patto secolare tra la terra e chi la abita, cento piccole città tenute insieme (nel loro centro storico) dalla pazienza industriosa di generazioni, pietra su pietra, torri, campanili, portici, colonne, vicoli lastricati, comignoli, usci, finestre. Ogni città italiana, comprese le minime, è uno spazio in cui si è trasfuso e condensato il tempo, bisogna leggerle lungo la loro doppia dimensione, lo spazio e il tempo. Se in America si esce da una grande città si vede come il suo territorio sia ancora largamente natura. Da noi accade il contrario, il suolo della penisola è quasi per intero una costruzione umana, cioè culturale. Dove non ha imperversato la speculazione degli ultimi decenni – per esempio negli sfondi del paesaggio umbro o toscano –, ciò che si vede è identico a quanto allora dipinsero i quattrocentisti.

È quasi incredibile la capacità di previsione di coloro che scrissero – in quel povero paese che era l'Italia tra il 1946 e il 1947! – la Costituzione. Nell'articolo 9 si legge che la Repubblica insieme al patrimonio storico e artistico tutela «il paesaggio». Il paesaggio come patrimonio artistico della Nazione è un'intuizione strepitosa. Vuol dire che, per quanto in un paese uscito martoriato dalla guerra, i padri costituenti ebbero la capacità di prevedere quali guasti il territorio della Repubblica avrebbe potuto rischiare e lo tutelarono equiparandolo al patrimonio artistico.

Per questa armonia, per l'incanto offerto allo sguardo consapevole, l'Italia dovrebbe essere amata di piú dagli italiani, rispettata limitando le ferite, evitando le offese, tenendole quanto meno a bada. Invece, divisi anche in questo, alcuni alla difesa hanno pensato, altri no, lasciando mano libera agli scempi – un suicidio.

Ognuno dei cento gioielli urbani della penisola meriterebbe un capitolo. Non c'è un'altra nazione in Europa che possa vantare un tale primato. L'Italia delle meraviglie è figlia della sua debole storia politica. Se ci fossero stati nei secoli una sola capitale e un solo sovrano, il panorama oggi sarebbe piú povero.

Invece ogni principe, duca, signore dei cento piccoli territori che frammentavano il paese si sentí in dovere, per egoismo o vanagloria, per dare un'immagine visibile del suo potere, di chiamare architetti, pittori, decoratori, ebanisti, a edificare palazzi, disegnare piazze, costruire ponti, loggiati, torri, fontane. Tale questa ricchezza che si potrebbe addirittura immaginare un viaggio che percorra l'intera penisola saltando le grandi città per raccontare solo le medie e le piccole. Mantova, Modena, Parma, Lucca, Ravenna, Urbino, Fermo, Lecce, Otranto, si potrebbe continuare a lungo, non sarebbe difficile raccontare, di ognuna, quel tratto della fisionomia che le rende uniche per storia, spazi, colori, carattere.

A Mantova (con piú precisione al libraio Luca Nicolini) va l'aver inventato un festival della letteratura, poi largamente imitato, diventato motore per la diffusione, l'amore, dei libri. Mantova è una meraviglia, basterebbe la Camera picta del Mantegna (Camera degli sposi) nel Castello di San Giorgio, basterebbe Palazzo Te a farne la gloria. Non bisogna pensarlo solo dal punto di vista della storia dell'arte

quel palazzo, lasciamo agli specialisti lo sguardo competen-
te, io l'ho sempre guardato da profano, vi ho visto il sogno
in technicolor di un principe che aveva immaginato un'isola
felice dove consumare l'estasi d'amore, lui e la sua amante,
Federico e Isabella – *Et pereat mundus.*

La sala di Amore e Psiche è, come detta il mito, un inno
erotico. Gli affreschi di Giulio Romano, clamorosi per dimensioni, colori, vivacità dei movimenti, empito sensuale,
dicono con quale libertà si potesse ancora illustrare l'amore
fisico prima che la Controriforma imponesse i suoi freni.
Giulio Romano, allievo di Raffaello, dette al duca Federico
quanto di meglio l'arte pittorica poteva dare, trasferí in immagini non solo un astratto ideale erotico ma gli stessi desideri segreti del principe, la proiezione del suo inconscio dove
tutto grida, con Virgilio: «*Omnia vincit amor et nos cedamus
amori*». Basterebbe il riquadro che mostra Giove nell'atto
di sedurre Olimpia; nulla è nascosto, il dio è nell'atto di

penetrare la moglie del re macedone Filippo; la loro unione darà vita al Grande Alessandro ma intanto abbiamo sotto gli occhi la cruda carnalità d'un adulterio. Come Olimpia, anche l'amante di Federico, Isabella Boschetti, era un'adultera; quando suo marito venne misteriosamente a morte si disse che era stato il duca a farlo uccidere. Anche di questo è intrisa la nostra storia.

Ravenna custodisce le spoglie di Dante e i piú clamorosi mosaici bizantini d'Occidente. Lecce ha l'incanto del suo barocco. Parma, cosparsa di capolavori, ha il fascino della sua storia, la memoria di Maria Luisa, la fantasia di Stendhal che la raccoglie in una vicenda la cui sola fonte di verità è il romanzo. Fermo, nelle Marche, è un concentrato di piccola armonia urbana circondata da un delicato paesaggio collinare. Dovrei parlare di Trento, Padova, Matera, Bergamo, Arezzo, Siena, Ragusa, L'Aquila, Monreale e di altre ancora, e poi la Reggia di Venaria e la Reggia di Caserta, ovunque troverei un connotato di eccellenza, perché l'Italia è fatta di tante piccole tessere che compongono il grande mosaico, è la sua forza depositata dal tempo. Mi fermo invece qui sapendo di essere lontano dall'aver completato le mete possibili. Rubo a Italo Calvino questo pensiero: «La mia mente continua a contenere un gran numero di città che non ho visto né vedrò, nomi che portano con sé una figura o frammento o barbaglio di figura immaginata». Ho raccontato alcuni luoghi per dare a chi legge, vorrei dire per fargli toccare con mano, l'evidenza di quale sia la qualità del paese che abitiamo, anche se spesso dimentichiamo di guardarlo con la reverenza che meriterebbe.

Ho lasciato un'ultima breve traccia di racconto: Ferrara, una delle città che amo, il luogo che la casa d'Este trasformò in uno dei centri del Rinascimento con il Castello, Palazzo Schifanoia che dichiara fin dal nome la sua funzione di evitare, scansare, la noia, luogo di riposo e di signorili delizie. Scansare la noia da parte dei signori italiani è un atteggiamento complesso, anzi decisamente contraddittorio. Per dirla con Francesco De Sanctis: «Il suo lato positivo è una sensualità nobilitata dalla cultura». Sul rovescio c'è però: «Una sensualità licenziosa, allegra e beffarda che in nome della terra metteva in caricatura il cielo e rappresentava nel piglio ironico di una cultura superiore le superstizioni, le malizie, le dabbenaggini, i costumi e il linguaggio delle classi meno colte». Badavano a se stessi questi signori, dei loro dominî li interessava quasi solo la riscossione delle imposte, l'arrivo puntuale delle decime, l'esecuzione di qualche indispensabile opera pubblica; per il resto bastava il recinto dei castelli con le loro mura, i saloni, le alcove.

Verosimilmente doveva essere cosí un po' ovunque in Europa, gli ambiti dell'arbitrio e dello scambio politico non erano poi granché diversi. Esiste tuttavia una specialità italiana. Da noi, piú a lungo che altrove, non sono esistiti contropoteri che arginassero quegli arbitrî, cioè una consistente borghesia, luoghi, istituzioni di dibattito e di confronto, una consapevolezza sufficientemente ampia dei propri diritti, un'Italia di popolo contrapposta a quella dei signori.

Sono state le corti a fissare i canoni della cultura e della pratica politica, il castello, il palazzo erano la sede esclusiva dell'impegno, della crudeltà, del governo, della leggerezza, dello svago. Ho citato Ferrara pensando naturalmente a Ludovico Ariosto, al gioco delle sue fantasie, al mondo cavalleresco, religioso, mitico che diventa leggenda e romanzo, alla spensierata velocità con la quale passa dall'eroico al comico, dal tragico al licenzioso. Ludovico era un genio, componeva il suo poema alla corte degli Estensi, ne leggeva qualche passo per il loro divertimento. Le damine che ascoltando i passaggi piú arditi nascondevano il viso dietro un ventaglio, simulavano un pudore che non c'era, quel gesto grazioso diventava il simbolo stesso di una società ricca d'immaginazione e povera di coscienza, una cerchia ristretta dove la raffinatezza piú squisita s'accompagnava a una totale amoralità, alla piú spietata ferocia.

Quando aveva vent'anni, nel 1494, Ludovico aveva dedicato una sua ode in stile oraziano a una contadinella da lui chiamata Filiroe. S'era descritto cosí: «*Me nulla tangat cura, sub arbuto | Iacentem aquae ad murmur cadentis*». Liberamente: non mi curo di nulla, me ne sto sdraiato sotto un ramo intento al fruscio delle acque. Fate caso alla data: in quello stesso anno Carlo VIII passava le Alpi aprendo le cosiddette Guerre d'Italia (Machiavelli le chiama «Horrende»), dalle quali la penisola uscirà per sempre sconvolta.

Prendo ancora da De Sanctis: «Questa società tra balli, feste e canti e idilli e romanzi fu un bel giorno sorpresa dallo straniero e costretta a svegliarsi». Risvegliandosi da quell'incantevole sogno, da facezie, motti, burle, giochi erotici e di parole, i piú accorti si resero conto che di colpo s'era fatto tardi, restava ben poco per sostituire a quelle delicate visioni una realtà fattasi durissima.

Tralascio Tiziano e Tasso che sono parte anch'essi del romanzo di Ferrara, perché c'è chi quel romanzo l'ha scritto davvero, di suo pugno e con quel titolo: Giorgio Bassani. Quando lessi *Il giardino dei Finzi-Contini* tanti anni fa, la forza dell'immedesimazione nel racconto fu tale da non darmi piú modo di vedere la città altrimenti che attraverso il fascinoso filtro di quelle pagine e di quei personaggi, una città inventata di cui – come per la Parma della *Certosa* – nulla è mai esistito se non nell'immaginazione dello scrittore, il quale certo ha preso dal vero, dalla sua vita e dalla memoria, ma tutto ha ricomposto secondo il dettato della fantasia. Ho riletto il romanzo prima di scrivere queste righe, ritrovandovi l'incanto d'allora, l'immagine di Micòl che si sporge dall'alto del muro, il biondo cinerino dei suoi capelli, il «dorato tramonto estense», la fine della vicenda dove s'affaccia, ma quasi sottovoce, la tragedia: «Certo è che quasi presaga della prossima fine,

sua e di tutti i suoi, Micòl ripeteva di continuo anche a
Malnate che a lei del suo futuro democratico e sociale non
gliene importava un fico, che il futuro, in sé, lei lo abor-
riva a esso preferendo di gran lunga "le vierge, le vivace,
et le bel aujourd'hui" e il passato, ancora di piú, "il caro,
il dolce, il pio passato"».

Micòl oggi è diventata una figuretta lontana, come quegli anni e quei fatti di cui si stenta perfino a tramandare la
memoria, persa in un passato che non ha niente di pio, che
non possiamo nemmeno rimpiangere, povera morta senza tomba, scomparsa nell'ignominia d'una camera a gas.

Il romanzo di Ippolito Nievo *Le confessioni d'un italiano* – già citato a proposito di Venezia – era stato inizialmente pubblicato col titolo *Le confessioni di un ottuagenario*. È un buon romanzo, di gran mole, scritto velocemente da un trentenne che s'incolla sul viso barba e
capelli bianchi per dare maggior peso morale a opinioni
e fatti, dalla campagna napoleonica ai moti del '48. *Le
confessioni di un ottuagenario* è un titolo simpaticamente
vicino per chi ottuagenario lo è davvero, ha alle spalle
una lunga sequenza d'anni dalla quale arrivano, anche nei
momenti meno opportuni e di notte, mormorii frammi-
sti a qualche grido, brividi, lampi di luce, talvolta di spavento. L'ottuagenario avvertito sa che si tratta di eventi
che riguardano solo chi li ha vissuti, ai quali è scampa-
to correndo verso il futuro, proprio quello di cui Micòl,
saggiamente, non voleva nemmeno parlare. È preferibile
che certe ansie ognuno le tenga per sé.

Sul piano pubblico invece faccio mie le parole con le
quali Giorgio Ruffolo chiudeva il suo saggio *Quando l'Italia era una superpotenza*: «L'essenza del miracolo italiano è
stata nell'aver creato una ricchezza che non si trasformò
in potenza ma si trasfigurò in bellezza. Se questa è decadenza la si può accettare con sereno orgoglio».

E l'animo italiano? Il famoso animo italiano alla ricerca

del quale eravamo partiti parecchie pagine fa? Credo che
nel corso del racconto lo si sia visto balenare qua e là, credo anche che piú di cosí non sia possibile trovarne. Troppi
eventi per troppo tempo hanno reso diverse le speranze e
le pene, le ambizioni e i rancori degli abitanti della penisola; un secolo e mezzo di convivenza non basta a rendere questo secolare groviglio di sentimenti piú omogeneo
di quanto non sia. Non è bastata nemmeno l'epica di due
guerre combattute sotto la stessa bandiera con sofferenze
inenarrabili. Uno dei miei zii, quello che nella foto di famiglia siede accanto a mio padre piccolino, è tornato dalla
Russia praticamente a piedi. Lo hanno raccolto stremato,
psichicamente sconvolto, alla frontiera del Brennero, la
stessa che Mussolini voleva raggiungere camuffato da soldato tedesco. In un'ipotetica realtà parallela si potrebbe
immaginare un incontro tra l'uomo che fuggiva terroriz-
zato e l'uomo che cercava di tornare a casa, povero Ulisse
straccione. Uno dei tanti che l'uomo in fuga aveva mandato
in Russia con uniforme, calzature, armamento, logistica,
disastrosamente inadeguati alla guerra che gli chiedeva di
fare. Immagino che, soli nella stessa stanza, non avrebbero
aperto bocca per timore, per vergogna, per l'inutilità delle
parole, per le forze giunte, nell'uno e nell'altro, allo stremo.

Se nemmeno quell'immensa fatica è servita a costruire
un immaginario condiviso vuol dire che per il momento non
c'è granché d'altro da fare né in nome degli individui né in
nome di quell'astratta entità ideale che si chiama nazione.

Per questo ho ricordato sopra le belle e appropriate parole di Giorgio Ruffolo: il vero tratto comune di questo paese
è (stata?) la vocazione alla bellezza, alle armoniche simme-
trie, all'eleganza del dettaglio. È certamente un legittimo
motivo d'orgoglio, non da poco. Fino a quando durerà.

# Libri per il viaggio

Qui di seguito sono riepilogati alcuni dei libri che mi hanno accompagnato a vario titolo in questo racconto. Su alcuni dati e circostanze storiche mi sono avvalso anche dei risultati di mie ricerche inclusi in saggi precedenti, indicati in elenco.

Agostino, *Confessioni*, a cura di R. De Monticelli, Garzanti, Milano 1991.

–, *Matrimonio e verginità*, trad. di M. Palmieri, V. Tarulli e N. Cipriani, in *Opere di sant'Agostino*, Città nuova - Nuova biblioteca agostiniana, Roma 1978 e 1991.

Dante Alighieri, *Commedia*, con il commento di A. M. Chiavacci Leonardi, Mondadori, Milano 1991.

Anonimo romano, *Cronica*, a cura di G. Porta, Adelphi, Milano 1981.

Angelo Ara e Claudio Magris, *Trieste. Un'identità di frontiera*, Einaudi, Torino 2015.

Adriana Asti, *La lettrice dei destini nascosti*, Piemme, Milano 2010.

Erich Auerbach, *Mimesis. Il realismo nella letteratura occidentale* (1953), trad. di A. Romagnoli e H. Hinterhäuser, Einaudi, Torino 2000.

Corrado Augias, *Il disagio della libertà. Perché agli italiani piace avere un padrone*, Rizzoli, Milano 2012.

–, *Modigliani. L'ultimo romantico*, Mondadori, Milano 1999.

–, *I segreti del Vaticano*, Mondadori, Milano 2010.

–, *I segreti di Parigi*, Mondadori, Milano 1996.

–, *I segreti di Roma*, Mondadori, Milano 2005.

–, *I segreti d'Italia*, Rizzoli, Milano 2012.

–, *Le ultime diciotto ore di Gesú*, Einaudi, Torino 2015.

Corrado Augias e Remo Cacitti, *Inchiesta sul cristianesimo. Come si costruisce una religione*, Mondadori, Milano 2008.

Corrado Augias e Mauro Pesce, *Inchiesta su Gesú. Chi era l'uomo che ha cambiato il mondo*, Mondadori, Milano 2006.

Corrado Augias e Marco Vannini, *Inchiesta su Maria. La storia vera della fanciulla che divenne mito*, Rizzoli, Milano 2013.

Giorgio Bassani, *Il giardino dei Finzi-Contini* (1962), Feltrinelli, Milano 2012.

Giuseppe Gioachino Belli, *Sonetti*, a cura di G. Vigolo, Mondadori, Milano 1978.

Edmondo Berselli, *Quel gran pezzo dell'Emilia*, Mondadori, Milano 2004.

Giorgio Bocca, *Storia dell'Italia partigiana* (1966), Feltrinelli, Milano 2012.

Ada Boni, *Il talismano della felicità* (1927), Colombo, Roma 2007.

Ahron Bregman, *La vittoria maledetta*, trad. di M. L. Chiesara, Einaudi, Torino 2017.

Attilio Brilli, *Il viaggio della capitale. Torino, Firenze e Roma dopo l'unità d'Italia*, Utet, Torino 2010.

Charles de Brosses, *Lettere dall'Italia (1739-1740)*, a cura di R. Pellegrino, Edizioni scientifiche italiane, Napoli 2017.

Italo Calvino, *Le città invisibili* (1972), Mondadori, Milano 2016.

–, *L'entrata in guerra* (1954), Mondadori, Milano 1994.

Tommaso Campanella, *Città del Sole* (1623), a cura di A. Serono, Feltrinelli, Milano 2014.

Piero Camporesi, *Il pane selvaggio* (1980), il Saggiatore, Milano 2016.

–, *Il sugo della vita* (1984), il Saggiatore, Milano 2017.

Glauco Maria Cantarella, *Imprevisti e altre catastrofi*, Einaudi, Torino 2017.

Giorgio Caproni, *L'opera in versi*, Mondadori, Milano 1998.

Vincenzo Cardarelli, *Opere*, a cura di C. Martignoni, Mondadori, Milano 1981.

Giosue Carducci, *Opere*, a cura di E. Giammattei, Istituto della Enciclopedia Italiana, Roma 2011.

Francesco Paolo de Ceglia, *Il segreto di san Gennaro*, Einaudi, Torino 2016.

Galeazzo Ciano, *Diario 1937-1943*, Rizzoli, Milano 1980.

Vincenzo Consolo, *Retablo* (1987), Mondadori, Milano 2000.

Mauro Covacich, *La città interiore*, La nave di Teseo, Milano 2017.

Benedetto Croce, *Tornando sul Manzoni*, in Id., *Alessandro Manzoni. Saggi e discussioni* (1930), Laterza, Bari 1946.

Vincenzo Cuoco, *Saggio storico sulla rivoluzione napoletana del 1799* (1800), il Mulino, Bologna 2000.

Edmondo De Amicis, *Cuore* (1886), Einaudi, Torino 2007.

Luciano De Crescenzo, *Cosí parlò Bellavista* (1977), Mondadori, Milano 2005.

Crescenzo del Monte, *Sonetti giudaico-romaneschi, sonetti romaneschi, prose e versioni* (1908), La Giuntina, Firenze 2007.

Luigi De Magistris, *La città ribelle*, con i contributi di E. De Luca e M. De Giovanni, Chiarelettere, Milano 2017.

Francesco De Sanctis, *La giovinezza* (1889), Editori Riuniti, Roma 2011.

–, *Schopenhauer e Leopardi* (1858), in Id., *Opere*, vol. XIII, Einaudi, Torino 1969.

–, *Storia della letteratura italiana* (1870-71), Einaudi, Torino 1998.

Umberto Eco, *Il nome della rosa*, Bompiani, Milano 1980.

Erasmo da Rotterdam, *L'educazione del principe cristiano* (1516), a cura di D. Canfora, Edizioni di Pagina, Bari 2009.

Amedeo Feniello, *Napoli 1343. Le origini medievali di un sistema criminale*, Mondadori, Milano 2015.

*Il fiore del verso russo* (1949), a cura di R. Poggioli, Einaudi, Torino 2009.

Giuseppe Fiori, *Vita di Antonio Gramsci* (1966), Laterza, Roma-Bari 2008.

Flavio Giuseppe, *Antichità giudaiche*, a cura di L. Moraldi, Utet, Torino 2006.

Ugo Foscolo, *Poesie e Sepolcri*, a cura di D. Martinelli, Mondadori, Milano 1987.

–, *Ultime lettere di Jacopo Ortis* (1802), Einaudi, Torino 2015.

Ernesto Franco, *Vite senza fine*, Einaudi, Torino 1999.

Chiara Frugoni, *Storia di Chiara e di Francesco*, Einaudi, Torino 2011.

Carlo Emilio Gadda, *Il castello di Udine* (1934), Garzanti, Milano 1999.

Piero Gobetti, *La Rivoluzione Liberale* (1947), a cura di E. Alessandrone Perona, Einaudi, Torino 2016.

Carlo Goldoni, *Memorie italiane. Prefazioni e polemiche* (1787), vol. III, a cura di R. Turchi, Marsilio, Venezia 2008.

Guido Gozzano, *I colloqui* (1911), in Id., *Le poesie*, a cura di E. Sanguineti, Einaudi, Torino 2016, vol. I.

Antonio Gramsci, *Gli intellettuali e l'organizzazione della cultura* (1949), Einaudi, Torino 1967.

–, *Scritti politici*, a cura di P. Spriano, Editori Riuniti, Roma 1973.

Germaine Greer, *L'eunuco femmina* (1970), trad. di A. Govi e S. Stefani, Mondadori, Milano 2000.

Giovannino Guareschi, *Don Camillo. Mondo piccolo* (1948), Rizzoli, Milano 2011.

Francesco Guicciardini, *Ricordi* (1530), a cura di E. Pasquini, Garzanti, Milano 2003.

Jacopone da Todi, *Laude*, a cura di F. Mancini, Laterza, Bari 1974.

Henry James, *L'autunno a Firenze* (1873), in Id., *Ore italiane*, a cura di A. Brilli, Garzanti, Milano 1984.

James Joyce, *Lettere e saggi*, a cura di E. Terrinoni, il Saggiatore, Milano 2016.

Raffaele La Capria, *L'armonia perduta* (1986), Mondadori, Milano 2009.

Giacomo Leopardi, *Canti*, a cura di N. Gallo e C. Garboli, Einaudi, Torino 2016.

–, *Discorso di un italiano intorno alla poesia romantica* (1818), Rizzoli, Milano 2007.

–, *Discorso sopra lo stato presente dei costumi degl'Italiani* (1824), Feltrinelli, Milano 2015.

–, *Epistolario*, a cura di F. Brioschi e P. Landi, Bollati Boringhieri, Torino 1998.

–, *Operette morali* (1827-32), a cura di S. Solmi, Einaudi, Torino 1976.

–, *Zibaldone*, a cura di R. Damiani, Mondadori, Milano 2014.

Carlo Levi, *L'Orologio* (1950), Einaudi, Torino 2015.

Tito Livio, *Storia di Roma dalla sua fondazione*, trad. di B. Ceva, Fabbri, Milano 2008.

Alfred Loisy, *Le origini del Cristianesimo* (1933), Einaudi, Torino 1942.

Lucrezio, *De rerum natura*, trad. di R. Raccanelli, Einaudi, Torino 2003.

Niccolò Machiavelli, *Discorsi sopra la prima deca di Tito Livio, seguiti dalle Considerazioni intorno ai discorsi del Machiavelli di Francesco Guicciardini* (1513-18, 1529), Einaudi, Torino 2000.

-, *Il principe* (1532), a cura di G. Inglese, Einaudi, Torino 2013.

Claudio Magris, *Il mito asburgico nella letteratura austriaca moderna* (1963), Einaudi, Torino 2009.

Curzio Malaparte, *Maledetti toscani* (1956), Adelphi, Milano 2017.

Thomas Mann, *Doctor Faustus* (1947), trad. di E. Pocar, Mondadori, Milano 2005.

Alessandro Manzoni, *I promessi sposi* (1827, 1840), Mondadori, Milano 2002.

Giuseppe Marotta, *L'oro di Napoli* (1947), Rizzoli, Milano 2013.

Massimo Montanari, *L'identità italiana in cucina*, Laterza, Roma-Bari 2010.

Ippolito Nievo, *Le confessioni d'un italiano* (1867), Einaudi, Torino 1964.

Anna Maria Ortese, *Il mare non bagna Napoli* (1953), Mondadori, Milano 2015.

Giovanni Pascoli, *Poesie e prose scelte*, a cura di C. Garboli, Mondadori, Milano 2002.

Pier Paolo Pasolini, *Le belle bandiere. Dialoghi 1960-65*, a cura di G. C. Ferretti, Editori Riuniti, Roma 1977.

-, *Le ceneri di Gramsci* (1957), Garzanti, Milano 2015.

-, *La lunga strada di sabbia* (1959), Guanda, Milano 2017.

-, *Poesia in forma di rosa* (1964), Garzanti, Milano 2001.

Boris Pasternak, *Il dottor Živago* (1957), Feltrinelli, Milano 2007.

Cesare Pavese e Renato Poggioli, *A meeting of minds. Carteggio 1947-1950*, a cura di S. Savioli, Edizioni dell'Orso, Alessandria 2010.

Claudio Pavone, *Una guerra civile*, Bollati Boringhieri, Torino 1991.

Francesco Petrarca, *Canzoniere*, a cura di G. Contini, Einaudi, Torino 2008.

-, *Le familiari*, a cura di V. Rossi, Le Lettere, Firenze 1997.

Guido Piovene, *Viaggio in Italia* (1957), Bompiani, Milano 2017.

Luigi Pirandello, *Teatro*, Rizzoli, Milano 2010.

Daniele Ponchiroli, *La parabola dello Sputnik*, Edizioni della Normale, Pisa 2017.

Carlo Porta, *Poesie*, a cura di D. Isella, Mondadori, Milano 2000.

Marcel Proust, *Alla ricerca del tempo perduto* (1913-27), trad. di G. Raboni, Mondadori, Milano 1998.

-, *Correspondance de Marcel Proust*, Plon, Paris 1970-93.

Ezio Raimondi, *Un'etica del lettore*, il Mulino, Bologna 2007.

-, *Le voci dei libri*, il Mulino, Bologna 2012.

Antonio Ranieri, *Sette anni di sodalizio con Giacomo Leopardi* (1880), a cura di R. Bertazzoli, Mursia, Milano 1995.

Massimo Recalcati, *L'ora di lezione. Per un'erotica dell'insegnamento*, Einaudi, Torino 2014.

Roberto Ridolfi, *Vita di Niccolò Machiavelli* (1954), Castelvecchi, Roma 2014.

Rosario Romeo, *L'Italia alla prova* (1968-70), Gaspari, Udine 2017.

Giorgio Ruffolo, *Quando l'Italia era una superpotenza*, Einaudi, Torino 2004.

Umberto Saba, *Il canzoniere (1900-1954)*, Einaudi, Torino 2014.

Massimo L. Salvadori, *Gramsci e il problema storico della democrazia* (1970), Viella, Roma 2008.

Roberto Saviano, *La paranza dei bambini*, Feltrinelli, Milano 2016.

Luca Scarlini, *Bianco tenebra. Giacomo Serpotta il giorno e la notte*, Sellerio, Palermo 2017.

Leonardo Sciascia, *La corda pazza* (1970), Adelphi, Milano 1991.

–, *Il giorno della civetta* (1961), Adelphi, Milano 2002.

–, *Morte dell'Inquisitore* (1964), Adelphi, Milano 2013.

Bruno Segre, *Che razza di ebreo sono io*, Casagrande, Bellinzona 2017.

Matilde Serao, *Il ventre di Napoli* (1884), Rizzoli, Milano 2012.

Michel Serres, *Darwin, Napoleone e il samaritano*, trad. di C. Tartarini, Bollati Boringhieri, Torino 2017.

William Shakespeare, *Il mercante di Venezia*, a cura di C. Lombardi, Einaudi, Torino 2014.

–, *Otello*, a cura di C. Pagetti, Einaudi, Torino 2017.

Renato Solmi, *Autobiografia documentaria. Scritti (1950-2004)*, Quodlibet, Macerata 2007.

Aleksandr Solženicyn, *Arcipelago Gulag* (1973), trad. di M. Olsúfieva, Mondadori, Milano 2013.

Marcello Sorgi, *Il grande dandy. Vita spericolata di Raimondo Lanza di Trabia ultimo principe siciliano*, Rizzoli, Milano 2011.

Stendhal, *La Certosa di Parma* (1839), trad. di F. Zanelli Quarantini, Mondadori, Milano 1979.

–, *Roma, Napoli e Firenze. Viaggio in Italia da Milano a Reggio Calabria*, trad. di B. Schacherl, Laterza, Roma-Bari 1990.

Italo Svevo, *La coscienza di Zeno e «continuazioni»* (1923), Einaudi, Torino 2015.

Giuseppe Tomasi di Lampedusa, *Il Gattopardo* (1958), Feltrinelli, Milano 2016.

Elio Vittorini, *Conversazione in Sicilia* (1941), Rizzoli, Milano 2012.

Richard Wagner, *Scritti scelti*, a cura di D. Mack, Guanda, Parma 1988.

Emmanuel de Waresquiel, *Fouché. Les silences de la pieuvre*, Tallandier-Fayard, Paris 2014.

Ronald G. Witt, *L'eccezione italiana. L'intellettuale laico nel Medioevo e l'origine del Rinascimento (800-1300)* (2012), trad. di A. Carocci, Viella, Roma 2017.

Pietro Zullino, *Guida ai misteri e ai piaceri di Palermo* (1973), Flaccovio, Palermo 2014.

# Elenco delle illustrazioni

*Ringraziamenti.*

Sono molto riconoscente a tutti gli autori dei libri citati che nel corso di molti anni mi hanno dato idee, suggestioni, notizie. Di quei libri mi sono nutrito, a quelle pagine devo gran parte di ciò che so, poco o no che sia. Ringrazio Irene Babboni che aveva cominciato a seguirmi nella stesura del racconto prima che un male tremendo anche per la sua crudele velocità la togliesse all'affetto dei suoi cari e di chiunque l'abbia conosciuta. Alla sua memoria il libro è dedicato. Sono riconoscente a Claudia Canale che ha curato l'edizione con grande intuito e saggi consigli. A Federica Fulginiti che mi assiste, con mano ferma, nell'arduo còmpito di presentare il lavoro ai potenziali lettori. Godo dell'amicizia di Andrea Canobbio che dirige, tra le altre cose, la collana Frontiere, uomo di non molte ma pesatissime parole, il massimo di possibile utilità nel piú ridotto volume sonoro. A Ernesto Franco direttore editoriale di Einaudi devo i ripetuti incoraggiamenti a scrivere queste pagine, il sostegno nei momenti di difficoltà, la premura con la quale me le ha tolte di mano per affidarle il prima possibile a chi vorrà leggerle. L'ho interpretato come un segno di stima. Ma chi potrà mai leggere nella mente di un direttore editoriale?

C. A.

# Indice

*Stampato per conto della Casa editrice Einaudi*
*presso ELCOGRAF S.p.A. - Stabilimento di Cles (Tn)*
*nel mese di settembre 2018*

C.L. 23898

| Edizione | | | | | | | | | Anno | | | |
|---|---|---|---|---|---|---|---|---|---|---|---|---|
| 1 | 2 | 3 | 4 | 5 | 6 | 7 | | | 2018 | 2019 | 2020 | 2021 |